ACHIM WOHLGETHAN
Schwarzbuch Bundeswehr

Buch

Brutale Initiationsriten, Fehlentscheidungen unter Angst und Stress, kaum zu bewältigende Aufgaben in Auslandseinsätzen: Die Bundeswehr sieht sich Herausforderungen gegenüber, für die sie weder die Ausbildungs- noch die Managementstrukturen hat und vor allem nicht das psychisch und physisch vorbereitete Personal. In seinem Buch zeigt Achim Wohlgethan die Innenansicht einer Armee, der es vor allem an wehrpolitischen Konzepten, personeller Ausstattung und politischer Führung mangelt. Die Missstände werden anhand Hunderter Aussagen von Soldaten, Angehörigen und Politikern belegt.
So ernüchternd wie aufrüttelnd bringt er die aktuelle Situation auf den Punkt: Die Bundeswehr steht in täglichem Einsatz, ist aber nur bedingt einsatzfähig.

Autor

Achim Wohlgethan, geboren 1966, reiste nach Abitur und Grundwehrdienst um die Welt, machte eine zivile Ausbildung zum Hubschrauberpiloten und trat 1995 für zwölf Jahre als Zeitsoldat in ein Fallschirmjägerbataillon der Bundeswehr ein. Mit zwei Büchern über seine Afghanistan-Einsätze, »Endstation Kabul« und »Operation Kundus«, stand er monatelang auf der Bestsellerliste. Als Angehöriger eines Spezialzugs der »Division spezielle Operationen« war er einer der ersten deutschen Soldaten in Kundus, dem heute am intensivsten umkämpften Feldlager der Bundeswehr in Afghanistan. Wohlgethan lebt als Autor und Inhaber einer Beratungsfirma für Sicherheit und Medien in Wolfsburg und arbeitet auftragsbezogen weltweit.

Achim Wohlgethan
Schwarzbuch Bundeswehr

Überfordert, demoralisiert,
im Stich gelassen

Mit einem Vorwort
zur Taschenbuchausgabe

GOLDMANN

Verlagsgruppe Random House FSC-DEU-0100
Das FSC®-zertifizierte Papier *München Super* für dieses Buch
liefert Arctic Paper Mochenwangen GmbH.

1. Auflage
Taschenbuchausgabe September 2012
Wilhelm Goldmann Verlag, München,
in der Verlagsgruppe Random House GmbH
Copyright © 2011 der Originalausgabe
by C. Bertelsmann Verlag, München,
in der Verlagsgruppe Random House GmbH
Ein Projekt der Montasser Medienagentur
Umschlaggestaltung: UNO Werbeagentur, München
in Anlehnung an die Gestaltung der Hardcover-Ausgabe
(R.M.E. Roland Eschelbeck und Rosemarie Kreuzer)
KF · Herstellung: Str.
Druck und Einband: GGP Media GmbH, Pößneck
Printed in Germany
ISBN: 978-3-442-15719-8

www.goldmann-verlag.de

Inhalt

Vorwort zur Taschenbuchausgasbe.......................... 9

Vorwort zur Erstausgabe 17

1. Die Bundeswehr als Spielball mächtiger Interessen
   Nichts ist, wie es scheint 21
   1.1 Vertrauensverlust auf ganzer Linie 21
   1.2 Taktieren, tricksen, schönfärben gegenüber
       der Öffentlichkeit 27
   1.3 Verantwortungslosigkeit und Haltungsmängel
       bei den politisch Verantwortlichen 36
   1.4 Fragwürdiges Kontrollorgan
       Verteidigungsausschuss 41
   1.5 Sparzwang und Geltungsdrang
       contra Anliegen der Soldaten 44

2. Die Bundeswehr als internationale Interventionsarmee
   Werden Sicherheit und Freiheit verteidigt –
   oder geht es um ganz andere Dinge? 50
   2.1 Die neue Militärdoktrin 50
   2.2 Wirtschaftskriege als militärischer Auftrag? 55
   2.3 Die deutsche Armee als internationale
       Eingreiftruppe? 57
   2.4 Im Widerstreit zwischen Grundgesetz
       und Scharia 59
   2.5 Das schlimme K-Wort 69

3. Die Bundeswehr als Instrument der Politik
Im Griff der Lobbyisten 79
   3.1 Pleiteprojekte mit tödlichen Folgen 81
   3.2 Fehlplanung, Verschwendung, Mängelverwaltung 105
   3.3 Kleine Anfragen – großes Schweigen 114

4. Die Bundeswehr im Ernstfall
Wie Vertuschung funktioniert 132
   4.1 Was geschah am 4. September 2009 in Kundus? 136
   4.2 Kampfalltag und Geheimberichte 154

5. Die Bundeswehr und ihre Defizite
Diagnose: nicht einsatzbereit 161
   5.1 Der Bericht des Wehrbeauftragten 161
   5.2 Die »Ausrüstungswunde« 165
   5.3 Lebensgefährliche Ausbildungsversäumnisse 169
   5.4 Eklatante Fürsorgemängel 179

6. Die Bundeswehr und ihre Strippenzieher
Wer führt da eigentlich? 192
   6.1 Soldaten ohne Lobby 193
   6.2 Wenn Generäle endlich reden 198
   6.3 Die im Schatten sieht man nicht 203
   6.4 Die Wahrheit ist nicht gewollt 207
   6.5 Der Fisch stinkt immer vom Kopf her 209

7. Die Bundeswehr und ihre Soldaten
Wer kämpft da eigentlich? 213
   7.1 Hehre Ziele: Wölfe und Schafe 214
   7.2 Trübe Gegenwart: Tote und Skandale 235

8. Die Bundeswehr und ihre Perspektiven
   Wo wird das alles noch hinführen? 249
   8.1 Auf dem Weg zur einsatztauglichen Berufsarmee 250
   8.2 Kosten-Nutzen-Analyse der makabren Art 253
   8.3 Bundeswehrreform, ein Rohrkrepierer? 259
   8.4 Afghanistan und kein Ende 262

Danksagung 267
Glossar 269
Dokumente 297
Register 307

Vorwort zur Taschenbuchausgabe

»Die Entwicklungen zum Thema Bundeswehr wurden bis einschließlich 3. März 2011 (Rücktritt von Karl-Theodor zu Guttenberg als Verteidigungsminister und Ernennung von Thomas de Maizière als neuer Verteidigungsminister) berücksichtigt.« So lautete der letzte Satz des Vorworts zur gebundenen Ausgabe. Seitdem sind mehr als ein Dutzend Monate vergangen, und der Verlag bat anlässlich der Ausgabe als Taschenbuch um eine Aktualisierung von Sachständen und Faktenlage zur Bundeswehr.

Fast könnte es einem vorkommen, als habe sich bezüglich der Nöte und Sorgen der Bundeswehr im vergangenen Jahr kaum etwas geändert – bis auf den Wechsel im Ministeramt. Alle Problemfälle, die das *Schwarzbuch Bundeswehr* auflistete, existieren noch immer, sind bisweilen sogar noch dringlicher geworden – oder erhielten zusätzliche Beispiele, die die Richtigkeit der damaligen Urteile nur noch augenfälliger machen. Doch dazu später.

Beginnen wir mit dem Wechsel an der Spitze.

Mit achtunddreißig Jahren wurde **Karl-Theodor zu Guttenberg** am 28. Oktober 2009 zum Bundesverteidigungsminister ernannt. Er war der jüngste Verteidigungsminister der Bundesrepublik Deutschland.

Sein Umgang mit den Soldaten war neu und anders, da er alleine vom Alter, aber mehr noch als ehemaliger Unteroffizier, als »einer von uns« angesehen wurde. Trotzdem passt er als Sohn einer äußerst vermögenden Familie nicht wirklich in jene Mittelschicht, aus der sich die Truppe bisher vorwiegend rekrutiert. Bei der Bundeswehr war und ist er weiterhin extrem beliebt. Die öffentliche Wahrnehmung seiner Person war ungewöhnlich hoch, denn es wurde auffallend häufig und wohlwollend über ihn berichtet. Als dauerhaft von bestimmten Medien hofierter VIP war er schließlich zum populärsten und beliebtesten Politiker Deutschlands aufgestiegen und wurde sogar zum kommenden Kanzler nach Angela Merkel hochstilisiert. Zwischen ihm und den Medien gab es allerdings eine Abhängigkeit auf Gegenseitigkeit: Er liebte es, seine Auftritte großartig in Szene zu setzen oder sich mit Unterstützung der Medien gezielt größer und wichtiger zu machen, als es seinem Amt und seinen Zielen angemessen gewesen wäre. »Ich bin von Beginn an mit dem vollen Bewusstsein in die Politik gegangen, dass ich jederzeit aufhören könnte.« Es war – Ironie des Schicksals – dann aber nicht er, der seine politische Karriere beendete, es waren jene Medien, deren hartnäckige Recherchen ihn ebenso steil abstürzen ließen, wie sie ihn zuvor hochkatapultiert hatten. »In jeder Entscheidung liegt die Möglichkeit eines Bruches im Leben. So ist es eben.« Zumindest nach außen hin nahm er seinen Sturz so *cool*, wie man es von ihm auch kaum anders erwartet hätte. Frei nach dem Motto: Wer nicht wagt, der nicht gewinnt! Er ist schließlich nicht darauf angewiesen, mit Politik seinen Lebensunterhalt zu verdienen, was Gnade und Fluch zugleich ist. Gnade, weil er so ohne Rücksichten versuchen konnte, politisch etwas zu ändern – Fluch, weil andere Motivationen, etwa, ein übersteigertes Selbstwertgefühl zu pflegen, beim angeblichen »Dienst am Vaterland« die Übermacht gewinnen können.

Thomas de Maizière, der aktuelle Bundesverteidigungsminister, ist diesbezüglich ganz anders. Er ist kein Mensch, der sich gerne in Szene setzt, bei ihm ist alles wohl durchdacht. Präsentationen werden von ihm fast immer selbst durchgeführt, er drückt sich also weder um die Kärrnerarbeit der Vorbereitung noch um die akribische Ausgestaltung seines Verantwortungsbereichs – und er gilt als *Abgrenzungsmensch*: »Ich habe keinen anderen Stil als mein Vorgänger, sondern ich habe meinen eigenen Stil.«

Vergleiche mit seinem Vorgänger mag er nicht. Man solle ihn nicht mit Guttenberg vergleichen, äußerte er einmal, sondern »am besten vergleicht man mich mal mit mir selbst. Das reicht.« Er ist gnadenloser Realist und hat beim Thema Auslandseinsätze der Bundeswehr eine klare Meinung: »Wenn die Deutschen mal wieder ›dran‹ sind, dann sind sie halt ›dran‹.«

Sein Vorgänger hat diesbezüglich immer recht weltmännisch von »deutschen Interessen« als Parameter für Auslandseinsätze gesprochen.

Für Thomas de Maizière ist der Faktor »Ehre« extrem wichtig.

Für das Vaterland zu dienen, sollte eine Ehre sein und das versucht er auch bei der Nachwuchsgewinnung für die Bundeswehr in den Vordergrund zu rücken. Zu den Reformplänen seines Vorgängers glänzt er mit knapper, trockener, schmuckloser, aber treffender Ausdrucksweise, die man auch in die Nähe von Breitensteins Kartoffeltheorem rücken kann: »Nun sind die Kartoffeln da, nun werden sie auch gegessen.«

Wenn man diese beiden Politiker mit Soldaten vergleicht, ist Thomas de Maizière der treue Soldat, der seinen Dienst nach dem Motto versieht, »Auftrag bekommen heißt Auftrag erfüllen«, wenn das auch leider oft mit einem unangemessenen Kadavergehorsam einhergeht. Karl-Theodor zu Guttenberg wäre in jenem Vergleich der überall beliebte Kamerad, der versucht »das Kind schon irgendwie zu schaukeln«. Leider reicht so eine Herangehensweise in der heutigen Zeit nicht mehr. Dann, wenn der Motor einmal läuft, kann man sich beruhigt zurücklehnen und die Fahrt genießen. Aber um den Motor zu starten, braucht man dann doch einen Minister wie Thomas de Maizière, auch wenn er nicht so beliebt in der Truppe ist wie sein Vorgänger.

Was also ist passiert seit Thomas de Maizière oberster Dienstherr der Bundeswehr geworden ist?

Am 21. März 2012 hat er mit dem **Dresdner Erlass** den Versuch gestartet, die Bundeswehr neu auszurichten. Dort werden Maßnahmen in die Wege geleitet, die langfristig die Truppe neu aufstellen sollen, aber nur greifen können, wenn erhebliche finanzielle Mittel zur Verfügung gestellt werden.

Der radikale Personalabbau sowohl bei der Truppe als auch in der Verwaltung trifft über 90 000 Angehörige der Streitkräfte und ihre Familien, aber auch Kommunen und Gemeinden. Die Kopfzahl der Soldaten soll von 250 000 auf etwa 180 000 verringert werden und von rund 400 Standorten der Bundeswehr werden 31 komplett geschlossen und 90 drastisch verkleinert.

An den nicht vorhandenen finanziellen Mitteln oder an der Verschwendung eines Großteils davon für Überflüssigkeiten, Gefälligkeiten und höchst fragwürdige »Entscheidungen« wird denn auch diese »Bundeswehrreform« scheitern. Denn daran scheitert schon heute die Einsatzfähigkeit der Bundeswehr insgesamt: Sie wird in Einsätze geschickt, ohne einsatzfähig zu sein, ohne Rücksicht auf die Konsequenz für Leib und Leben der betroffenen Soldaten. Schon heute zeigt sich die verpasste Chance zu einer Verbesserung der Lage zum Beispiel in folgenden Bereichen:

- **Kasernen**: 755 Millionen Euro waren für 2012 als Investition vorgesehen, doch diese Mittel wurden bereits anders eingesetzt, ohne dass auf die neue Reform Rücksicht genommen wurde, denn die Gelder sind schon in laufenden Baumaßnahmen gebunden, die vorgesehenen Geldmittel für den Um- und Neubau von Kasernen sind für das Jahr 2012 komplett anders verplant. Denn um die Liegenschaften der Bundeswehr zeitgemäß zu erneuern, werden derzeit 1,2 Milliarden Euro benötigt und dieser Finanzbedarf erhöht sich Jahr für Jahr. Da über den Einsatz finanzieller Mittel von Seiten des Verteidigungsministeriums keine exakten Aussagen getroffen werden, besteht zurzeit aus haushälterischen Gründen ein Auftragsstopp – es gibt wohl kein besseres Indiz für die stillschweigende Beibehaltung einer unerträglichen Mangelsituation.

- **Truppe**: Das Problem des »Aussitzens« statt Behebens von Mängeln haben auch viele jener freiwilligen jungen Frauen und Männer erkannt, die sich seit Aussetzen der Wehrpflicht zur Bundeswehr gemeldet haben. In den ersten sechs Monaten ihrer Dienstzeit haben 27,7 Prozent der neuen Soldaten ihren Dienst vorzeitig beendet. Ein Grund ist die fehlende Perspektive, ein anderer die fehlende Attraktivität. Auch die Befürchtung, dass sich für den Dienst bei der Bundeswehr ungeeignete Personen bewerben, wurde bittere Realität. Dazu kommen erhebliche Nachwuchsprobleme: Vielen Interessenten wurde attestiert, dass sie körperlich gar nicht in der Lage seien, bei der Bundeswehr anzuheuern. Die erste Planung der Bundeswehr sah eine Freiwilligenzahl von etwa 15 000 pro Jahr vor. Aufgrund mangelnder Nachfrage und der Ablehnung vieler Bewerber hat man sich mittlerweile auf 5000 Freiwillige korrigiert, Tendenz nach unten!

- **Öffentlichkeitsbild**: Zu all diesen Personalproblemen wie auch der erheblichen finanziellen Misere kommt so manche Diskussion hinzu, die nicht unbedingt zu einem positiveren Bild der Bundeswehr beiträgt. Als Folge ist das Ansehen der Bundeswehr in der Öffentlichkeit nach wie vor sehr schlecht. Die angedachte Einführung eines ›Veteranentages‹ spaltet erneut die Lager von Politik, Militär und Öffentlichkeit. Der Verteidigungsminister Thomas de Maizière hat den 22. Mai als Ehrentag für die Bundeswehrveteranen vorgeschlagen. Hintergrund ist, dass an diesem Datum im Jahr 1956 die verfassungsrechtliche Grundlage für die Bundeswehr in Kraft getreten ist. Veteranen, also Soldatinnen und Soldaten, die an einem Auslandseinsatz teilgenommen haben, haben ein Recht darauf, gewürdigt zu werden. Verdient einer denn keine Würdigung, der für die Interessen seines Landes sein Leben einsetzte? Die Tatsache, dass der Personenkreis, der unsere Soldatinnen und Soldaten in ihre gefährlichen Einsätze schickt, eine »Militarisierung Deutschlands« befürchtet, löst bei Betroffenen Empörung aus. Beizupflichten ist allerdings jenen im Deutschen Bundestag, die konsequent die Auslandseinsätze der Bundeswehr ablehnen, sie sind dann wenigstens konsequent, wenn sie nicht auch noch gegen ihre innere Überzeugung jene bejubeln sollen, die gar nicht erst in den Krieg hätten geschickt werden dürfen. Die Personen aber, die unsere Soldatinnen und Soldaten in Einsätze schicken, negieren mit einer solchen Haltung sowohl die erbrachten Leistungen der Soldaten wie auch die Entbehrungen ihrer Angehörigen. Es wäre ein deutliches Zeichen, auch an die Hinterbliebenen, die an diesem Tag noch mehr und ganz besonders eine Würdigung auch ihrer Leistungen erfahren könnten.

- **Rückhalt in der Politik**: Die Diskussion um den Veteranentag spiegelt die Probleme der Bundeswehr insofern wider, als in ihr offensichtlich wird, dass in Deutschland mit der Bundeswehr umgegangen wird wie mit einem ungeliebten Kind. Wenn man sich nun vor Augen führt, dass es genau jene Politiker sind, die einerseits bezüglich des Veteranentages den Respekt gegenüber der Bundeswehr vermissen lassen und die andererseits eine Verbesserung der Finanzsituation der Truppe verweigern, um sie erst einmal einsatzbereit zu machen, ist das grundlegende Dilemma der Bundeswehr nicht mehr zu übersehen: der fehlende Rückhalt für die Streitkräfte in der Politik.

So bleibt die Politik überfordert und die Bundeswehr hoffnungslos unterfinanziert. Mir wäre wohler, ich könnte Besseres berichten. Doch es ist wie mit den umgedrehten Steinen in meinem Garten. Als ich vor Jahren die Steine dort vom Rasen in einen Steingarten umsetzte, fand ich manchmal Würmer, die es sich darunter wohnlich gemacht hatten. Als ich vor Jahren begann, die Lage der Bundeswehr zu durchleuchten und dabei auch sprichwörtlich jeden Stein umdrehte, entdeckte ich bisweilen auch eine Wohnstätte von Würmern. Heute ist es fast egal, welchen Stein ich umdrehe – überall finde ich unter ihnen Würmer. Im Gegensatz zu meinem Garten bringt es aber im Falle der Armee nichts, wenn ich mich weigere, auch die Unterseite der Steine zur Kenntnis zu nehmen. Sie als nützliche Trittsteine zu deklarieren, wie das die Politik tut, auf denen man den Rasen ohne Spuren zu hinterlassen überqueren kann, wahrt zwar den schönen Schein, die Würmer darunter vermehren sich jedoch fast ebenso schnell wie die ungelösten Probleme bei der Bundeswehr.

Achim Wohlgethan

Die Entwicklungen zum Thema Bundeswehr wurden bis einschließlich 1. Mai 2012 für die Taschenbuchausgabe ergänzt.

Vorwort zur Erstausgabe

Im Augenblick vergeht kein Tag ohne Meldung über die Bundeswehr. Als interessierter Staatsbürger – und ich nehme an, Sie sind das, denn Sie haben dieses Buch gekauft – verfolgen Sie die angekündigten Pläne und deren Umsetzung in dieser für unsere Demokratie so wichtigen Institution mit Interesse. Dennoch ...

Glauben Sie nur wenig von dem, was die Medien melden – ich werde Ihnen zeigen, wie, von wem und mit welcher Absicht manipuliert wird.

Seien Sie vorsichtig bei allen Äußerungen politisch oder militärisch Verantwortlicher – ich kann Ihnen beweisen, wie oft da getäuscht und getrickst wird, nur um des eigenen Vorteils willen.

Bleiben Sie stets kritisch gegenüber Urteilen von Experten: Könnten Lobbyinteressen dem Urteil zugrunde liegen? Basiert es auf erlebter militärischer Praxis? Steht wirklich das Wohlergehen der Soldaten im Mittelpunkt?

Trauen Sie Verlautbarungen, Lippenbekenntnissen, Schaufensterreden und sogenannten »harten Fakten« nur in den seltensten Fällen – die wirklichen Gründe für eine Sachlage sind oft so hanebüchen, dass man sich davor hütet, sie der Öffentlichkeit zu präsentieren.

Lassen Sie sich nicht dazu verführen, die Bundeswehr für einsatzfähig zu halten, nur weil sie in Einsätze geschickt wird – weder die Sicherheit der Soldaten noch die unserer Bevölkerung sind Entscheidungskriterium bei Material und Ausbildung, sondern Machtspiele und Geltungssucht.

Unsere Sicherheit und Freiheit sind nicht allein von Taliban oder ähnlichen Gruppierungen gefährdet – zuallererst werden sie durch schlecht ausgebildete, schlecht ausgestattete und schlecht geführte Streitkräfte gefährdet, die weder Rückhalt in der Bevölkerung noch bei Politik oder Medien haben. Was wir brauchen, ist eine integre Armee, deren Ideale und Mittel klar definiert sind, die in der Mitte unserer Gesellschaft steht und deswegen alle Unterstützung erhält, die sie für ihre schwierige Mission dann auch verdient hat.

»Ihr Deutschen könnt verdammt stolz auf eure Soldaten sein«, meinte ein amerikanischer Sergeant, der in Kundus im Gefecht getötete deutsche Soldaten herausflog. Und als der deutsche Verteidigungsminister Karl-Theodor zu Guttenberg gefragt wurde, ob unsere Gesellschaft ausreichend darauf vorbereitet sei, dass es in Deutschland wieder Kinder gibt, die ihren Vater nie kennenlernen werden, weil er gefallen ist, sagte er: »Nein! Und daher ist es meine verdammte Pflicht, die Wahrheit über unsere Einsätze offen und ungeschminkt zu kommunizieren.«

Diesen beiden Aussagen kann ich nur zustimmen. Auch ich bin stolz auf unsere Soldaten, und auch ich sehe es als meine Pflicht, die Wahrheit über unsere Einsätze offen und ungeschminkt zu kommunizieren. Als ehemaliger Soldat der Bundeswehr bin ich darüber hinaus verpflichtet, die deutsche Öffentlichkeit durch meine Bücher über den Sachstand innerhalb der Bundeswehr zu informieren. Bücher, die Ihnen, meinen Lesern, zeigen sollen, wie es unseren Soldatinnen und Soldaten weltweit ergeht. Denn während Sie dieses Buch in Händen halten, sollten Sie sich daran erinnern, dass genau in diesem Augenblick irgendwo auf der Welt deutsche Soldaten unsere Interessen vertreten – unverständlicherweise aber mit nur wenig Rückhalt. Und Sie sollten sich nach der Lektüre dieses Buches die Frage stellen: Würde *ich* eine solche Aufgabe noch übernehmen, nachdem ich nun all das weiß?

Eine Erörterung dieser Frage, eine Bestandsaufnahme des aktuellen Zustands der deutschen Streitkräfte, eine Klärung der tatsächlichen Hintergründe bei den zahlreichen Fehlentscheidungen und Fehlinvestitionen – auch durch Heranziehung sogenannter »Geheimdokumente«, die der Öffentlichkeit nicht zugänglich werden oder mit Absicht bis zur Unverständlichkeit sprachlich verschlüsselt sind –, das ist Thema und Aufgabe beim vorliegenden *Schwarzbuch Bundeswehr*.

Die aktuellen Entwicklungen zum Thema Bundeswehr wurden bis einschließlich 3. März 2011 (Rücktritt von Karl-Theodor zu Guttenberg als Verteidigungsminister und Ernennung von Thomas de Maizière als neuer Verteidigungsminister) berücksichtigt.

Achim Wohlgethan

1. Die Bundeswehr als Spielball mächtiger Interessen

Nichts ist, wie es scheint

1.1 Vertrauensverlust auf ganzer Linie

Nach Erscheinen meines ersten Buches *Endstation Kabul* erhielt ich tausende Briefe und E-Mails von Soldatinnen und Soldaten sowie deren Angehörigen – aber auch von Politikern, von Journalisten und von am Thema interessierten Bürgern. Aus nahezu allen schlug mir eine Welle der Empörung darüber entgegen, wie in Deutschland mit den Anliegen, dem Ansehen und den Angehörigen der Bundeswehr umgegangen wird. Als Anlässe ihrer Verärgerung zählten die Verfasser Hunderte von anschaulichen Beispielen für Pleiten, Pech und Pannen auf, die sich, wie sie immer wieder versicherten, tatsächlich so zugetragen hatten.

Meine Reaktion auf diese Flut von Informationen und auf die Heftigkeit des ihnen zugrunde liegenden Missmuts pendelte anfänglich zwischen Mitgefühl und Entsetzen. Wie tief musste der Groll bei den Briefeschreibern sitzen, wenn sie in solcher Zahl die Mühe auf sich nahmen, selbst einem mit so wenig Veränderungsmacht und Gestaltungsmöglichkeiten ausgestatteten Buchautor wie mir ihre bitteren Erfahrungen anzuvertrauen? Doch nach der ersten, emotionalen Reaktion wuchs meine Überzeugung, dass ich mit den mir vorgelegten Informationen auch Verantwortung und Verpflichtung übernommen hatte, nämlich auf der Grundlage dieser Kenntnisse im Sinne meiner Informanten tätig zu werden.

So schrieb ich im Vorfeld der Bundestagswahl 2009 allen im Parlament vertretenen Fraktionen und bot ihnen meine Mithilfe bei sämtlichen die Bundeswehr betreffenden Fragen an; ich wollte das Wissen, das mir zuteil geworden war, allen Interessierten zur Verfügung stellen. Dieses Angebot machte ich frühzeitig, bereits Ende 2008, damit genug Zeit blieb, sich mit meinen Überlegungen auch parlamentarisch und während des folgenden Wahlkampfs auseinandersetzen zu können. Allen politisch Verantwortlichen, die sich mit Verteidigungsfragen beschäftigten, wollte ich mit meinen Informationen aus erster Hand behilflich sein, das, was bei der Bundeswehr ganz offensichtlich im Argen lag, entweder abzustellen oder zumindest ins Zentrum ihrer Aufmerksamkeit zu rücken.

Zu meiner großen Enttäuschung erhielt ich nur wenige Antworten. Die mir schrieben, boten mir entweder scheinheilig an, mich doch mit dem für mich zuständigen Parteibüro in Verbindung zu setzen, um dort mein Anliegen vorzubringen – und am besten gleich selbst Parteimitglied zu werden –, oder sie ließen mir ein vorformuliertes Formblatt zukommen, das mit der Bundeswehr so viel zu tun hatte wie ein Vegetarier mit dem Schlachthof. Standardantworten, die lediglich Ausweis meiner Naivität waren, mein Wissen könnte für irgendetwas nützlich oder auch nur interessant sein.

Ich hatte alle Hoffnungen bereits aufgegeben, da erreichte mich im Frühling 2009 eine förmliche Einladung in den Bundestag. Eine Arbeitsgruppe, gegründet von einem Mitglied des Verteidigungsausschusses und befasst mit dem Thema »Missstände bei der Bundeswehr«, bat mich um eine Auflistung jener Mängel, die von Soldaten und deren Angehörigen am häufigsten beklagt wurden, damit eine Gesprächsgrundlage für das in Aussicht gestellte Treffen in Berlin vorlag. Ich war nicht nur hocherfreut über diese Entwicklung, sondern auch zuversichtlich, nun doch von meiner Seite etwas zur Verbesserung der

Gesamtsituation unserer Armee beitragen zu können. Also kam ich der Bitte umgehend nach und erstellte einen mehrseitigen Katalog, den ich mit einer Terminzusage dem Sprecher dieser Arbeitsgruppe zukommen ließ.

Nachdem ich am Tag des vereinbarten Treffens einer Sicherheitskontrolle unterzogen worden war, wartete ich gespannt, aber auch etwas nervös in der riesigen Lobby des Abgeordnetenhauses auf jenen Gesprächspartner, der vorgeschlagen hatte, mich dort abzuholen. Nach etwa zehn Minuten kam ein junger Mann auf mich zu, stellte sich als Mitglied jener Arbeitsgruppe vor und begleitete mich nach oben in einen der zahlreichen Besprechungsräume. Während der Fahrt mit dem Aufzug erfuhr ich, dass er Reserveoffizier der Bundeswehr und Mitglied der CDU/CSU-Fraktion sei. Er behandelte mich äußerst zuvorkommend und zeigte sich leutselig und geradeheraus, als würden wir uns schon länger kennen. Lediglich sein Alter gab mir zu denken, denn die Jahre davor hatten mich eines gelehrt: Erfahrung im militärischen Bereich und speziell in einer politisch so komplexen Materie wie der Verteidigungspolitik gewinnt man nur, wenn sich über Jahre praktische Erfahrung im aktiven Dienst mit dem Wissen um politische Durchsetzbarkeit verbinden. Politische Schläue bei militärischer Unerfahrenheit hat Deutschland mindestens genauso oft ins Desaster geführt wie militärisches Spezialistentum ohne die Vertrautheit im Umgang mit parlamentarischen Legitimationspflichten.

Während mir jahrzehntealte Katastrophen wie die Auftragsvergabe beim Starfighter und gerade aktuelle wie die Rechtfertigungsdiskussion beim Kosovo-Einsatz als Belege dafür durch den Kopf gingen, stellten sich drei weitere Herren vor, die auf meine Nachfrage ausnahmslos von sich behaupteten, entweder als Vollblutpolitiker mit der militärischen Erfahrung eines Reserveoffiziers dienen zu können oder als Offizier im aktiven Dienst, der die Politik unterstützen wolle, militärisches Fachwissen einbringen zu können. Eine vielversprechende Mischung für das anberaumte Gespräch.

»Wir freuen uns, dass Sie kommen konnten, Herr Wohlgethan«, begrüßte mich der Sprecher der Arbeitsgruppe und eröffnete nun offiziell die Sitzung. »Wir haben viel von Ihrem Buch gehört, der eine oder andere hier Anwesende hat es meines Wissens auch gelesen, und Sie gelten nicht nur deswegen als jemand, der über exzellente Kontakte zur Truppe verfügt. Es würde uns freuen, wenn Sie uns Informationen zukommen lassen könnten, die wir eventuell noch nicht haben. Zunächst aber gestatten Sie mir bitte eine Frage: Warum treten eigentlich die Angehörigen der Bundeswehr an Sie heran und nicht an uns?«

Ich beantwortete ihm diese Frage so eindeutig, wie es ging, dann begann der eigentliche Informationsaustausch. Ich hielt meinen vorbereiteten Kurzvortrag, der *grosso modo* nach dem von mir vor Wochen ausgearbeiteten Problemkatalog gegliedert war, sich also einerseits auf die Forderungen nach besserer Ausrüstung und nach besserer Betreuung der Angehörigen zu Hause erstreckte und andererseits Aufklärung über ungeklärte Vorkommnisse bis hin zu Todesfällen im Dienst einforderte. Weiterhin brachte ich das Unverständnis der Soldaten zum Ausdruck, dass weder die politische noch die militärische Führung der Bundeswehr genügend dafür Sorge tragen würden, die gefährliche Arbeit und die Verdienste unserer Armee in der Öffentlichkeit darzustellen und sich bei den Bürgern um Verständnis, besser noch, um Anerkennung zu bemühen.

Was war denn nun die Antwort auf die anfängliche Frage des Sprechers der Arbeitsgruppe?, wird sich inzwischen mancher Leser fragen. Sie soll nicht unter den Tisch gekehrt oder einfach vergessen werden. An dieser Stelle möchte ich die Antwort jedoch noch für mich behalten.

Im weiteren Verlauf des Treffens begann ich, meinen Gesprächspartnern jene konkreten Fragen zu stellen, die die Soldaten in ihren Briefen und E-Mails an mich gerichtet hatten, zum Beispiel die folgende: »Warum setzen Sie sich als Verantwortliche nicht dafür ein, dass die Soldaten in Afghanistan mehr schweres Gerät erhalten, im Besonderen Panzerhaubitzen 2000, Kampfhubschrauber, Transporthubschrauber, Kampfpanzer, vor allem aber sichere Transportfahrzeuge in größerer Stückzahl?«

Ich erklärte, dass ich um die Verfügbarkeit dieser Waffensysteme wüsste, entweder aus bundeswehreigenen Beständen oder aus denen alliierter Truppen, gemietet, geleast oder gekauft, und dass dieses Material nach Meinung der meisten Experten auch innerhalb kürzester Zeit zum Einsatzort gebracht werden könnte.

Die Antwort, die ich in diesem Gespräch erhielt, ließ mich tief durchatmen: Die Erfüllung dieser Wünsche würde die politische Führung der Bundeswehr in eine missliche Lage bringen, denn man könne wohl kaum weiter von einem »Stabilisierungseinsatz« sprechen, wenn man so schweres Kriegsgerät auf den Weg bringe. Dann müsse man – auch bei öffentlichen Auftritten – schon den Begriff »Krieg« verwenden für das, was zwischen der Bundeswehr und den aufständischen Taliban in Afghanistan im Gange sei. Gerade so kurz vor einer Bundestagswahl wolle und könne man es sich jedoch keinesfalls leisten, das Thema Krieg in die Öffentlichkeit zu tragen, es sei doch bekannt, wie es um die Zustimmung der Bevölkerung selbst für einen Stabilisierungseinsatz stünde.

Ich verlor in diesem Augenblick jede Hoffnung, die ich in das Treffen gesetzt hatte. Da sah ich auf der einen Seite sach- und fachkundige Militärs, denen von politisch Verantwortlichen die dringend benötigte Ausrüstung verweigert wurde, mit der ein solcher Einsatz überhaupt erst verantwortungsvoll zu führen war – und auf der anderen Seite erlebte ich Politiker in der misslichen Lage, von ihren Bürgern mit hoher Wahrscheinlichkeit abgewählt zu werden, wenn sie ihnen die Wahrheit nicht länger verschwiegen. Dazwischen standen die Leidtragenden: Soldaten in einem Krieg, der keiner sein durfte, ausgestattet mit Mitteln, die ihr Leben eher bedrohten als beschützten, und gestraft mit mangelndem Rückhalt und fehlendem Respekt während der Erfüllung ihres Auftrags.

Je länger das Gespräch dauerte, desto weniger konnte ich mich des Verdachts erwehren, dass ich benutzt werden sollte, dass mein Besuch im Bundestagsgebäude nur Vorwand sein könnte, um später zu behaupten, man habe – dem Ernst der Lage verpflichtet – alle Expertenmeinungen aufmerksam zur Kenntnis genommen, sie verantwortungsbewusst gegeneinander abgewogen und in die anstehenden Entscheidungsprozesse einbezogen.

Und mein Verdacht bestätigte sich. Nach allen Informationen, die Grundlage des Gesprächs und auch des ausgearbeiteten Problemkatalogs gewesen waren und die ich ausnahmslos in bester Absicht überbracht hatte, war eine ganz andere Frage in den Mittelpunkt der Überlegungen gerückt: Wie könnten die Anwesenden auf der Basis dieses Wissens eine Eingabe im Bundestag formulieren, die den damals aktuellen Koalitionspartner beschädigen würde, um damit im Wahlkampf für die eigene Partei zu punkten? Wie konnte man die andere Partei an die Wand spielen und trotzdem das eigene Gesicht wahren, denn noch befand man sich ja in einer gemeinsamen Regierung?

Zu diesem Zeitpunkt schienen meine Gesprächspartner bereits zu wissen, dass eine Neuauflage der Großen Koalition äußerst unwahrscheinlich war, und so leitete der Kreis die von mir gesammelten Informationen an eine dritte Partei, den erwünschten zukünftigen Koalitionspartner, weiter. Als die Eingabe dann tatsächlich gemacht und im Bundestag diskutiert wurde, war natürlich unbekannt, woher das Insiderwissen über angebliche Missstände in der Bundeswehr kam. Dieses Vorgehen bot auch noch einen weiteren Vorteil: Die für die Aufdeckung der angesprochenen Vorfälle zuständigen Unterzeichner der Eingabe waren nicht dafür verantwortlich zu machen, da sie zum Zeitpunkt des Bekanntwerdens ja (noch) nicht an der Regierung beteiligt gewesen waren.

Die Gesprächsrunde endete nach etwas mehr als zwei Stunden, und mein Begleiter brachte mich wieder in die Lobby zurück. Ich trat vor das Gebäude und musste mich erst einen Augenblick lang sammeln. Wie konnte ich nur so dumm und naiv gewesen sein? Wie konnte ich hoffen, für die Soldaten etwas bewirken zu können?

Und nun kann ich auch jene Frage beantworten, die mir am Beginn meines Treffens mit den Mitgliedern des Bundestagsarbeitskreises über Missstände in der Bundeswehr gestellt worden war.

»Warum treten eigentlich die Angehörigen der Bundeswehr an Sie heran und nicht an uns?«

Weil sie das Vertrauen verloren haben, jemand in diesen Kreisen könnte sich um ihre Anliegen allein aus dem Grund kümmern, damit es dem Betroffenen besser geht.

Und obwohl ich es vorher gewusst und es den Mitgliedern der Arbeitsgruppe sogar ins Gesicht gesagt hatte, war ich doch in ihre Falle getappt. Zumindest konnte ich nun sicher sein, dass meine Theorie den Tatsachen entsprach und dass tausende Bundeswehrangehörige nicht irrten, sondern sehr genau wussten, wie viel sie von ihren politisch Verantwortlichen zu halten hatten – oder wie wenig.

1.2 Taktieren, tricksen, schönfärben gegenüber der Öffentlichkeit

Die Armee eines Landes ist nur eines der zahlreichen Instrumente, die der Politik zur Durchsetzung ihrer Vorhaben und Gesetze zur Verfügung stehen. Justiz, Polizei, Zoll – bis hin zu Lebensmittelkontrolle und Gesundheitsamt reichen die Möglichkeiten eines Staates, die Einhaltung seiner Gesetze und Vorschriften zu erzwingen. Wie kann es dann angehen, dass gerade Soldaten bei vielen deutschen Bürgern in so schlechtem Ruf stehen? Wie kommt das beklagenswerte Bild zustande, das sich die Öffentlichkeit von der Bundeswehr gemacht hat? Sind es die Medien, die falsch oder einseitig berichten? Liefern Diskussionen und Entscheidungen in Parlament oder Regierung Argumente für dieses Image? Sind die hohen Kosten einer Armee und ihrer waffentechnischen Ausstattung der Anlass für die Kritik? Oder liegt es doch an der Bundeswehr selbst, und sie muss für ihren schlechten Ruf schon auch selbst geradestehen? Zunächst ein Blick auf die Bundeswehr, auf ihre Öffentlichkeitsarbeit und auf den Umgang der Medien mit den Themen Bundeswehr, Soldaten und Militäreinsätze.

Bei Naturkatastrophen wird in der Öffentlichkeit sehr schnell Hilfe durch die Bundeswehr verlangt. Die Soldaten werden anfangs stets mit Respekt empfangen, aber schon nach kurzer Zeit sind viele Bürger nicht besonders unglücklich darüber, wenn die Soldaten wieder in ihre Kasernen zurückkehren. Selbst durch diese unmittelbare Unterstützung für die im Katastrophengebiet lebende Bevölkerung gelingt es nicht, Ansehen der Armee und Respekt vor den Leistungen der Bundeswehrsoldaten zu fördern. Gründe für ein Scheitern dieser Art positiver Öffentlichkeitsarbeit liefern häufig gedankenlose Politiker.

Ein Beispiel: Ein Soldat berichtete über seinen Einsatz beim Elbehochwasser 2002 im Raum Dömitz, wo ein Ministerpräsident durch äußerst dumme Entscheidungen die Soldaten zum Gespött der Bevölkerung machte. Dieser Soldat und sein Team – wie jeden Tag damit beschäftigt, die Dämme sicher zu halten oder sicher zu machen – wurden von einem Blitzbesuch des Ministerpräsidenten von Mecklenburg-Vorpommern überrascht. Der zeigte sich von der Leistung der Soldaten durchaus angetan, äußerste aber in einem Punkt Kritik und verlangte diesbezüglich bis zu seinem baldigen zweiten Besuch Änderungen: Er wolle dann keine schweißverklebten T-Shirts mehr im Einsatz sehen; man solle sich doch bitte eine Lösung einfallen lassen, der Öffentlichkeit kein so abstoßendes Bild unserer Truppen zu präsentieren ... Und was geschah daraufhin? Es ist kaum zu glauben und löste eine Welle der Heiterkeit aus: Die Soldaten mussten bei der Arbeit künftig Uniform tragen, die natürlich viel wärmer als ein T-Shirt ist, und verrichteten ihre Aufgabe nun unter noch schweißtreibenderen Bedingungen, dafür aber ansehnlich.

Ein Beispiel, das eher zum Schmunzeln anregt. Ganz anders liegen die Dinge bei einem lebensgefährlichen Job irgendwo auf der Welt: Wer bei der Erfüllung eines Auftrags unablässig von Gewalt umgeben ist, der hat ein Anrecht auf Akzeptanz, Anerkennung und auch Respekt vonseiten jener, die ihm den Auftrag erteilt haben. Allerdings können Respekt und Anerkennung nur auf dem Boden ausreichender und wahrheitsgetreuer Information wachsen. Und genau daran mangelt es in Deutschland. Es gibt nur unzureichende oder gar falsche Informationen darüber, wie das Leben jener Soldaten aussieht, die vom deutschen Parlament in eine kriegerische Auseinandersetzung geschickt wurden.

Nun können sich berechtigterweise der Leser wie auch die gesamte Öffentlichkeit die Frage stellen, warum wir kein realistischeres Bild, warum wir nicht die ungeschminkte Wahrheit, dafür aber so offensichtlich nach der einen oder anderen Seite gefärbte Fakten aus der Truppe oder den Einsatzländern erhalten. Die Antwort ist einfach: Kaum eine Institution innerhalb der Bundeswehr funktioniert so gut wie ihre Presseinformationsstelle. Die dort tätigen Presseoffiziere verfassen ihre Berichte nicht etwa aufgrund der Faktenlage, sie bekommen Anordnungen und Vorgaben, wie die Realität in jeder einzelnen

Nachricht den erwünschten Ergebnissen anzupassen ist. Diese Schilderung der Tatsachen ist dann so lange aufrechtzuerhalten, bis eine anderslautende Weisung eine neue Sicht der Dinge verlangt.

Eine Soldatin schrieb, dass es eindeutige Vorgaben durch die Pressestelle der Bundeswehr gebe, was und wie über den Krieg in Afghanistan berichtet werden dürfe: »Die Diskussion über die Bezeichnung Krieg ist mir nicht entgangen. Als Soldatin des Bereichs Presse & Öffentlichkeit kann ich dazu ergänzen, dass uns beim Umgang mit den Medien vorgegeben wird, dass der offizielle Sprachgebrauch des BMVg [Bundesministerium der Verteidigung, *d. Verf.*] zu nutzen ist. In diesem Fall ›militärische Operationen‹, andernfalls erfolgen bei Verstößen disziplinarische Maßregelungen.« Zum Beispiel dürfe das Wort »Krieg« nicht auftauchen, auch »getötete Soldaten« oder »Gefallene« seien »Unwörter«. Es gehe darum, stets die Gefährdungslage im Einsatzgebiet »herunterzukochen«. Andere Mails deckten auf, wie Anschläge auf Einrichtungen der Bundeswehr in der Berichterstattung zu einfachen »Unfällen« gemacht worden waren, ja, dass bei Anschlägen getötete Soldaten bedauerlicherweise ihr Leben bei einem »Unfall« lassen mussten.

Ein Fallschirmjäger, der bei Gefechten gerade drei Kameraden verloren hatte, schrieb: »Es tut uns hier echt weh, wenn die Medien die falschen Hintergründe der Todesumstände unserer Kameraden wiedergeben. Wir haben dabei sehr einschneidende Erfahrungen gemacht, umso mehr tut es weh, wenn vieles verleugnet wird oder überhaupt nicht an die Presse gerät.«

Wie kann es beispielsweise sein, dass offenbar jahrelang, womöglich jahrzehntelang gravierende Missstände auf dem Segelschulschiff der Marine, der *Gorch Fock*, herrschten, ohne dass davon etwas nach draußen drang? Wäre es denkbar, dass es sehr wohl Soldatinnen und Soldaten gab, die darüber sprachen, das Gesagte aber totgeschwiegen oder zumindest bewusst nicht gehört wurde? Von der *Gorch Fock* wurde lange Zeit ein schönes Bild gezeichnet, das Seefahrerstolz und Windjammerromantik mit den deutschen Tugenden Disziplin, Fleiß und Anstand verband. Wer sie beim Auslaufen auf Deck stehen sieht, die in Weiß herausgeputzten Kadetten, der mag sich kaum vorstellen, wie dunkel es in mancher Seele auf diesem Schiff ausgesehen haben muss. Die *Gorch Fock* steht geradezu sinnbildlich für die Kombination aus Information und Desinformation, die in der Bundeswehr betrieben wird: Unangenehmes wird ausgeblendet oder unterdrückt, der schöne Schein aber wird herausgestellt, als wäre die Bundeswehr eine Armee von Paradeuniformträgern, die es nur aus Versehen mal auf den Balkan oder an den Hindukusch verschlägt.

Als dann der Fall jener fünfundzwanzigjährigen Offiziersanwärterin bekannt wurde, die am 7. November 2010 um 10.27 Uhr aus einer Höhe von siebenundzwanzig Metern an Bord des Segelschulschiffs abstürzte und dabei zu Tode kam, dauerte es fast zehn Wochen, bis in der Öffentlichkeit darüber gesprochen wurde. Kein Wunder, dass bei einer solchen Zeitverzögerung Spekulationen über eine Vertuschung angestellt werden. Genau wie im Fall des am 17. Dezember 2010 getöteten einundzwanzigjährigen Hauptgefreiten in einem nordafghanischen Vorposten. Hier wurde zunächst die Meldung von einem Unfall beim Waffenreinigen in Umlauf gebracht. In beiden Fällen hieß es vonseiten des Verteidigungsministeriums anfänglich, es habe sich um tragische Unfälle gehandelt. Doch dann kamen täglich neue Fakten ans Licht der Öffentlichkeit. Es wurde gemunkelt, dass die Soldatin überfordert und durch übermäßige Belastung nicht in der Lage gewesen sei, ihren Auftrag zu erfüllen, und schließlich wegen Erschöpfung zu Tode stürzte. Im Fall des Hauptgefreiten wurde *peu à peu* bekannt, dass es sich bei dem »Unfall« um die Tötung durch einen anderen Soldaten bei Spielereien mit den Waffen handelte. Die Oppositionsparteien sprachen von Vertuschung und warfen dem damaligen Verteidigungsminister zu Guttenberg Versagen dahingehend vor, dass er seine Truppe nicht unter Kontrolle habe und deswegen nicht in der Lage sei, das Parlament wahrheitsgemäß zu informieren. Der Verteidigungsexperte der Partei Bündnis 90/Die Grünen, Omid Nouripour, äußerte: »Wir haben einen Monat lang falsche Informationen bekommen vom Ministerium. Das ist fatal, das bedeutet, dass die Führung des Hauses eigentlich den eigenen Laden nicht im Griff hat.« Der Verteidigungsminister erwiderte darauf: »Die Beteiligung des zweiten Soldaten ist bereits am Tag danach bekannt gewesen.« Es wurde aber im gleichen Atemzug betont, dass die Verzögerung in der Informationspolitik zustande kam, weil die verschiedenen Staatsanwaltschaften sich bei diesem Fall nicht einig gewesen seien.

Da stellt sich zwangsläufig die Frage: Wenn es bei einem Vorfall mehrere Erklärungsvarianten gibt, der tatsächliche Hergang noch im Dunkeln liegt und selbst die Staatsanwaltschaften sich in ihrer Beurteilung lange nicht einig werden können, warum verbreitet das Verteidigungsministerium trotzdem über Wochen beziehungsweise Monate nur die eine Version der Geschichte – die Unfallversion? Es wäre doch ein Leichtes gewesen, jeden Fall samt seinem noch ungeklärten Tathergang der Öffentlichkeit zu präsentieren. Dann käme auch niemand auf den Gedanken, wieder einmal ginge es ums Taktieren, Tricksen, Schönfärben, sobald unangenehme Vorfälle zu vermelden sind. Und solche Vermutungen liegen auf der Hand, denn auch bei einem weiteren, fast zeitgleich an die Öffentlichkeit gelangten Vorgang wird wieder nach genau dieser Maxime verfahren.

Bereits im November 2010 gab es von den in Afghanistan eingesetzten Soldaten erste Klagen darüber, dass Feldpost von Afghanistan nach Deutschland geöffnet werde. Bekannt wurden neunundzwanzig Unregelmäßigkeiten. Unter anderem sollten USB-Sticks und Speicherkarten von Kameras entwendet worden sein, die die Soldaten in die Heimat schicken wollten. Betroffen waren insbesondere Sendungen aus einem Standort der Bundeswehr in der Region Baghlan. Die offizielle Stellungnahme der Bundeswehr lautete wie folgt: Eine Manipulation der Postsendungen zumindest bis zur Übergabe ans Feldpostamt könne ausgeschlossen werden. Beschädigungen durch Frankiermaschinen seien eventuell möglich. Durch diese Beschädigungen könnten Gegenstände aus den Umschlägen gedrückt worden sein. Es sei aber auch denkbar, dass ein afghanischer Transporteur die Post geöffnet habe. Zumindest aus dem Bereich Baghlan ist das nachvollziehbar, da nur dort ein afghanisches Unternehmen für den Transport der Post eingesetzt wird. Aus dem Camp in Masar-e-Sharif oder aus dem Feldlager in Kundus wird die Post durch die Bundeswehr selbst transportiert. Aber auch hier wurden Sendungen geöffnet. Die Deutsche Post weist alle Vorwürfe von sich, sie habe »ihren Feldpostauftrag jederzeit korrekt erfüllt«, erklärte ein Sprecher. Die Verletzung des Briefgeheimnisses ist eine schwere Straftat, wäre aber andererseits bei einem Militäreinsatz nicht verwunderlich. In Zeiten, in denen Soldaten Dinge erleben, die nicht bekannt werden sollen, und diese dann ihren Angehörigen in Briefen mitteilen, besteht eine besondere Gefahr der ungesetzlichen Überreaktion. Aus Angst, diese Dinge könnten an die Öffentlichkeit gelangen, werden selbst Straftaten in Kauf genommen.

Im Fall der geöffneten Feldpostbriefe drängen sich zwei Fragen auf: Wie kann es sein, dass in Zeiten des internationalen Terrorismus ein afghanisches Unternehmen zuständig ist, die Post deutscher Soldaten, die sich im Krieg befinden, zu befördern? Und sollte es aufseiten der Bundeswehr zu illegalen Handlungen gekommen sein, wer hat diese angeordnet oder geduldet? Die unwahrscheinlichste Variante ist, dass von Frankiermaschinen manipuliert wurde. Solche »Beschädigungen durch Frankiermaschinen« ernsthaft als Erklärungsvariante zu präsentieren, ist Ausdruck bedauernswerter Hilflosigkeit, um es milde auszudrücken.

Wenn schon das Presseinformationszentrum der Bundeswehr sich also vorbehält, nur in Ausnahmefällen ungefilterte Berichte, die der Einsatzrealität in vollem Umfang entsprechen, zu verbreiten, indem es einen »offiziellen Sprachgebrauch« verbindlich macht, wie das weiter oben zitierte Schreiben der Soldatin offenlegte, dann könnten doch immerhin Journalisten vor Ort die ihnen vorliegenden Informationen ungefiltert publizieren und so der deutschen Öffentlichkeit zugänglich machen. Doch auch bei Journalisten vor Ort greift in vielen Fällen das System der Einflussnahme durch die Pressestelle der Bundeswehr. Um nicht missverstanden zu werden: Die Menschen, die dort arbeiten, sind Soldaten. Ihnen kann am allerwenigsten angelastet werden, dass sie nach den Vorschriften ihrer Vorgesetzten handeln. Es sind diese Vorschriften, die dringend der Überprüfung bedürfen, will die Bundeswehr ein wahrheitsgemäßes, ungefiltertes und deswegen glaubhaftes Bild in die Öffentlichkeit tragen.

Wie erfolgt diese Einflussnahme auf Journalisten im konkreten Fall? Die Medien sind auf intensive Unterstützung durch die Bundeswehr angewiesen, weil Berichterstatter sowohl aus Kosten- wie vor allem aus Sicherheitsgründen nur mit dieser Unterstützung in die Einsatzgebiete kommen, aus denen sie berichten sollen. Wenn also die Bundeswehr die Reisekosten übernimmt, vor Ort für Unterkunft und Verpflegung aufkommt, wenn zur Sicherheit der Journalisten sogar Soldaten abkommandiert werden, ist das für die Berichterstatter und deren Arbeitgeber äußerst hilfreich.

Weitaus fragwürdiger, weil als gesponserte Werbeveranstaltung der Bundeswehr interpretierbar, war jene Plauderstunde in der Wüste, die vor Kurzem von einem Talkmaster ausgerichtet wurde. Unbestätigten Mediengerüchten zufolge zahlte die verantwortliche Fernsehanstalt dafür fast 20 000 Euro an die Bundeswehr. Ob es ihr etwas gebracht hat, ob es ihm etwas gebracht hat? Ob es gut für den Verteidigungsminister war oder für die Soldaten in einem Kriegsgebiet, ist völlig unsicher. In der darauf folgenden Berichterstattung jedenfalls gab es Hohn und Spott wie selten.

Doch auch die oben beschriebene Unterstützung der Berichterstattung hat ihren Preis. Vonseiten der Bundeswehr erwünschtes Vorgehen ist, dass sich Journalisten verpflichten, alle Informationen, die sie erhalten werden, vor einer Veröffentlichung durch die Presseoffiziere der Bundeswehr sichten zu lassen.

Ein Beispiel für diese durchaus gängige und bis zum heutigen Tage angewandte Praxis: Im Jahr 2004 tauchten im afghanischen Kundus unerwartet bei einem Fernsehteam, das seinen gerade abgedrehten Bericht nach Deutschland übermitteln wollte, zwei Presseoffiziere auf, die den Journalisten sehr deutlich klarmachten, was sie zeigen durften und was nicht. Es war der Bericht über eine zuvor dokumentierte Militäraktion, die nichts weiter zeigte als die mit Gewalt verbundene militärische Vorgehensweise einer Bundeswehreinheit im Einsatz – in Deutschland wurde daraus ein Film über die Einweihung eines Brunnens in einem afghanischen Dorf. Andere Bilder würden zu sehr nach kriegerischem Konflikt aussehen, man könne das den deutschen Zuschauern nicht zumuten, wurde damals den Journalisten und den Soldaten gegenüber argumentiert.

Gezeigt werden immer nur die schönen Bilder: wie Soldaten der dankbaren Bevölkerung helfen, lachende Kinder in ihrem von der Truppe gebauten neuen Kinderhort, zufriedene Soldaten, die vorher gezielt für Interviews ausgewählt wurden und dafür einen Text auswendig lernen mussten.

Täuschen, Tricksen, Schönfärben – ausgehend von höchster Stelle, die die Vorgaben und »Formulierungshilfen« festlegt. Laut Grundgesetz gibt es in Deutschland keine Zensur. Es herrscht Pressefreiheit. Was aber ist das für eine Pressefreiheit, wenn nur das berichtet werden soll, was genehm ist? Der Verzicht auf Zensur kann und darf sich nicht nur auf die weniger heiklen Dinge beschränken. Ob in einem Staat eine freie Presse existiert, zeigt sich immer dann, wenn die Berichte für die Mächtigen unangenehm werden. Nicht nur die Soldatinnen und Soldaten verteidigen die Freiheit, auch Journalistinnen und Journalisten tun das. Es ist die Pflicht aller Institutionen, sie dabei zu unterstützen, auch die der Bundeswehr.

Denn nur eine freie Presse hat die Möglichkeit, ein realistisches und glaubwürdiges Bild der Bundeswehr und ihrer Aufträge zu zeichnen, das dann wiederum echte Wertschätzung der Soldaten in der Öffentlichkeit begründen kann.

1.3 Verantwortungslosigkeit und Haltungsmängel bei den politisch Verantwortlichen

Die tieferen Ursachen für das unglaubwürdige und verfälschte Bild der Bundeswehr in der deutschen Öffentlichkeit müssen auf einer anderen Ebene als der Öffentlichkeitsarbeit oder einem lediglich von den Medien erzeugten schlechten Image gesucht werden. Beide sind bereits Ergebnisse einer Politik, die – wie geschildert – durch Beeinflussung und Steuerung für die Berichterstattung und damit *à la longue* für das Entstehen dieses Images verantwortlich zeichnet.

Eine Vielzahl von Schreiben, die Bundeswehrangehörige – nicht nur im Einsatz – an mich gerichtet haben, beklagen bei Bundestagsabgeordneten einen Mangel an »Haltung«, an konsequenter Geradlinigkeit der Bundeswehr gegenüber. Sie machen den Parlamentariern den harten Vorwurf, die Soldaten erst in die schwierigen Einsätze geschickt zu haben, dann aber nicht mehr die Verantwortung für die daraus resultierenden Folgen zu übernehmen. Begründet und belegt wird dieser Vorwurf mit zahlreichen Beispielen. Hier sollen nur die am häufigsten genannten zur Sprache kommen.

Anlässlich der Verlängerung des Afghanistan-Mandats im Jahr 2010 durch den Deutschen Bundestag wurde dieser beklagte Mangel an Haltung im Umgang mit der Bundeswehr deutlich sichtbar. Als feststand, dass mit den Stimmen aller anderen Parteien die Mehrheit des Bundestages für eine Verlängerung votieren würde, standen die Abgeordneten der Linkspartei – die dem Einsatz nie zugestimmt hatten und also auch an diesem Tag ihre Unterstützung verweigern wollten – geschlossen auf und hielten vorbereitete Plakate hoch, auf denen Bilder und Namen der Personen zu sehen waren, die bei dem Tanklasterbombardement durch die Bundeswehr am 4. September 2009 zu Tode gekommen waren. Nun kann man zur Verteidigung dieser Abgeordneten anführen, dass weder Leben von afghanischen Bürgern noch von deutschen Soldaten zu beklagen gewesen wären, hätten sich die Überzeugungen dieser Partei durchgesetzt. Denn dann wäre die Bundeswehr gar nicht in einen Einsatz nach Afghanistan geschickt worden – aber die einseitige Präsentation der Opfer auf afghanischer Seite sorgte bei Medien und Zuschauern für Unverständnis. Bei den Soldaten löste die Aktion Entsetzen aus, denn wer erinnerte in dieser Sitzung an die gefallenen Kameraden? Noch dazu mit Foto und Namen? Und auch noch im Bundestag, der den Soldaten schließlich den Einsatz befohlen hatte und weiterhin befehlen wollte? Auch die Linkspartei hätte ihre Argumentation wesentlich überzeugender und der Realität angemessener präsentieren können, hätten ihre Abgeordneten mit einer Hand die Plakate afghanischer Opfer und mit der anderen die Plakate deutscher Gefallener hochgehalten. Denn darum ging es ihr doch wohl: zu beklagen, wie viele Leben dieser Einsatz inzwischen gefordert hatte.

Die anderen Parteien verhielten sich anlässlich dieser für die Soldaten so wichtigen Entscheidung allerdings nicht viel besser.

Erschreckend war, dass gerade sie, die den Einsatz ja angeordnet hatten, immer noch vor der Öffentlichkeit und auch bei dieser Parlamentsdebatte wieder so taten, als ginge es in Afghanistan für die Bundeswehr um Brunnenbau und Schulrenovierungen, um einen humanitären Einsatz, zu dem man auch das Technische Hilfswerk hätte schicken können. Allenfalls der Aufbau oder die Mithilfe bei der Ausbildung dortiger Polizei und Sicherheitskräfte sowie die Mission der deutschen Ärzte und Sanitäter zur medizinischen Versorgung der einheimischen Bevölkerung wurden erwähnt und als Aufgaben unserer Streitkräfte gewürdigt. Von Krieg, von Toten, von Gewalt und Waffen, von Gefallenen und Verwundeten – egal, auf welcher Seite – wagte kein einziger Redner dieser Bundestagsparteien zu berichten. Auch bei den Befürwortern des Einsatzes wurde so die Realität schöngefärbt, wurde den Soldaten, die tagtäglich ihr Leben inmitten von Gewalt riskieren müssen, nicht die erforderliche und verdiente Anerkennung ausgesprochen.

Für die Soldaten, die diese Debatte im Parlament und vor dem Fernsehgerät verfolgten, stellten sich während der Bundestagssitzung viele Fragen: Sind das die Leute, die uns in den Einsatz geschickt haben? Riskieren wir für diese Auftraggeber immer wieder unser Leben? Wie kann es sein, dass solche Volksvertreter im deutschen Parlament sitzen und über unsere Existenz entscheiden, wenn sie offensichtlich die Folgen ihres eigenen Einsatzbefehls nicht zur Kenntnis nehmen wollen oder zumindest nicht offen darüber zu sprechen wagen?

Nicht besser ist das Bild, das unsere Abgeordneten in der aktuellen Debatte über das Ende des Afghanistan-Einsatzes abgeben. Die immer wieder zur Schau gestellte Uneinigkeit selbst zwischen Mitgliedern der Regierungsfraktionen mag man noch unter dem Schlagwort demokratischer Debatte durchgehen lassen, ungewöhnlich ist sie allemal, denn die Bundeskanzlerin mit ihrer Richtlinienkompetenz könnte leicht für Klarheit sorgen – und so den Soldaten die wichtigste Frage beantworten, die sie augenblicklich mehr als alles andere bewegt: Wann beginnt der Abzug, wann ist Schluss damit?

Das bestehende Mandat für Afghanistan sieht eine Obergrenze von 5000 Soldaten vor und eine flexible Reserve von 350 zusätzlichen Soldaten. Diese bisher nicht eingesetzte Reserve soll in Deutschland bereitstehen und nur in Ausnahmesituationen eingesetzt werden. Die USA mit ihrem ISAF-Oberkommandierenden US-General David Petraeus wünschen allerdings, dass diese Reserve zur Ausbildung der afghanischen Armee nach Afghanistan entsandt wird. Damit wächst der Druck auf die deutsche Bundesregierung, die Truppen noch einige Jahre im Einsatzland zu lassen. Der deutsche Außenminister Guido Westerwelle will nach seinen Aussagen Ende 2011 die ersten Truppen aus Afghanistan abziehen. Der deutsche Verteidigungsminister zu Guttenberg sah das weniger optimistisch und mochte sich zu einem exakten Abzugstermin seinerzeit nicht äußern. Die Bundeskanzlerin sagte in einem Interview am 19. Dezember 2010 im afghanischen Kundus zu Journalisten, dass die Bundesregierung einen Rückzug der Truppen für den Zeitraum 2011/2012 in Erwägung ziehe, aber nur, wenn die aktuelle Lage dies zulasse. Alle drei Genannten waren bekanntermaßen Mitglieder derselben Regierung, doch irgendeine Geradlinigkeit und Eindeutigkeit, die für Soldaten im Einsatz so wichtig sind, ist nicht zu erkennen.

Auch die Bürger dürfen weiter gespannt abwarten, da das Afghanistan-Mandat am 28. Februar 2011 endete, aber durch den Deutschen Bundestag für ein weiteres Jahr verlängert wurde. Eine Erhöhung der Zahl der Soldaten steht zum jetzigen Zeitpunkt nicht zur Debatte, aber die Oppositionsparteien haben bereits im Vorfeld ihre Ansprüche deutlich gemacht. Sozialdemokraten und Grüne wollten einer Mandatsverlängerung nur zustimmen, wenn die deutschen Truppen mit dem Abzug im Jahr 2011 beginnen. Die Linke blieb weiterhin konsequent bei ihrer Haltung, dass dieser Einsatz völkerrechts- und auch verfassungswidrig ist und deswegen niemals hätte angeordnet werden dürfen, also erst recht nicht verlängert werden darf. Man mag zu den einzelnen politischen Positionen stehen, wie man will, sie stellen lediglich unterschiedliche Positionen in der deutschen Bevölkerung dar, denn in Demokratien ist das Parlament eben definitionsgemäß ein Spiegelbild aller Wahlberechtigten. Fragt man allerdings die Bürger direkt, was sie vom Einsatz halten, so ist das Ergebnis nicht nur eindeutig, es ist auch seit Jahren konstant: Über 70 Prozent befürworten ein schnelles Ende.

Seit Jahren ist nicht klar definiert, welche Aufgabe die Bundeswehr im Afghanistan-Einsatz eigentlich erfüllt. Baut sie Schulen und Brunnen aus humanitären Gründen? Unterstützt sie eine von uns erwünschte Regierung in einem Bürgerkrieg? Stabilisiert sie ein Land, das gegen den Terrorismus kämpft? Setzt sie Menschenrechte in einem Land durch, in dem die Bürger nichts sehnlicher wünschen? Interveniert sie militärisch in einem fernen Land? Wofür? Verteidigt sie im Ausland Deutschland und die deutschen Bürger? Steht sie in einer militärischen Auseinandersetzung? Führt sie Krieg?

Zu all diesen Fragen gibt es von den politisch Verantwortlichen keine belastbare Auskunft. Die öffentlichen politischen Statements zu dem, was der Auftrag deutscher Soldaten in Afghanistan ist, offenbaren die gleiche Uneindeutigkeit, den gleichen Schlingerkurs und die bereits angesprochene inkonsequente Haltung, die bei den Themen Mandatsverlängerung, Rückzugsdatum und auch Öffentlichkeitsarbeit festzustellen waren. Auf mögliche Gründe für diese überraschende Auskunftsscheu wird in einem der folgenden Kapitel noch genau einzugehen sein.

1.4 Fragwürdiges Kontrollorgan Verteidigungsausschuss

Gemäß dem Prinzip der *checks and balances*, das in fast allen Wirtschaftsunternehmen und auch in der politischen Organisation Deutschlands zur Anwendung kommt, sind den parlamentarischen Entscheidern, wie Regierung, Ministern und Staatssekretären, Personen und Institutionen an die Seite gestellt, denen die Kontrolle und Überprüfung aller Vorgänge innerhalb des ihnen zugewiesenen Aufgabenbereichs obliegt. Das bedeutendste Kontrollorgan für sämtliche Belange der Bundeswehr ist der Verteidigungsausschuss. Alle seine Mitglieder sind hauptberuflich Abgeordnete des Deutschen Bundestages, also gewählte Volksvertreter. Angehöriger des Verteidigungsausschusses wird nur, wer für ein solches Amt kandidierte und von seiner Partei gemäß ihrer Stärke im Bundestag einen Sitz zugewiesen bekam.

Zunächst soll der Zuständigkeitsbereich dieses Gremiums genauer beschrieben werden:

- Der Verteidigungsausschuss bereitet die Entscheidungen des Parlaments vor und unterstützt deren Durchführung.
- Er kontrolliert begleitend die Politik des Verteidigungsministeriums und die Einsätze der Streitkräfte.
- Er berät die Regierung bei Gesetzesentwürfen und Entschließungsanträgen die Bundeswehr betreffend.
- Er kann sich, auch lediglich auf Antrag einer Minderheit seiner Mitglieder, selbst als Untersuchungsausschuss einsetzen, ohne dass vorher ein Parlamentsbeschluss einzuholen wäre.
- Er muss bei Beschaffungsvorhaben konsultiert werden und seine Zustimmung geben.
- Sein Urteil ist zwar für die Regierung nur in den wenigsten Fällen rechtlich bindend, politisch aber von erheblichem Gewicht.

Keine Frage, dass bei dieser Aufgabenzuschreibung und einem solchen Verantwortungsbereich nur qualifizierte und in militärischen Belangen erfahrene Personen im Verteidigungsausschuss sitzen sollten, da dieses Gremium umfassende Beratungsfunktionen auszuüben hat, die für die Entscheidungsfindung der Regierung grundlegend sind oder sie zumindest in vielerlei Hinsicht beeinflussen.

Die schärfste Waffe des Parlaments, um Regierungsverhalten zu kontrollieren oder politische Missstände aufzudecken, ist der Untersuchungsausschuss. Über dieses Instrument verfügt auch der Verteidigungsausschuss: Auf Antrag mindestens eines Viertels seiner Mitglieder muss eine Untersuchung anberaumt werden. So wird der Verteidigungsausschuss durch eigene Entscheidung zum Untersuchungsausschuss.

Eine solche Entscheidung erfolgt aus politischem Kalkül, denn stets versucht ein Teil der Mitglieder, die meist derselben Partei angehören und von ihr in den Ausschuss delegiert wurden, von diesem Minderheitsrecht Gebrauch zu machen, einzig und allein, um eine Person oder eine andere Partei bloßzustellen. Damit keine Missverständnisse entstehen: Wird der Verteidigungsausschuss durch den Beschluss der Mehrheit seiner Mitglieder zu einem Untersuchungsausschuss »umdefiniert«, so ist natürlich ebenfalls politisches Kalkül einer oder auch mehrerer Parteien der Grund dafür – nur will dann die Mehrheit die Minderheit bloßstellen.

Man kann aufgrund dieser Tatsachen das Gremium, in dem die Ausschussmitglieder sitzen, kaum als unabhängig und überwiegend am Wohl der Bundeswehr interessiert bezeichnen, denn alle sind auf der einen Seite dem Untersuchungsgegenstand verpflichtet und auf der anderen einer Partei, ohne deren Votum sie gar nicht in diesem Gremium säßen. Wie sie bei diesen Vorbedingungen allerdings ihrer Grundfunktion gerecht werden sollen, nämlich als Kontrollorgan und Beratergremium der politischen Führung der Bundeswehr, steht auf einem anderen Blatt. Es gleicht eher dem Spagat beim Bodenturnen und ist für Ungeübte grundsätzlich ziemlich schmerzhaft.

Aber vielleicht sind im Verteidigungsausschuss ausreichend trainierte Personen tätig, die diese problematischen Begleitumstände wettmachen. Mit welchen Personen ist er aktuell besetzt?

1 Oberstudienrat	1 Diplomwirtschaftsingenieur
2 Angestellte	1 Berufssoldat
1 Regierungsrat	1 leitender Angestellter
1 Diplomverwaltungswirt	1 Prokurist/Jurist
2 Journalisten	1 Kaufmann
3 Rechtsanwälte	2 Studenten
2 Selbstständige	1 Erzieherin
2 Geschäftsführer/innen	1 Sonderschullehrerin
1 Volkshochschulangestellter	2 wissenschaftliche Mitarbeiter
1 Theologe	1 Gewerkschaftssekretär
1 Vizepräsidentin	1 Diplombetriebswirtin
1 Diplomökonom	1 Diplomsoziologe
1 Betriebswirt	1 Unternehmensberater

Es muss erlaubt sein, an die Mitglieder des Verteidigungsausschusses jene Maßstäbe anzulegen, die für einen Sitz in diesem Gremium vorauszusetzen sind:

- ausreichende Vertrautheit mit militärischen Themen
- fortlaufende intensive Beschäftigung mit allen stattfindenden und geplanten Einsätzen
- profunde Kenntnis des Truppenalltags, der materiellen und personellen Ausstattung der Bundeswehr und der Praxis einer militärischen Auseinandersetzung

Und damit sind wir bei der zentralen Frage, die jeder Soldat sofort stellen würde: Reichen der Erfahrungsschatz, das Fachwissen und die Lebenserfahrung der Mitglieder des aktuellen Verteidigungsausschusses aus, um in der heutigen Zeit den dort gestellten Aufgaben auch gerecht werden zu können?

Gerade dreizehn der vierunddreißig Ausschussangehörigen haben mehr oder weniger aktiv in der Bundeswehr gedient. Allein der eine Berufssoldat, der noch immer im Dienst ist, würde wahrscheinlich dem Anforderungsprofil entsprechen. Die restlichen einundzwanzig Mitglieder, also fast zwei Drittel, waren nie in ihrem Leben innerhalb der Bundeswehr aktiv. Dazu kommt, dass die meisten von ihnen ihre Dienstzeit ableisteten, als noch Panzerschlachten gegen den Warschauer Pakt das denkbare Kriegsszenario abgaben – also zur Zeit einer völlig anders gearteten militärischen Denkweise, einer substanziell unterschiedlichen Bewaffnung und eines Gegners, dessen Kampfstrategie nichts gemein hatte mit heutiger Guerillataktik.

Es wird jedoch genau dieser Vereidigungsausschuss sein, der laut Gesetz jeder Beschaffung neuer Rüstungsgüter zustimmen muss, der an der Seite der Regierung beim anstehenden Umbau der Bundeswehr mitreden wird – und der schon immer gravierenden Einfluss darauf nahm, auf welcher ökonomischen Grundlage unsere Armee ihre Aufträge zu erfüllen hat.

1.5 Sparzwang und Geltungsdrang contra Anliegen der Soldaten

Der Ex-Verteidigungsminister Karl-Theodor zu Guttenberg hatte angekündigt, bei der Bundeswehr Milliarden einsparen zu wollen. Vor allem bei Material und Personal ist geplant, den Rotstift anzusetzen. Im Gegenzug soll mit den frei werdenden Mitteln die Bundeswehr zu einer Interventionsarmee umgebaut werden, um in verkleinerter, besser ausgerüsteter und besser ausgebildeter Form Auslandseinsätze schneller und schlagkräftiger durchführen zu können. Dass zur Erreichung dieser Ziele sowohl aus haushälterischen als auch strukturellen Gründen die Wehrpflicht gekippt werden muss – ob dies nun »abschaffen« oder modisch »aussetzen« genannt wird, bleibt sich gleich –, hat der Verteidigungsminister bei seinem Planungsansatz berücksichtigt.

Doch bei all diesen Vorhaben stand diesmal nicht nur der politische Gegner (wie nicht anders zu erwarten), sondern auch ein nicht unbeträchtlicher und einflussreicher Teil der eigenen Parteien gegen ihn. Wie der Guttenberg-Nachfolger de Maizière mit dieser Situation umgeht, bleibt abzuwarten.

Und da haben wir es dann wieder, das inzwischen sattsam bekannte politische Spiel um Macht, Geltung, Aufmerksamkeit, bei dem die Bedürfnisse der Bundeswehr und die Interessen der Soldaten wie gewohnt auf der Strecke bleiben:

- Die Oppositionsparteien gehen natürlich sofort auf die Barrikaden und fragen, wie es denn sein kann, dass man einerseits bei den Waffensystemen nur das Neueste und Beste anschaffen, auf der anderen Seite aber sparen wolle. Wie seriös könne ein Minister sein, der zugleich das eine wie auch das Gegenteil davon fordere? Interessant nur, dass fast die komplette heutige Opposition mit Ausnahme der Linken bis vor nicht allzu langer Zeit selbst mit an der Regierung war und vieles von dem mit beschlossen hat, was heute nicht mehr richtig sein soll.
- Die Koalitionsparteien sagen nichts, denn sie wissen sehr wohl, dass gespart werden muss und dass dies mit dem geringsten Gegenwind bei den Soldaten realisiert werden kann. Denn bei einer Ausrüstungskürzung würde sich die Rüstungsindustrie querstellen und bei Standortschließungen die Lokalpolitiker aus den eigenen Reihen auf Konfrontati-

onskurs gehen. Also ist Schweigen Gold und Reden noch nicht einmal Blech.
- Nicht anders handelt wie gewohnt die Bundeskanzlerin, die zwar die Öffentlichkeit bittet, unsere Soldaten in schwieriger Situation zu unterstützen, aber selbst keine definitive Erklärung dazu abgibt, wie ihre Position zu den in der eigenen Regierung und Partei kontrovers diskutierten Plänen ist.

Wie so oft wird eine Expertenkommission gegründet, diesmal »Strukturkommission« genannt, um die Einsparungen zu rechtfertigen und nach ausgiebiger Prüfung eine Empfehlung auszusprechen oder verschiedene Modelle zu entwickeln, aus denen dann von den Verantwortlichen das richtige ausgewählt werden soll. Aber es existieren doch bereits ausgewiesene Fachleute, zuständige Ausschüsse und kompetente Gremien *en masse*, die man ohne Zusatzkosten zur Entscheidungsfindung hätte heranziehen können: die Staatssekretäre im Verteidigungsministerium, den Generalinspekteur, den Verteidigungsausschuss, den Wehrbeauftragten, den Bundeswehrverband. Aber nein, wieder einmal spielen zusätzliche Kosten keine Rolle, und gehandelt wird nach dem Motto: Willst du Ruhe im Karton, gründe eine Strukturkommission.

Diese Kommission, geleitet vom Arbeitsagentur-Chef Frank-Jürgen Weise (daher Weise-Kommission genannt), bekanntermaßen ein weiterer intimer Kenner von Bundeswehrbedürfnissen, empfiehlt im Konsens mit dem Verteidigungsminister ein »Modell 4«:

- Die Wehrpflicht bleibt im Grundgesetz verankert, es gibt aber keine verpflichtenden Einberufungen mehr. Im Januar 2011 wurden bereits die letzten Wehrpflichtigen einberufen, ab März 2011 gibt es nur noch Freiwillige und Berufssoldaten.
- Die freiwilligen Wehrdienstleistenden sollen zwölf bis drei-

undzwanzig Monate bei der Bundeswehr bleiben – mit einer Probezeit, aber auch mit der Option, in Auslandseinsätze zu gehen. Dieser Dienst steht auch Frauen offen.
- Statt 250 000 Soldaten wie derzeit sollen nur noch etwa 160 000 – davon 7500 freiwillig Wehrdienstleistende sein.
  In der neuen Struktur hat die Streitkräftebasis künftig 34 500 Soldaten, die Luftwaffe 20 500, die Marine 11 500 und das Heer 54 500.
- Vor allen die Personalstärke des Heeres wird stark reduziert: Nach bisherigen Planungen soll die Zahl der Panzerbataillone auf drei, die der Panzerartilleriebataillone auf nur zwei sinken. Damit würde das Heer um 40 000 Soldaten reduziert werden. Das Heeresführungskommando und das Einsatzführungskommando werden zum »Kommando Land-Operationen« zusammengelegt.

Geplant ist, den Umbau des Ministeriums binnen zwei Jahren abzuschließen, die Reform der gesamten Bundeswehr in fünf bis acht Jahren. Eine weitere Empfehlung sieht vor, dass sich die Zahl der Soldaten, die gleichzeitig in den Einsatz entsandt werden können, auf 15 000 verdoppelt. Dem Unverständnis der NATO-Partner, dass Deutschland eine Armee mit über 250 000 Soldaten unterhält, aber nur 7000 von ihnen zum Einsatz kommen, wird hier Rechnung getragen.

Die Kommission spricht von katastrophalen Entscheidungen bei der Rüstungsbeschaffung für die Bundeswehr in der Vergangenheit. Auch in diesem Bereich soll es in der Zukunft grundlegende Veränderungen geben. Gerade das Thema Fehlinvestitionen in fragwürdige Waffensysteme wird einer der Grundbestandteile dieses Buches sein, dazu also später. Die Kommission legt sich in diesem Punkt eindeutig fest: Bei der Beschaffung von Waffen und Material sollen künftig, wo immer möglich und verantwortbar, Produkte »von der Stange«

gekauft werden, anstatt bei der Industrie neue Entwicklungen in Auftrag zu geben. Die Kommission und auch der Verteidigungsminister wissen, auf welch dünnes Eis sie sich mit dieser Empfehlung begeben, und sie rufen wohl genau deswegen die Bundesregierung dazu auf, die Richtlinien für Rüstungsexporte zu lockern.

Die deutsche Rüstungsindustrie sei mit der Belieferung einer massiv verkleinerten Bundeswehr nicht mehr ausgelastet und so zunehmend vom Export abhängig. Nach dem Entgegenkommen gegenüber den NATO-Partnern, was die Zahl permanent einsatzfähiger Kriegstruppen angeht, folgt hier das Entgegenkommen in Richtung Rüstungsindustrie. Für die Bundesregierung ist dies ein weiterer und konsequenter Schritt, ihre gesamte Politik ökonomischen Interessen unterzuordnen.

Nach Erkenntnissen der Kommission wird der Umbau der Bundeswehr zwar Einsparungen in beträchtlicher Höhe ergeben, aber diese Veränderungen kosten wiederum Geld. Ein Sparvolumen von 8,3 Milliarden Euro ist mit dem vorgeschlagenen »Modell 4« eingestandenermaßen allenfalls langfristig zu erzielen. Aus Unternehmersicht ist die Bundeswehr sowieso bereits heute ein Fall für den Konkursrichter: »Die Bundeswehr ist total unterfinanziert. Wäre sie ein Unternehmen, wäre sie pleite« (Unternehmer und Kommissionsmitglied Hans-Heinrich Driftmann).

Die Ausrichtung der Bundeswehr nach Modellen aus der Privatwirtschaft ist zwar ein schönes Planspiel, das jedoch immer einen gravierenden Makel trägt: Keines dieser Modelle wird funktionieren, da die Kostentreiber bei der Bundeswehr andere sind als in der Privatwirtschaft und diese zusätzlich einer multikausalen Bewertung, keiner rein ökonomischen, unterliegen.

Die Begründung und Rechtfertigung von Militärpolitik mit Verweisen auf die Privatwirtschaft ist darüber hinaus mit einem doppelten Makel behaftet: Sämtliche Einsätze der Bundeswehr dürfen nur einem einzigen Ziel dienen – der Verteidigung bei einem direkten Angriff auf das Staatsgebiet oder auf seine Staatsbürger –, keine andere Einsatzart lässt sich mit dem Grundgesetz vereinbaren. Und nach der Charta der Vereinten Nationen wäre ein Einsatz, der nicht der bereits genannten Verteidigung dient, obendrein völkerrechtlich untersagt.

Sonst würde es ja auch nicht Verteidigungsministerium heißen, sondern Kriegsministerium oder gar Ministerium für Wirtschaftskriege. Dazu Ausführliches im folgenden Kapitel.

2. Die Bundeswehr als internationale Interventionsarmee

Werden Sicherheit und Freiheit verteidigt – oder geht es um ganz andere Dinge?

2.1 Die neue Militärdoktrin

Nicht weniger als zwölf Jahre hat es gedauert, bis eine Bundesregierung 2006 den Entwurf für ein neues *Weißbuch* verabschiedete. Zwölf Jahre für ein militärisches und sicherheitspolitisches Grundlagendokument, das die strategische Ausrichtung der Bundeswehr samt ihrer personellen, finanziellen und materiellen Ausstattung festlegt.

Im Bereich Truppenstärke war vorgesehen, die Bundeswehr in drei große Kontingente aufzuteilen, aus denen wiederum zur Durchführung von Kriegseinsätzen sogenannte Eingreifkräfte als kleinste, aber zugleich schlagkräftigste Verbände gebildet werden sollten.

Die Eingreifkräfte:
Etwa 35 000 Soldaten umfassend, rekrutiert aus Heer, Luftwaffe und Marine, sind sie vorwiegend zur Krisenintervention vorgesehen und stellen darüber hinaus den deutschen Beitrag zu jenen Eingreiftruppen, die beispielsweise unter dem Kommando der NATO zum Einsatz kommen. In nationaler Verantwortung führen sie lokale Rettungs- und Evakuierungsoperationen durch.

Die Eingreifkräfte besitzen vorrangig die Fähigkeit und die Mittel zur Durchsetzung friedenserzwingender Maßnahmen gegen einen vorwiegend militärisch organisierten Gegner. Sie sollen möglichst rasch einsetzbar sein, ihre Soldaten sind bestens ausgebildet, ihre Ausstattung ist besser als die der anderen beiden Kräftekategorien.

Die Eingreifkräfte gehen als erste ins Zentrum des Konfliktgebietes, wo auch immer, und nehmen den Kampf mit dem Gegner auf, um die Voraussetzungen dafür zu schaffen, dass die weniger gut ausgerüsteten und ausgebildeten Verbände ins Krisengebiet kommen können. Bei möglichst geringen eigenen Verlusten schaffen sie die Grundlage für jene friedensstabilisierenden Operationen, die im Anschluss den sogenannten Stabilisierungskräften obliegen. Bei Einsätzen zur Konfliktverhütung und Krisenbewältigung können diese beiden Truppenteile jedoch auch gleichzeitig operieren.

Die Stabilisierungskräfte:
Man kann sie, wie im Augenblick in Afghanistan, auch als Besatzungstruppen bezeichnen, denn sie setzen irgendwo auf der Welt deutsche Interessen längerfristig gegen dort existierende Widerstände durch. Sie umfassen 70 000 Soldaten, von denen 14 000 in bis zu fünf verschiedenen Weltgegenden zeitlich begrenzt einsetzbar sind. Im Gegensatz zu den Eingreifkräften sind sie für friedensstabilisierende Einsätze über einen längeren Zeitraum, aber nur in Ausnahmefällen für direkte Kriegshandlungen und für den Kampf mit Waffengewalt zuständig. Auch sie können im Verbund multinationaler Streitkräfte tätig werden und so gemeinsame Operationen durchführen.

Ihre Einsätze bergen unter Umständen ein Eskalationsrisiko bis hin zum Kampf gegen militärisch organisierte Gegner, seien dies nun lediglich unorganisierte lokale Aufständische oder asymmetrisch kämpfende Einzelgruppen wie beispielsweise die Taliban in Afghanistan, die sich nach dem Vorbild der bewaffneten Guerilla organisiert haben. Mit Unterstützung von schweren Waffen und integrierten Truppenteilen mit gepanzerten Fahrzeugen sollen sie bei jedem aufkeimenden Konflikt oder Widerstand schnell die Ruhe im gesamten Einsatzgebiet wiederherstellen.

Im Rahmen ihrer militärischen Operationen obliegt ihnen auch der Aufbau gesellschaftlicher Strukturen im Konfliktgebiet bis hin zur dauerhaften Etablierung polizeilicher, geheimdienstlicher und militärischer Institutionen im Einsatzland. Ihr Einsatz endet, wenn die lokalen Machthaber über einen neuen verlässlichen Sicherheitsapparat verfügen, der die Aufgaben der Stabilisierungskräfte übernehmen kann.

Die Unterstützungskräfte:
Bestehend aus 147 000 Soldaten, stellen sie das Alltagsgeschäft und die Grundversorgung der Bundeswehr sicher. Man könnte sie als Logistikabteilung oder als *back office* der Truppe bezeichnen, denn sie sind zuständig für Dinge wie Nachrichtengewinnung, Sanitätsdienst, Kampfmittelabwehr, Brandschutz. So unterstützen sie die Eingreif- und Stabilisierungskräfte bei der Einsatzvorbereitung und während des Einsatzes.

So weit das *Weißbuch 2006* zur inneren Struktur und Truppenstärke der Bundeswehr. Auffällig ist, wie häufig der strategische Wandel formuliert wird: von einer Armee zur Verteidigung der Heimat bei einer Bedrohung von außen zu einer international operierenden Eingreiftruppe zur Durchsetzung deutscher Interessen. Hier zum Abschluss einige Zitate, die diese grundlegend neue Strategie unverhohlen zum Thema machen: »Sicherheitsvorsorge kann daher am wirksamsten durch Frühwarnung und präventives Handeln gewährleistet werden und muss dabei das gesamte sicherheitspolitische Instrumentarium einbeziehen.« Auch folgende Formulierungen im *Weißbuch 2006* gehen in eine solche Richtung und legen erstmals dezidiert jene Grundhaltung offen, die Jahre später, im Mai 2010, Bundespräsident Horst Köhler vorgeworfen wurde – ganz zu Unrecht, denn er wiederholte nur, was längst publizierter Bestandteil der neuen Bundeswehrstrategie war.

Im *Weißbuch 2006* lautet die Formulierung: »Internationale

Konfliktverhütung und Krisenbewältigung einschließlich des Kampfes gegen den internationalen Terrorismus sind auf absehbare Zeit die wahrscheinlicheren Aufgaben der Bundeswehr. Sie sind strukturbestimmend.«

Horst Köhler hatte in jenem Interview gesagt: »Meine Einschätzung ist aber, dass insgesamt wir auf dem Wege sind, doch auch in der Breite der Gesellschaft zu verstehen, dass ein Land unserer Größe mit dieser Außenhandelsorientierung und damit auch Außenhandelsabhängigkeit auch wissen muss, dass im Zweifel, im Notfall auch militärischer Einsatz notwendig ist, um unsere Interessen zu wahren, zum Beispiel freie Handelswege, zum Beispiel ganze regionale Instabilitäten zu verhindern, die mit Sicherheit dann auch auf unsere Chancen zurückschlagen, negativ durch Handel, Arbeitsplätze und Einkommen.«

Was also sollte so neu und so unerhört sein am Statement des ehemaligen Bundespräsidenten, selbst falls er es nicht nur auf die Anti-Piraterie-Einsätze am Horn von Afrika bezog oder beziehen wollte?

Auffällig ist bei beiden Aussagen, dass die Einsätze der Bundeswehr nicht mehr mit einem Schutz der deutschen Bevölkerung oder mit direkter Bedrohung des deutschen Staatsgebiets legitimiert werden – was mit dem Völkerrecht vereinbar wäre, da solche Militäreinsätze als Verteidigungskriege einzustufen wären –, sondern der »Wahrung« von Interessen dienen sollen, die erklärtermaßen im Bereich Wirtschaft liegen.

Als Alleingang ist Horst Köhlers Aussage zur strategischen Neuausrichtung der Bundeswehr also sicher nicht zu werten – und doch ging es ihm nach seinem Interview wie schon vielen vor ihm, die nur das äußerten, was zwar in Fachkreisen, nicht aber in der Öffentlichkeit zum Thema gemacht werden darf. Er schade der Akzeptanz der Auslandseinsätze, bemängelten die einen, endlich sage mal einer die Wahrheit, lobten andere, die dies aber auch nur deswegen begrüßten, weil ihr politischer

Gegner es nicht begrüßte; wieder andere hielten es nur für einen missglückten, eines Bundespräsidenten unwürdigen Ausrutscher – und die Kanzlerin hatte mal wieder gar keine, zumindest keine öffentlich geäußerte eigene Meinung, denn für sie war es stets von Vorteil gewesen, keine zu haben.

Und der, um den es in dieser Auseinandersetzung eigentlich ging? Er sah sich nicht nur durch die immer respektlosere Kritik in seiner Autorität beschädigt, er verließ die Bühne, ohne abzuwarten, wie das Schauspiel – und nichts anderes als eine Inszenierung war es – um seine Positionen weitergehen würde. Wirklich geklärt wurde in der öffentlich geführten Debatte über diese zentralen Rechtfertigungen für Bundeswehreinsätze gar nichts. Es ging in aller Uneindeutigkeit weiter wie zuvor; wieder einmal war ein Opfer im Zusammenhang mit Aussagen zur Bundeswehr, mit den Machtspielen der Politiker und dem Geltungsdrang der Medien zu beklagen. Diesmal ein Opfer im höchsten Staatsamt, das Deutschland zu vergeben hat. Vielleicht käme eine solche Debatte auch viel zu spät, denn die Bundeswehr hat sich längst durch ihre Einsätze von einer Truppe zur Landesverteidigung zu einer Interventionsarmee entwickelt, beziehungsweise ist sie konsequent in diese Richtung entwickelt worden.

Nachgeholt wurden im *Weißbuch* und mit den Worten Horst Köhlers nur die Begründung und Festschreibung jener Bestandteile der neuen Strategie, die nicht mehr oder noch nicht zur neuen Bundeswehr passten: Ihre innere Organisation, ihre Kommandostrukturen, ihre Bewaffnung und ihre Personalstärke trugen und tragen noch immer zu großen Teilen die Merkmale einer reinen Verteidigungsarmee.

2.2 Wirtschaftskriege als militärischer Auftrag?

Was ein Bundespräsident offenbar nicht darf, ohne dafür vernichtend kritisiert zu werden, darf ein Verteidigungsminister, der ja nicht weniger an Recht und Gesetz (hier vor allem das Grundgesetz) gebunden ist, sehr wohl. Während das *Weißbuch 2006* noch relativ zurückhaltend von »militärischer Versorgungssicherung« spricht, wurden die Verteidigungsminister, allen voran Franz Josef Jung, bei den Rechtfertigungen für einen Bundeswehreinsatz schon deutlicher: Es sei eine zentrale Aufgabe der Bundeswehr, mit militärischen Mitteln für die Kontrolle der Rohstoffzufuhr zu sorgen. Doch im Grunde nimmt auch das *Weißbuch* nicht das sprichwörtliche ein Blatt vor den Mund: »Deutschland, dessen wirtschaftlicher Wohlstand vom Zugang zu Rohstoffen, Waren und Ideen abhängt, hat ein elementares Interesse an einem friedlichen Wettbewerb der Gedanken, an einem offenen Welthandelssystem und freien Transportwegen.«

Übersetzt heißt das: Friedlich geht es allenfalls beim Wettbewerb der Gedanken zu, der Welthandel hat offen und die Transportwege haben frei zu sein. Dafür ist zu sorgen, wenn nötig, auch mit militärischen Mitteln, damit die deutsche Wirtschaft weiter florieren kann.

Denn unsere Wirtschaft ist »...in hohem Maße von einer gesicherten Rohstoffzufuhr und sicheren Transportwegen im globalen Maßstab abhängig...«, und »...von strategischer Bedeutung für die Zukunft Deutschlands und Europas ist eine sichere, nachhaltige und wettbewerbsfähige Energieversorgung...«, weshalb »...die Sicherheit der Energieinfrastruktur gewährleistet werden« muss.

Diese im *Weißbuch 2006* formulierte, ausschließlich ökonomische Zielsetzung der Bundesregierung steht für eine neue Militärdoktrin. Zentrale Aufgabe der Bundeswehr ist demnach die Wahrung ökonomischer Interessen der Bundesrepublik außerhalb ihrer Grenzen. In Zukunft ist also davon auszugehen, dass bei Versorgungsproblemen der Bundesrepublik Deutschland die Bundeswehr sehr schnell weltweit ihre Eingreif-, Stabilisierungs- und Unterstützungskräfte zum Einsatz bringen wird, um im Sinne deutscher Wirtschaftsinteressen das Welthandelssystem offen, die Transportwege frei, die Rohstoffzufuhr gesichert und die Energieversorgung wettbewerbsfähig zu halten.

Es sei hier nur angemerkt, dass eine solche Haltung auch unter der schwarz-roten Großen Koalition konsensfähig war. Sicher wird sie unter Schwarz-Gelb noch unangefochtener als »alternativlos« vertreten werden können, da zumindest einige Abgeordnete der SPD sich grundsätzlich gegen die Zulässigkeit von Wirtschaftskriegen ausgesprochen haben. Es bleibt jedoch festzuhalten, dass in diesem Punkt offensichtlich ein parteiübergreifender Konsens besteht, der bereits eine gewisse Kontinuität auch bei unterschiedlichen Regierungskonstellationen (Rot-Schwarz, Schwarz-Gelb) hat.

Es ist anzunehmen, dass die Sicherung der Warenströme (Bodenschätze, Energie, Transportwege) auch in gegenläufiger Fließrichtung dieser Logik folgt und keine Störung der Waren- oder Finanzströme in Richtung ausländischer Absatzmärkte, Investitionsstandpunkte oder Einflusszonen dulden wird.

Eigentlich sind Einsätze dieser Art vom Völkerrecht nicht mehr gedeckt, das lediglich zur Selbstverteidigung und bei einer Bedrohung des Weltfriedens Angriffe auf die Souveränität fremder Länder zulässt. Konsequent stellt sich deswegen das *Weißbuch 2006* an die Seite derer, die die UNO-Statuten dahingehend reformieren wollen, dass ein militärischer Einsatz auch bei Verstößen gegen die »internationalen Normen« völkerrechtlich zulässig sein soll. Wer aber definiert, welche Normen international gültig sein sollen, wer legt fest, welche Strukturen notfalls durch einen Kriegseinsatz abzusichern sind?

2.3 Die deutsche Armee als internationale Eingreiftruppe?

Diese nicht nur von Deutschland aus betriebene – auch die USA, Kanada, Israel und Australien ziehen mit an diesem Strang – Umgestaltung einer eigentlich allen Ländern gleichwertig verpflichteten Weltinstitution wird der Öffentlichkeit inzwischen nicht mehr verborgen oder verschämt in verklausulierten Argumentationen verkauft. Die Bundesregierung sagt ganz offen: »Die einzigartige Bedeutung der Vereinten Nationen besteht darin, einen notwendig werdenden Einsatz militärischer Gewalt mit der völkerrechtlichen Legitimität zu versehen« (*Weißbuch 2006* in der Fassung vom 28. 4. 2006). – Und auch die Endfassung vom 25. 10. 2006 hat weiter die gleiche Stoßrichtung, wie folgendes Zitat (Unterkapitel »2.5. Vereinte Nationen«) zeigt: »Denn gerade, wenn es zum Einsatz militärischer Gewalt kommt, ist die völkerrechtliche Legitimation entscheidend.«

Und da Deutschland seinen Einfluss in einer solchen Institution natürlich gebührend wahrnehmen möchte, arbeiten seine Interessensvertreter seit Jahrzehnten hinter und neuerdings auch vor den Kulissen daran, »mit der Übernahme eines ständigen Sicherheitsratssitzes der Vereinten Nationen mehr Verantwortung zu übernehmen«. Einen weiteren Schritt in diese Richtung hat die Bundesregierung ja mit dem Mandat als nicht ständiges Mitglied des Sicherheitsrates für 2011 getan. Die angesprochene »Verantwortung« besteht aber wohl eher darin, dass man die Vereinten Nationen dazu nutzen möchte, deutsche Interessen weltweit stärker durchzusetzen – eben mit, durch die UNO völkerrechtlich legitimierter, Gewalt. Allerdings wird dies erst nach einer dafür notwendigen Änderung des momentan gültigen Völkerrechts möglich sein, augenblicklich kann die UNO beziehungsweise der Sicherheitsrat Kriege ausschließlich in zwei sehr eng definierten Ausnahmefällen legitimieren. Darauf wird am Ende dieses Kapitels noch genau einzugehen sein.

Als Mitglied der NATO möchte Deutschland konsequenterweise auch in dieser Institution eine zentrale Rolle spielen. »Nur Nationen mit einer leistungsfähigen Rüstungsindustrie haben ein entsprechendes Gewicht bei Bündnisentscheidungen.« So lautet die Rechtfertigung für ein weiteres Ziel, das im *Weißbuch 2006* formuliert wird: Auch innerhalb der NATO dürfen keine Entscheidungen fallen, die Deutschlands Interessen zuwiderlaufen könnten; aus diesem Grund wird die Rolle eines bei allen Fragen zu konsultierenden Partners angestrebt – und ein solcher Partner ist man eben nur als leistungsfähige Rüstungsnation. Mit dem Begriff der »Nationalen Konsolidierung«, der seit Jahren immer wieder in der Presse auftaucht, wenn von einer Weiterentwicklung der NATO berichtet wird, ist also nichts anderes gemeint, als dass alle politischen und militärischen Anstrengungen sich darauf zu richten haben, bevorzugt die deutsche Rüstungsindustrie zu stärken, – sei es durch die vermehrte Vergabe von Aufträgen oder den Einsatz von Material und Waffen aus ihrer Produktion. Nur eine mit vollen Auftragsbüchern stark engagierte deutsche Rüstungsindustrie wird in der Lage sein, auch den Aufbau einer von Deutschland dominierten europäischen Rüstungsindustrie zu gewährleisten.

Indirekt versucht man dadurch, die Machtposition der USA innerhalb der NATO zu schwächen und Europa zu einer Vormachtstellung im transatlantischen Verbund zu verhelfen. Von der NATO als einem Bündnis gleichwertiger Nationen ist also – wie schon bei den Vereinten Nationen – außer bei Festtagsansprachen keine Rede mehr. Es geht um Dominanz, um Vormachtstellung, um Definitionsgewalt.

Gegenwind bei diesen Zielen erhielten die diversen deutschen Regierungen, was den ständigen Sitz im Sicherheitsrat der UNO anbelangt, allenfalls von Dritte-Welt-Ländern, die eine solche Entwicklung bisher stets zu verhindern wussten – und es bleibt abzuwarten, mit welchen Gegenmitteln die USA auf die Reformbestrebungen Deutschlands reagieren werden, wenn es um die NATO geht.

Auffällig ist jedoch, dass es über all diese Themen keine öffentliche Debatte gibt, dass darüber auch die Medien in seltener Einigkeit schweigen und dass selbst das Parlament weder unter seinen demokratisch gewählten Abgeordneten noch im Dialog mit dem Bürger diese Punkte, die doch von zentraler Wichtigkeit sind, zum Thema macht. Nicht einmal die Opposition meldet sich zu diesen verfassungsrechtlich fragwürdigen Punkten zu Wort. Es liegt nahe, dass hier ein heimlicher Konsens der »politischen Klasse«, jener Berliner Parallelgesellschaft vorliegt, die oft fern von demokratischen Grundsätzen die Geschicke des Landes steuert: Die Bundeswehr, als Armee zur Landesverteidigung gegründet, wird von allen politischen Lagern als Mittel zur Durchsetzung bestimmter Zwecke betrachtet, als internationale Multifunktionswaffe. Wenn das aber die Sichtweise der Politik auf unsere Streitkräfte ist, dann stehen wir nicht einer tiefen Legitimitätskrise der Bundeswehr gegenüber – wir befinden uns mittendrin.

2.4 Im Widerstreit zwischen Grundgesetz und Scharia

In jedem Krieg – und um nichts anderes handelt es sich bei den augenblicklichen Auslandseinsätzen der Bundeswehr, das wird auf den folgenden Seiten deutlich werden –, selbst bei einem Bürgerkrieg im Inland, stehen sich zwei unterschiedliche Rechtssysteme unversöhnlich gegenüber. Nur deswegen gibt es Krieg, weil die eine Seite die Rechtsauffassungen der anderen Seite als nicht legitim, als unmoralisch, als menschenverachtend oder als bedrohlich gewaltsam aus der Welt schaffen möchte. Sind diese Rechtsauffassungen noch mit kulturellen, religiösen oder sozialen Differenzen der involvierten Konfliktparteien unterlegt, so treten Unterschiede augenfälliger zutage, und Gewalt als Mittel der Auseinandersetzung »wir gegen sie« lässt sich leichter legitimieren. Je weiter die Staatsgebiete kriegführender Nationen geografisch voneinander entfernt sind, desto stärker fallen die genannten Differenzen ins Gewicht.

Im Folgenden dient Afghanistan – und nicht die anderen augenblicklichen Einsatzorte der Bundeswehr (Kosovo, Bosnien-Herzegowina, Horn von Afrika, Palästina) – als Beispiel für das Aufeinandertreffen unterschiedlicher Rechtssysteme und dessen Folgen, weil Deutschland dort mit dem zahlenmäßig größten Kontingent engagiert ist. Außerdem lassen sich die gewonnenen Erkenntnisse verallgemeinern, da an fast allen Einsatzorten der Islam den dortigen Rechtsnormen zugrunde liegt.

Unter welcher Rechtsnorm kämpfen die Soldaten der Bundeswehr also in Afghanistan? Grundsätzlich unterstehen sie deutschem Recht. Sobald sie jedoch afghanischen Boden betreten, haben sie auch das dortige Rechtssystem zu respektieren – sollte man annehmen, geklärt ist das aber keineswegs. Die Überlagerung verschiedener Rechtssysteme, die Fragen, welches als vorrangig und welches als nachrangig zu betrachten ist, in welchen Punkten eine Ähnlichkeit und in welchen eine grundlegende Differenz der Systeme besteht, all das ist bisher weder dargestellt noch für die deutschen Soldaten zu einem Verhaltenskodex aufbereitet worden, der vor dem Einsatz Schulungsthema und währenddessen Rechtsgrundlage sein könnte.

So beklagen viele Soldaten diesen ungeklärten Zwiespalt, der aus unterschiedlichen Rechtsauffassungen resultiert und dem sie täglich ohne verbindliche Verhaltensnormen ausgesetzt sind. Auch aus diesem Grund soll hier – wahrscheinlich erstmalig – der Versuch unternommen werden, durch die Gegenüberstellung der deutschen Rechtsgrundlagen und der internationalen Rechtsnormen, die bei einem Krieg zur Anwendung kommen, und schließlich der davon abweichenden Rechtssysteme in einem islamischen Land wie Afghanistan etwas Klarheit in diesen bisher vernachlässigten Aspekt zu bringen.

In Deutschland definiert einerseits das Grundgesetz die Rechtsnormen im Kriegsfall, andererseits gibt es, daraus abgeleitet und in Widerspruchsfreiheit zum Grundgesetz, verschiedene Einzelgesetze wie das Notwehr- und das Nothilfegesetz und den sogenannten Jedermanns-Paragrafen.

Notwehr/Nothilfe
»ist diejenige Verteidigung, die erforderlich ist, einen gegenwärtigen, rechtswidrigen Angriff von sich oder einem anderen abzuwehren«.

Um Notwehr handelt es sich, wenn man sich in diesem Sinne selbst verteidigt, um Nothilfe geht es, wenn man einem oder auch mehreren anderen gegen einen rechtswidrigen Angriff zu Hilfe kommt. Unterlassene Nothilfe behandelt das Gesetz wie unterlassene Hilfeleistung bei einem Unfall, sie ist strafbar.

»Erforderlich« bedeutet: Die Verhältnismäßigkeit der Mittel ist unbedingt zu wahren, man denke an das anschauliche Beispiel mit den Spatzen und den Kanonen.

»Gegenwärtig« heißt: Der Angriff muss zur Tatzeit bereits begonnen haben oder unmittelbar und erkennbar bevorstehen, und er darf noch nicht beendet sein. Hier muss man leider an das problematische und oft missbrauchte Argument, dass Angriff die beste Verteidigung sei, erinnern.

»Rechtswidrig« meint: Diese Art der Verteidigung ist nicht zulässig, falls der Angreifer bereits selbst in Notwehr handelt.

Immer jedoch ist Notwehr eine Verteidigung, eine Handlung zum Schutz von Personen oder Rechtsgütern der Angegriffenen. Eigentum, Besitz, Leben, Freiheit, selbst ein so schwammiger Begriff wie »Ehre« genügen dem Gesetz zur Rechtfertigung von Gewaltanwendung.

Zusätzlich wichtig für den Themenkomplex Notwehr ist der

Begriff »Notwehrüberschreitung« (Notwehr wurde nur vorgeschützt, um Eigeninteressen durchzusetzen). Diese Handlung ist strafbar.

Und schließlich die »Putativ-Notwehr«; das heißt, eine unvermeidbare und auch nachweisbare Fehleinschätzung hatte dazu geführt, die Gewaltanwendung in jener Situation mit Notwehr zu rechtfertigen. Die Putativ-Notwehr ist nicht strafbar.

Der Jedermanns-Paragraf

»Wird jemand auf frischer Tat angetroffen oder verfolgt, so ist, wenn er der Flucht verdächtig ist oder seine Identität nicht sofort festgestellt werden kann, jedermann befugt, ihn auch ohne richterliche Anordnung vorläufig festzunehmen.« Dieser Paragraf gilt natürlich nur bei Abwesenheit der Polizei und nur, solange sie nicht verfügbar ist, um die Straftat weiterzuverfolgen.

Nach so viel Theorie zu einem praktischen Beispiel, das direkt aus dem Kriegsgebiet in Afghanistan stammt und in dem das Dilemma der deutschen Soldaten, was unterschiedliche Rechtssysteme anbelangt, augenfällig wird.

Schon vor einem Eintreffen im Einsatzland wird deutschen Soldaten eingeschärft, dass sie deutschem Recht unterstehen, dass sie sich auch vor Ort in Afghanistan an die Gesetze der Bundesrepublik Deutschland zu halten haben. Nun stelle man sich vor, die deutschen Soldaten treffen auf einem Dorfplatz in der Nähe von Kabul auf eine Menschenmenge, die sich dort versammelt hat, um der Bestrafung von Landsleuten beizuwohnen, die Gesetze übertreten haben. Weder ist den Soldaten die Art der Vergehen bekannt, noch sind sie vertraut mit der Art der vor Ort durchgeführten Bestrafung: Stockhiebe auf die Fußsohlen von Frauen, denn es sind nur weibliche Delinquenten anwesend.

Die Soldaten beobachten das Geschehen, werden durch die Schmerzensschreie der Frauen immer unruhiger und schließlich fragt einer von ihnen den Vorgesetzten, ob sie nicht einschreiten sollten. Dieser verbietet ein Eingreifen mit der Begründung, die

Situation könne eskalieren, da so viele Menschen zugegen seien, die zur Gefahr für alle anwesenden Deutschen werden könnten.

Eine militärisch nachvollziehbare Entscheidung – aber auch eine rechtlich angemessene? Zweifellos bestand hier Pflicht zur Nothilfe und bei einer folgenden Eskalation auch ein Recht auf Notwehr. Damit hätte der Vorgesetzte gegen deutsches Recht verstoßen, das ihm zweifellos bekannt war. Hinterher erklärte er den Soldaten seine Entscheidung folgendermaßen: Man hätte zwar nach deutschem Recht einschreiten müssen, aber da die Bundeswehr in Afghanistan sei, um die afghanische Regierung zu unterstützen, müsse man auch die Durchsetzung der afghanischen Gesetze akzeptieren und respektieren. Und in der Scharia seien Stockschläge ein anerkanntes Strafmittel. Wir würden es ja wohl auch nicht akzeptieren, wenn Ausländer in Deutschland eine Gefangenenbefreiung durchführen würden mit der Rechtfertigung, Freiheitsberaubung sei eine aus ihrer Sicht inakzeptable Bestrafungsmethode. Deswegen müsse jeder einzelne deutsche Soldat auch afghanisches Recht respektieren, sonst bestehe die Gefahr, dass alle ausländischen Truppen von den Afghanen als Gesetzesbrecher eingestuft würden.

Aus solchen übergeordneten Gesichtspunkten hat der Vorgesetzte im angeführten Beispiel eine absolut richtige Entscheidung getroffen. Trotzdem entstand durch diese formal korrekte Entscheidung für die anwesenden deutschen Soldaten ein Problem, mit dem sie niemals gerechnet hätten. Es waren Fernsehteams vor Ort, was in einem Konfliktgebiet nicht ungewöhnlich ist. Die Journalisten wurden ebenfalls durch den Menschenauflauf angezogen und filmten die ganze Szene inklusive der unterlassenen Nothilfe der deutschen Truppen. Die Bilder waren nicht nur im deutschen Fernsehen zu sehen. Der Leser wird sich vorstellen können, welche Überschriften und Kommentare die Folge waren. Im wirklichen Leben endete das angeführte Beispiel, das sich tatsächlich genau so abgespielt hat, mit der Bestrafung des deutschen Vorgesetzten wegen unterlassener Hilfeleistung – nur um die hoch brandenden Wellen der Empörung, ausgelöst durch die einseitige Berichterstattung, zu besänftigen. Ein Fehlurteil erster Güte, wenn auch aufgrund einer Verkettung unglücklicher Umstände. Aber eines wird an diesem Vorfall deutlich: Selbst die Einhaltung aller Verhaltensmaßregeln, wie Schutz der eigenen Truppen und Respektieren der örtlichen Gesetze schützt nicht vor persönlicher Bestrafung, weil hier unterschiedliche Rechtsnormen zur Grundlage von Sanktionen gemacht werden können.

Es ist also unübersehbar, in welchem Zwiespalt sich die Soldaten tagtäglich in Afghanistan befinden. Bleibt zu hoffen, dass sie darauf vorbereitet werden und mit einem von allen Seiten akzeptierten Verhaltenskodex das fremde Land betreten können. Unabdingbar ist die Vorbereitung auf eine islamisch geprägte Gesellschaft durch fundierte Kenntnisse darüber, was in dieser Gesellschaft als alltagstauglich gilt. Hier einige kurze Beispiele, was mit alltagstauglich gemeint ist.

Landestypische Verhaltensweisen

Gerne testen Afghanen Ausländer, inwieweit diese die ungeschriebenen Gesetze des Alltags respektieren: Fast überall auf der Welt legt man bei der Begrüßung eines schon besser bekannten Gegenübers die linke Hand auf dessen rechte Schulter, um besondere Herzlichkeit anzuzeigen, während man mit der rechten Hand seine rechte drückt. Nicht so in Afghanistan: Dort hätte man sein Gegenüber durch die Berührung mit der »unreinen« Hand beschmutzt. Als solche wird die linke Hand angesehen, denn sie säubert üblicherweise einen ebenfalls unreinen Körperteil, während die rechte Hand das Kännchen mit Wasser hält, welches zur Reinigung benutzt wird. Doch die Geschichte ist hier noch nicht zu Ende, denn unser Beispiel sollte schon einen Bezug zu aggressivem Handeln oder gewalttätigen Auseinandersetzungen aufweisen, um zu Recht Eingang in dieses Buch zu finden. Wie würde wohl mein afghanisches Gegenüber auf die »Beschmutzung« reagieren, und wie sollte man besser auch selbst eine solche erlittene »Entehrung« erwidern, um respektiert zu werden? Darauf gibt es – ebenfalls im Unterschied zu deutschen Verhaltensregeln – nur eine mögliche Reaktion: mit der Ausübung von Gewalt! Man würde auf jeden Fall sein Gegenüber wegstoßen oder selbst einen Schlag abbekommen, um klarzustellen, dass gravierend gegen die guten Sitten verstoßen wurde. Zwar besteht nun die Gefahr, dass die Situation weiter eskaliert; doch wahrscheinlich ist der gegenseitige Schlagabtausch nun zu Ende und die gegenseitige Wertschätzung grundsätzlich geklärt, was in einem Land wie Afghanistan von zentraler Bedeutung ist – nicht nur für Soldaten, aber auch für sie.

Der Leser sollte nun keinesfalls den Eindruck bekommen, als würde hier dem wild um sich schlagenden oder gar schießenden Bürger in Uniform ein Ehrenmal errichtet oder die Eskalation gewalttätiger Ausschreitungen in Afghanistan mit differierenden Verhaltensnormen schöngeredet. Es geht lediglich um die Klarstellung, wie schwierig es ist, Soldaten auf solche landestypischen Verhaltensweisen vorzubereiten – und um die Forderung, dass eine solche Vorbereitung endlich gründlich erfolgen muss. Denn bisher muss hier das Urteil »Fehlanzeige« lauten. Den Soldaten muss klar gesagt werden, was sie im Einsatzgebiet dürfen und was sie nicht dürfen, aber auch, was ihnen trotz einer Entscheidung nach bestem Wissen und Gewissen eben doch passieren kann, weil ihre Maßstäbe die falschen waren.

Aus dieser Sorgfaltspflicht kann man weder das militärische Führungspersonal noch die für die Bundeswehr politisch Verantwortlichen entlassen. Ein Fehlurteil im Bereich Benimmregeln führt im Privatleben vielleicht zu einem blauen Auge, im Krieg kostet es die Gesundheit, wenn nicht sogar das Leben von Menschen.

Noch schlimmer wird die Situation, wenn es nicht um den Verhaltenskodex, sondern um staatlicherseits geregelte Gesetze und deren Übertretung geht. Aus diesem Grund soll hier kurz versucht werden, auch auf die afghanische Gesetzgebung einzugehen.

Die Scharia
ist das religiös legitimierte, unabänderliche und für alle sich in einem islamischen Land aufhaltenden Menschen gültige grundlegende Gesetzeswerk. Wie das deutsche Grundgesetz bildet die Scharia die Basis, aus der die Einzelgesetze hervorgehen, die nie im Widerspruch zu ihr stehen dürfen. Alle Beziehungen sowohl des öffentlichen wie des privaten Lebens müssen im Sinne der Scharia geregelt werden, genau wie das Grundgesetz für unser gesamtes privates und öffentliches Leben die Grundlage bildet.

Der erste und grundlegende Unterschied zwischen beiden Rechtssystemen besteht darin, dass unser Grundgesetz von Menschen erlassen wurde, die Scharia hingegen religiös legitimiert wird. Unsere Rechtsnormen sind folglich weniger vom Geist der Unfehlbarkeit durchzogen, interpretierbarer, in gewissem Sinne weicher als die bereits im Koran als Wort des Propheten niedergelegte Rechtsnorm der Scharia. Die sinngemäße Übersetzung des Begriffs Scharia würde wohl »der Weg zur Tränke« lauten. Die Scharia ist der verbindliche Weg zu Gott, den alle Menschen einzuschlagen haben, sobald sie sich auf die Suche nach ihrer eigenen Quelle machen.

Hier könnte man nun einen zweiten Unterschied zwischen der Scharia und unserem Grundgesetz herauslesen: Die Anordnungen der Scharia sind für alle Menschen in einer islamischen Gesellschaft verbindlich – auch für die anwesenden Nichtmuslime. Grundlegend ist dieser Unterschied allerdings nicht, denn auch in Deutschland haben sich alle an unsere Gesetze zu halten, und auch bei uns wird zunehmend allen sich auf unserem Staatsgebiet befindenden Personen ein »Bekenntnis zu unserer

Leitkultur« und ein öffentliches Gelöbnis der »Treue zum Grundgesetz« abgefordert.

So verwundert es nicht, dass natürlich auch die Soldaten der Bundeswehr, sobald sie sich auf afghanischem Territorium aufhalten, der Scharia unterliegen. Nicht weniger verlangen auch wir von allen Personen, die unser Staatsgebiet betreten, wenn wir sie daran erinnern, dass für sie das deutsche Grundgesetz bindend ist, solange sie sich hier aufhalten.

Noch einmal zu jenem Unterschied zwischen Grundgesetz und Scharia, der für die Legitimierung des Rechtssystems herangezogen wird: auf der einen Seite das von Menschen gemachte Regelwerk und auf der anderen Seite die durch die Worte des Propheten im Koran, letztendlich von Gott selbst vorgeschriebenen Verhaltensnormen. Bisweilen sind die Vorschriften für vorbildliches Handeln nicht im Koran zu finden und nur mündlich überliefert oder aufgrund mehrdeutiger Aussagen unterschiedlichen Interpretationen ausgesetzt. So kann es passieren, dass in verschiedenen Dörfern Afghanistans Gesetzesauslegungen und -anwendungen der Scharia zu unterschiedlichen Ergebnissen kommen können, obwohl alle auf der Grundlage der gleichen Gesetzestexte zu entscheiden versichern. Ein auch in Deutschland nicht ganz unbekanntes Phänomen, denkt man an die Volksweisheit »Drei Juristen – sechs Meinungen«. Einige Beispiele aus Afghanistan: Diebstahl wird in einigen Regionen durch Handabhacken geahndet, in anderen ist lebenslange Verbannung aus dem Ort die Strafe. Bei Ehebruch wird in einigen Landesteilen nur der tatsächliche Ehebrecher bestraft, in anderen sein Lebenspartner, da dieser als wahrer Auslöser für die Freveltat angesehen wird, weil er dem Ehepartner nicht geben wollte, worauf dieser in der Ehe ein Anrecht hatte. Es ist also falsch, die Anwendung der Scharia auf unterschiedliche Strafmaßstäbe für Männer und Frauen zu reduzieren; natürlich gibt es sie, aber sie unterliegen genauso dem Interpretationsspielraum. Ihre Rechtsbegründung kann von Ort zu Ort differieren, da sie oft durch die Normen von Stammesgesetzen überlagert werden, die in dieser Region – im Gegensatz zu allen öffentlichen Verlautbarungen – eben doch einen höheren Legitimationsgrad als die Scharia besitzen.

Je tiefer man sich in die Frage der unterschiedlichen Rechtssysteme hineinbegibt, desto komplizierter mutet die Sachlage an. Für die Soldaten der Bundeswehr sind während eines Einsatzes in Afghanistan folgende Aspekte von entscheidender Wichtigkeit:

- Durch die Scharia genießen, genau wie in unserem Rechtsverständnis, Frauen und Kinder sowie am Kampf unbeteiligte Männer (z. B. Geistliche, Ärzte, Behinderte) besondere Schutzrechte.
- Auch in der Scharia gibt es unterschiedliche Grade von Rechtsverstößen, die mit unterschiedlicher Härte vom Gesetz bestraft werden. Es gibt sozusagen lässliche Sünden bis hin zu Todsünden. Lässliche Sünden stellen zwar einen Verstoß dar, aber dieser wird nicht bestraft (etwa die Gebetsfrequenz oder die Teilnahme am Heiligen Krieg). Daneben gibt es jene Handlungen, bei denen es jedem Individuum anheimgestellt bleibt, selbst zu entscheiden. Und es gibt von Grund auf verwerfliche und verbotene Handlungen. Verwerfliche werden moralisch, aber nicht vom Gesetz verurteilt – und verbotene Handlungen, sozusagen die Todsünden in christlicher Terminologie, werden immer und auf jeden Fall bestraft (hierzu gehören im Islam Alkoholkonsum, Homosexualität und Gottesverachtung).
- Und schließlich kennt auch die Scharia eine erhöhte Schuld und entsprechende Strafverschärfung bei einem bewusst geplanten und in voller Absicht begangenen Rechtsverstoß.

Natürlich wäre es vollkommen undurchführbar, den Soldaten der Bundeswehr, bevor sie den Boden eines Einsatzlandes betreten, im Rahmen ihrer Vorausbildung die abweichenden – und auch die ähnlichen – Gesetze und Gesetzesauslegungen, die dort Gültigkeit haben, zu vermitteln. Sie ganz ohne diesbezügliche Aufklärung in ein Kriegsgebiet zu schicken, ist allerdings verantwortungslos und für sie lebensgefährlich, denn nichts braucht ein Soldat im Kampfeinsatz mehr als verlässliche und für alle Situationen gültige Verhaltensregeln und Gesetzesnormen. Schließlich ist er es, der bei der Frage nach Leben oder Tod von anderen Menschen die Verantwortung übernimmt.

2.5 Das schlimme K-Wort

Immer mehr Politiker sprechen es aus, das schlimme K-Wort. Ja, wir befinden uns im Krieg, zumindest aber in kriegsähnlichen Zuständen. Soldaten nennen es schon längst so, weil sie vor den Realitäten weniger Angst haben dürfen als Politiker.

Ein Zitat aus dem letzten Bericht des ehemaligen Wehrbeauftragten Reinhold Robbe zeigt in aller Deutlichkeit, was nach Einschätzung von Soldaten Krieg ist: »Ich traf während des Aufenthaltes in Kundus mit den Angehörigen jener Schnellen Eingreiftruppe zusammen, die wenige Stunden zuvor in Gefechte verwickelt waren. In dieser Gesprächsrunde schaute ich in die Gesichter der überwiegend noch sehr jungen Soldaten, die gezeichnet waren von den schrecklichen Erlebnissen im Gefecht. Sie schilderten mir anschaulich, wie ihre Patrouille in einen Hinterhalt geraten war und dann mit Panzerfäusten und anderen schweren Waffen vom Gegner stundenlang attackiert wurde. Es gab verwundete Kameraden, für die jedoch keine Lebensgefahr mehr bestand. Die Soldaten schilderten mir aber auch, wie etliche der gegnerischen Kräfte getroffen und vermutlich auch getötet wurden. Spätestens nach diesen Schilderungen wurde mir richtig bewusst, was es für die Soldaten bedeutet, wenn man diese Gefechte, die sich im Grunde durch nichts von anderen Kriegsszenarien unterscheiden, in der Heimat verharmlosend als ›Unterstützungseinsatz für die afghanische Regierung‹ bezeichnet.«

Gerade in solchen Situationen nach einem Gefecht wäre es besonders wichtig und auch menschlich erforderlich, den Soldaten nicht nur das Gefühl zu vermitteln, dass man an ihrer Seite steht, sondern dass sie auch mit dem Recht auf ihrer Seite gekämpft haben und nichts, aber auch gar nichts an ihrem Handeln moralisch zu kritisieren ist.

Wie also lautet die korrekte und auch mit den Realitäten übereinstimmende Bezeichnung für das, was deutsche Truppen in Afghanistan tun?

Dass sich in jedem Kampfeinsatz unterschiedliche Rechtssysteme gegenüberstehen, überlagern, in Einklang gebracht werden müssen, wurde im letzten Abschnitt thematisiert – samt der für den einzelnen Soldaten unzumutbaren ungeklärten Rechtslage.

Noch unklarer und noch ungeklärter wird die rechtliche Situation, sobald nicht nur deutsches und afghanisches Recht als gültiger Verhaltenskodex im Einsatzgebiet gelten sollen, sondern auch die internationale Rechtsposition, neben dem Grundgesetz der zweite Pfeiler deutschen Rechtsverständnisses. Diese internationale Rechtsposition ist im Völkerrecht festgeschrieben.

Das Völkerrecht
besitzt überstaatliche Gültigkeit, das heißt, sein Wirkungs- und Anwendungsbereich gilt weltweit, denn es regelt die Beziehungen und Umgangsformen zwischen Staaten und nicht zwischen einzelnen Menschen. Das sämtlichen Einzelbestimmungen zugrundeliegende Prinzip des Völkerrechts ist die Gleichrangigkeit aller Staaten, vergleichbar der Gleichrangigkeit aller Individuen im deutschen Grundgesetz.

Aus dieser Grundlage wird ein allgemeines Gewaltverbot

abgeleitet, das in der Charta der Vereinten Nationen, die wiederum Bestandteil des Völkerrechts ist, niedergelegt wurde. Das Gewaltverbot ächtet ausnahmslos alle Angriffskriege.

Ein Blick auf unseren Globus, eine auch nur kursorische Betrachtung der jüngsten Geschichte genügen, um festzustellen, wie umfassend diese Bestimmung des Völkerrechts mit Füßen getreten wird. Wozu also ein solch übergreifendes Rechtssystem, wenn sich kaum einer daran hält? Ein Teufelskreis, denn je größer der Zweifel am Sinn des Völkerrechts, desto unwahrscheinlicher wird seine Einhaltung. Gerade Supermächte, doch nicht nur sie, sind Vorreiter, wenn es um die Übertretung des Völkerrechts geht, denn sie sind auch deshalb Supermächte, weil andere Nationen deren Vorgaben einseitig einzuhalten haben, aber sie nicht die Vorgaben anderer.

Auch Sanktionen, die auf Verstöße gegen das Völkerrecht genauso folgen müssten wie bei jedem anderen Gesetzesbruch, greifen nicht. Es gibt zwar inzwischen einen Internationalen Gerichtshof, der für Prozesse auf der Grundlage von Völkerrechtsbestimmungen zuständig wäre; doch erstens unterwerfen sich gerade die Großmächte USA und China nicht seiner Zuständigkeit, und zweitens gilt auch hier wie in der gesamten weltweiten Rechtsprechung: Wo kein Kläger, da kein Richter. Und welcher Staat dieser Erde würde es wagen, eine Supermacht anzuklagen, wenn die Aussichten, den Prozess zu gewinnen, minimal sind? Welcher Staat würde das Prozessrisiko in Kauf nehmen, dass selbst ein erwirkter Urteilsspruch folgenlos bleibt? Welcher Kläger würde ein Gericht anrufen, das die Nichteinhaltung seiner Urteile noch nicht einmal durch Androhung eines höheren Strafmaßes weiterverfolgen könnte? Wer würde einen Prozess beginnen, wenn damit zu rechnen ist, dass der Urteilsspruch bestenfalls respektiert, aber dann trotzdem nicht vollzogen wird?

Da die Bundesrepublik Deutschland bisher keinen Zweifel

daran gelassen hat, dass sie nicht nur Völkerrecht und Charta der Vereinten Nationen respektiert, sondern auch jedes Urteil des Internationalen Gerichtshofes anzuerkennen und umzusetzen bereit ist, seien hier trotz des beklagenswerten Gesamtzustandes die zentralen Bestimmungen des Völkerrechts erläutert, an die sich deutsche Soldaten bei einem Einsatz zu halten haben.

Das Kriegsvölkerrecht oder Völkerstrafrecht
regelt, welches Verhalten zwischen den Kriegsteilnehmern geduldet und welches strafbar ist. Sein Gegenstand ist also der Umgang mit der anderen Kriegspartei. Die im Kriegsvölkerrecht festgelegten Verpflichtungen haben das Ziel und die Absicht, die immer mit einem Krieg verbundenen Leiden und Schäden so gering wie möglich zu halten.

Zunächst wird definiert, was unter

Krieg
zu verstehen ist: »Ein unter Einsatz erheblicher Mittel mit Waffen und Gewalt ausgetragener Konflikt, an dem mehrere planmäßig vorgehende Parteien beteiligt sind. Ziel der beteiligten Parteien ist es, den Konflikt durch gewaltsame Kämpfe und Erreichen einer Überlegenheit zu lösen. Die dazu stattfindenden Gewalthandlungen greifen gezielt die körperliche Unversehrtheit gegnerischer Individuen an und führen so zu Tod und Verletzung. Somit schadet Krieg auch der Infrastruktur und den Lebensgrundlagen der Parteien. Kriegsformen sind vielfältig und nicht unbedingt an Staaten oder Staatssysteme gebunden.«

Gerade der letzte Satz dieser Definition widerspricht jenen Kritikern des Völkerrechts, die behaupten, man müsse sich nicht mehr um seine Einhaltung bemühen, da der klassische Krieg, also der Kampf Land A gegen Land B, ein Auslaufmodell sei, und nur diese Form habe den Verfassern des Völkerrechts bei der Formulierung ihrer Rechtsnormen zugrunde gelegen. Bei den sogenannten Neuen Kriegen seien nicht nur Völkerrecht und das daraus folgende Völkerstrafrecht nicht mehr anwendbar –

vielmehr seien, neben den ja schon immer berechtigten Verteidigungskriegen, alle Kriege zulässig und moralisch gerechtfertigt, die mit Zustimmung des Sicherheitsrates der UNO geführt würden.

Gegen eine solche Position ist erstens einzuwenden, dass das Kriegsvölkerrecht im letzten Satz seiner Definition eines Krieges diese Neuen Kriege bereits zum Anwendungsbereich des Völkerstrafrechts zählt und deswegen die Einhaltung seiner Gesetze auch für diese Formen gewalttätiger Auseinandersetzungen einfordern kann.

Zweitens widersprechen einer solchen Lesart unmissverständlich jene Ausnahmen, die das Völkerrecht zur Rechtfertigung eines Krieges kennt:

1. Eine Intervention ist immer völkerrechtlich zulässig, wenn der betreffende Staat zustimmt.
2. UN-Charta, Artikel 52 erlaubt im Falle eines bewaffneten Angriffs die Selbstverteidigung. Die Reichweite des Selbstverteidigungsrechts ist insbesondere im Fall der sogenannten präventiven Selbstverteidigung umstritten.
3. Zulässig ist ferner eine Intervention zur Rettung eigener Staatsbürger.
4. Eine Ausnahme bilden auch sogenannte Regionale Abmachungen, die aber bisher noch nie von praktischer Bedeutung waren. Allenfalls innerhalb des vorher festgelegten Geltungsgebiets könnten völkerrechtlich zulässig von den Unterzeichnern der Abmachung Interventionen durchgeführt werden. Der betroffene Staat müsste anderen also in einem völkerrechtlich gültigen Vertrag ein Recht zur Intervention eingeräumt haben, weswegen dieser Fall wieder mit Punkt 1 kongruieren würde.
5. Umstritten in der Literatur zum Völkerrecht ist, ob, über den Wortlaut in der UN-Charta hinausgehend, eine Ausnahme

vom Gewaltverbot im Falle der sogenannten Humanitären Intervention vorliegt, das heißt einer Intervention zur Abwendung bestimmter humanitärer Missstände. Als Beispiel dient hier stets der Kosovo-Konflikt, in dem auch die Bundeswehr Konfliktpartei ist.

Die UN vergibt zwar Mandate für einen Militäreinsatz durch Mehrheitsbeschlüsse ihres Sicherheitsrates, völkerrechtlich legitimiert sind diese Einsätze deswegen keinesfalls. Kein Sicherheitsrat ist berechtigt, einen Krieg zu legitimieren, im Gegenteil, er stünde außerhalb seines eigenen Gesetzes (Charta der UN), wenn er behaupten würde, ein Mandat sei eine völkerrechtliche Legitimation. Einziger Rechtfertigungsmaßstab, der allenfalls vom Internationalen Gerichtshof bestätigt oder verworfen werden könnte, bleibt das Völkerrecht in seiner aktuell gültigen Ausformulierung, der Charta der Vereinten Nationen.

In diesem Zusammenhang sei erneut an folgendes Zitat der Bundesregierung vom Anfang dieses Kapitels erinnert, das ebenfalls eine solche Fehlinterpretation des Völkerrechts vornimmt: »Die einzigartige Bedeutung der Vereinten Nationen besteht darin, einen notwendig werdenden Einsatz militärischer Gewalt mit der völkerrechtlichen Legitimität zu versehen« (*Weißbuch 2006*, Fassung vom 28. 4. 2006).

Noch einmal und unmissverständlich: Weder die Vereinten Nationen noch ihr Sicherheitsrat können und dürfen einen Krieg aus anderen Gründen als den genannten (Selbstverteidigung gegen einen direkten Angriff von außen und Sicherung des gesamten Weltfriedens) mit dem geltenden Völkerrecht, niedergelegt in der UN-Charta, sanktionieren.

Außer einem (immer verbotenen) Angriffs- und einem (nur in zwei Ausnahmefällen erlaubten) Verteidigungskrieg kennt das Völkerrecht weder Neue Kriege noch Asymmetrische Kriege, es kennt auch keine Guerillakriege und keine Interventionskriege, ja, es behandelt noch nicht einmal den Bürgerkrieg als Sonderfall. In der Definition, die weiter oben zitiert wurde, wird zwar im letzten Satz die Existenz unterschiedlicher Kriegsformen und möglicher Kriegsbeteiligter angesprochen, doch für sie alle gilt in einer Deutlichkeit, die nichts zu wünschen übrig lässt, dass nur die zwei genannten Rechtfertigungsgründe völkerrechtlich akzeptiert werden.

Wenn hier trotzdem kurz auf Varianten und differierende Verlaufsformen eingegangen wird, dann aus dem alleinigen Grund, dass eben auch Interventionskriege, Partisanenkriege und selbst Bürgerkriege immer zuallererst Kriege sind und folglich vom Völkerrecht unterschiedslos behandelt werden – auch, wenn nicht selten Staaten den Versuch machen, aus der unterschiedlichen Benennung einen besonderen Rechtfertigungsgrund zu konstruieren.

- *Bürgerkriege* werden vom Völkerrecht geächtet, da hier der Feind nicht von außen kommt, folglich fehlt eine der Legitimationsgrundlagen für gewaltsame Auseinandersetzungen durch das Militär.
- *Interventionskriege/Invasionskriege* sind nicht vom Völkerrecht gedeckt, da durch eine Militärmaßnahme der angreifenden Truppe die Autonomie eines bestimmten Gebietes aufgehoben und dort die Kontrolle übernommen werden soll.
- *Partisanenkriege/Guerillakriege* sind militärische Auseinandersetzungen zwischen waffentechnisch und strategisch sehr unterschiedlich ausgestatteten Konfliktparteien. Von vornherein unterlegene, schlecht ausgerüstete Einheiten kämpfen gegen einen mächtigen, gut organisierten und hervorragend ausgerüsteten Feind. Beide Begriffe meinen dieselbe Kriegsform, auch in ihrem Verlauf unterscheiden sie sich nicht voneinander.

Seit der moderne Terrorismus dazu übergegangen ist, Partisanentaktiken und die Kampfmethoden der Guerilla in seine Kriegführung aufzunehmen, fasst man diese beiden Sonderformen oft unter der Bezeichnung
Asymmetrische Kriege
zusammen. Sie sind mit weitem Abstand die gegenwärtig häufigste Form kriegerischer Auseinandersetzungen. Aus diesem Grund, aber auch, weil die Einsätze der Bundeswehr zumindest am Horn von Afrika und in Afghanistan (vor der Küste des Gaza-Streifens und auf dem Balkan liegen die Dinge anders) als Asymmetrische Kriege zu bezeichnen sind, muss intensiver auf sie eingegangen werden.

Welche Vorteile bringt die Asymmetrische Kriegführung mit sich?

Sobald die Schwächen und ungeschützten Flanken des Feindes bekannt sind, wird mit zahlenmäßig kleinen Einheiten, manchmal nur eine Person in der Funktion des Bombenattentäters, operiert. Das Überraschungsmoment und der unvorhersehbare Gewaltakt sind von zentraler Bedeutung. Mit einfachsten Mitteln soll der Gegner empfindlich getroffen, durch die große Zahl vieler solcher Nadelstiche irgendwann zur Aufgabe gezwungen werden. Der Vorteil dieses Vorgehens liegt in den geringen Kosten für den Angreifer, für sein Gegenüber hingegen bedeutet es hohe Kosten, da ein Angriff immer und überall stattfinden kann und so Objekte, eigene Soldaten und Nachschublinien nur mit sehr großem Aufwand geschützt werden können.

Da Partisanen und Guerillakämpfer plötzlich und aus der Anonymität heraus zuschlagen, sind durch diese Vorgehensweise häufig nicht nur hohe Opferzahlen zu beklagen, oft finden sich auch nicht direkt an den Kämpfen beteiligte Zivilisten, die dem eigentlichen Kämpfer als Deckung dienten oder auch nur zufällig zugegen waren, unter den Opfern.

Für die Soldaten einer regulären Armee ist diese Taktik neben ihrer besonderen Gefährlichkeit aufgrund der Unvorhersehbarkeit auch psychisch außerordentlich belastend, denn Partisanen und Guerillakämpfer unterscheiden sich von der Normalbevölkerung nicht durch eine Uniform, das würde ja gerade dem Überraschungsmoment zuwiderlaufen. Nach einigen schlimmen Erlebnissen wird der Soldat in Uniform in jedem Nichtuniformierten bei vermeintlicher Gefahr einen potenziellen Gegner sehen, die Wahrscheinlichkeit eines ungerechtfertigten Waffeneinsatzes wird steigen, und zivile Opfer werden nicht mehr auszuschließen sein. Die Praxis, dass Attentäter nach einem Anschlag in der Zivilbevölkerung untertauchen oder sie gar als Schutzschild missbrauchen, trägt weiter dazu bei, den Tod unschuldiger Zivilisten zu begünstigen.

Bei Asymmetrischer Kriegführung müssen sich Kriegsteilnehmer nicht an Staatsgrenzen halten wie eine offiziell kriegführende Partei. Seine Schlachtfelder und Operationsziele können sich überall auf der Welt befinden. Jeder Kämpfer in einem Asymmetrischen Krieg kann, auch in unserem Land, aus der Anonymität heraus und gänzlich unvorhersehbar Anschläge durchführen, die Menschenleben kosten, und zwar nicht nur die von Soldaten, die geschult sein sollten, einen Angriff abzuwehren. So hätten wir den Krieg innerhalb unserer Landesgrenzen.

Allerdings sind solche Erkenntnisse noch lange kein Grund, den Satz des ehemaligen Verteidigungsministers Peter Struck gutzuheißen: »Deutschland wird am Hindukusch verteidigt.« Unsere Truppen versuchen in Afghanistan allenfalls, eine sehr wahrscheinliche Bedrohung auch unseres Landes und unserer Bevölkerung vorausschauend abzuwenden. Denn an einer Tatsache kommt niemand mehr vorbei: Deutschland befindet sich am Hindukusch im Krieg, deutsche Soldaten setzen Tag für Tag ihr Leben aufs Spiel, um die Frontlinie dieses Krieges von unserer Heimat fernzuhalten, also von jedem von uns. Dafür haben die Soldaten Respekt und Anerkennung in höchstem Maß verdient.

Die deutsche Politik allerdings, quer durch alle Parteien, muss sich fragen lassen, weshalb sie einerseits schamlos über jede Rechtsgrundlage hinwegsieht, wenn es um die Frage geht, was die Bundeswehr wo und zu welchem Zweck tun oder lassen soll, während sie andererseits einen bizarren Eiertanz über die Frage, wie das Ergebnis ihrer Politik benannt werden soll, aufführt: Man darf nicht Menschen in den Krieg schicken und dann so tun, als wäre es ein Ausflug auf den Abenteuerspielplatz. Man darf nicht eine Verteidigungsarmee unterhalten und sie dann zum Brückenkopf der heimischen Wirtschaft im Ausland machen. Man darf nicht den »Bürger in Uniform« auf Himmelfahrtskommandos schicken, die ganz anderen Interessen dienen, als vorgegeben wird. Daran ändert auch die Abschaffung der Wehrpflicht nichts.

Die Politik hat sich in den letzten Jahren angewöhnt, das eine zu sagen und das andere zu tun – und umgekehrt. Solange es keine konsequente und konsistente Haltung gegenüber Sinn, Zweck und Mitteln in Unterhalt und Einsatz unserer Armee gibt, besteht ein Mangel an Legitimität, und wir haben kaum die Moral auf unserer Seite, wenn wir schnell dabei sind, eine andere Nation als Diktatur abzuqualifizieren, obwohl es die Bürger dort vielleicht anders sehen. Menschen in fremden Ländern, denen die Bundeswehr zu Hilfe eilen soll, müssen sich darauf verlassen können, dass die deutschen Soldaten im Auftrag des deutschen Volkes handeln, dass die deutsche Politik mit nicht anzuzweifelnder Mehrheit hinter dem Einsatzbefehl steht und dass es zwischen dem offiziellen Sprachgebrauch und dem tatsächlichen Zweck keine Unterschiede gibt.

Nur dann können deutsche Soldaten bei der Erfüllung ihres Auftrages mit dem Vertrauen der Bevölkerung rechnen – und nur dann können solche Einsätze legitim sein.

3. Die Bundeswehr als Instrument der Politik

Im Griff der Lobbyisten

Der ehemalige Verteidigungsminister zu Guttenberg hat in einem Punkt eine Diskussion angestoßen, die seinem Nachfolger noch viel mehr Ungemach einbringen könnte als die Frage: Wehrdienst oder Berufsarmee? Schon mehrfach hatte er öffentlich geäußert, dass er für seine Konzeption der Bundeswehr neues und besseres Rüstungsmaterial benötige und dieses auch im Ausland einkaufen werde, wenn es die deutsche Rüstungsindustrie nicht liefern könne oder nur zu überhöhten Preisen anzubieten gedenke. »Es ist nicht zu verstehen, dass bei Rüstungsprojekten alles länger dauert und höhere Kosten verursacht als geplant«, war eine dieser Aussagen, und noch eine weitere muss in voller Länge zitiert werden, da sie dem einzelnen Soldaten höchstwahrscheinlich aus der Seele sprach: »Zunächst einmal ist es entscheidend, dass unsere Soldaten das bekommen, was sie für ihre jeweilige Einsatzstruktur de facto brauchen... Ich werde dafür werben, dass man sich für das Modell der Rüstungsindustrie entscheide, das wettbewerbsfähig ist, aber das am schnellsten für den Schutz und die Sicherheit unserer Soldaten zu haben ist.« Karl-Theodor zu Guttenberg schien einer der Wenigen zu sein, der endlich die Interessen der Soldaten mit in seine Überlegungen einbezog, ihre Nöte durch eigene Nachforschungen kannte, und es auch wagte, Dinge anzustoßen, die vom Mainstream abweichen.

Dadurch legte er sich mit mächtigen Gegnern an. Sprach er

eventuell deswegen davon, dass er »werben werde für« sein Modell, weil er die gegnerischen Bataillone und ihre Lobbyisten schon in Stellung gehen sah? Dass er sich mit seinen Vorhaben nicht im Einklang mit der im *Weißbuch 2006* festgelegten Strategie einer Umgestaltung von NATO und UNO mit Hilfe einer starken nationalen oder aus Deutschland gesteuerten europäischen Rüstungsindustrie befand – Stichwort »Nationale Konsolidierung« (siehe Kapitel 2) –, wenn er die beste Ausrüstung zum besten Preis weltweit einkaufen wollte, war vielleicht noch sein geringstes Problem. Gerade die ausländische Rüstungsindustrie wird sich aber mit Sicherheit nicht auf Zusagen ohne absolut wasserdichte Finanzierung einlassen – die dem Parlament und der Allgemeinheit umso schwieriger vermittelbar wäre, da hier mit öffentlichem Geld ausländische Rüstungskonzerne bevorzugt würden. Man kann sich die Debatten vorstellen ...

Größtes Hindernis für Guttenbergs Vorschlag und auch der entscheidende Punkt, bei dem die Interessen der Soldaten am wenigsten berücksichtigt werden, sind jedoch die sogenannten Altverträge. Frühere Bundesregierungen haben sich oft schon vor Jahrzehnten zu Rüstungsverträgen verpflichtet, die bis heute täglich eine Unsumme verschlingen und sich inzwischen als komplette Fehlplanung erwiesen. Bisweilen wurden solche Verträge, wie sich im Nachhinein herausstellte, sogar wissentlich aufgrund von erfolgreicher Lobbyarbeit zum erkennbaren eigenen Nachteil abgeschlossen. Doch noch immer gilt, was schon Franz Josef Strauß (ein weiterer Verteidigungsminister, der zurücktreten musste) vor Jahrzehnten klarstellte: *Pacta sunt servanda!* – Verträge müssen eingehalten werden! Und es sind solche Pleiteprojekte im Zusammenhang mit Altverträgen, auf die hier nun einzugehen ist. Sie sind weiterhin von der Politik zu verantworten, rufen aber bei Soldaten und Bevölkerung nur große Verärgerung und Unverständnis hervor – und tragen keinesfalls zur höheren Wertschätzung unserer Truppen bei.

3.1 Pleiteprojekte mit tödlichen Folgen

Im Folgenden wird versucht, anhand von Beispielen die merkwürdige Planung der Militärexperten zu durchleuchten. Es werden Vergleiche herangezogen, die jedem, auch ohne militärische Grundkenntnisse, einleuchten werden. Für Soldaten gibt es ein paar Grundsätze des Handelns: Bekommt man einen militärischen Auftrag, muss man diesen zunächst auswerten. Oberste Priorität hat dabei, zu ermitteln, was einen im Lauf des Auftrags erwarten wird. Dies sollte im Vorfeld schon relativ gesichert sein, Voraussetzung dafür sind Mittel zur Aufklärung. Doch nur die wenigsten Soldaten sind Angehörige von sogenannten Aufklärungseinheiten, die diese Vorfeldaufklärung sicherstellen. Aber auch für sie gilt der Grundsatz: Wie kommt man überhaupt dorthin, wo etwas aufgeklärt werden muss, und wie kommen dann andere hinterher, um dort ihren Auftrag zu erfüllen? Als zweite zentrale Frage muss dann geklärt werden, wie man sich innerhalb des Gebiets, wo der Auftrag erfüllt werden soll, bewegen kann. Wie verteidigt man sich, wenn man in diesem Gebiet angegriffen wird? Was braucht man dazu, was schützt einen? Wenn diese Fragen geklärt sind, stellt sich als Nächstes die Frage: Wie kommt man von dort wieder weg, wenn man es allein nicht mehr schafft? Das heißt: Hat man eine oder gibt es eine Möglichkeit, dort herausgeholt zu werden, auch unter schwersten Gefechtsbedingungen? Wie ist die Versorgung in diesem Einsatzgebiet? Wie ist die sanitätsärztliche Versorgung, wenn einem etwas zustößt? Und wenn man nicht die entsprechenden Möglichkeiten hat, besteht dann zumindest die Chance, dass man in irgendeiner Art und Weise unterstützt wird, dass man die Chance hat zu überleben, bis die eigene oder zumindest eine befreundete Einheit einen herausholt? Etwa, indem man Luftunterstützung anfordern kann, die einem die Gegenseite so lange vom Leib hält, bis man herausgeholt werden kann?

Nochmals zusammengefasst: Unterstützung ist von zentraler Bedeutung, genau wie sinnvoll einsetzbares, taugliches Material. Die Bundeswehr benötigt Material, das die Soldaten im Einsatz zu Lande, aus der Luft oder auch auf See unterstützt und Transporte sichert.

Solch technisch einwandfrei funktionierendes Material hat die Bundeswehr nicht. Das wird durch Vergleiche mit der Lage in anderen Ländern belegt, aber auch durch Aussagen aus Originaldokumenten der Politik und der Bundeswehr untermauert.

Zunächst soll die Rede von einem neuen Aufklärungsmittel sein.

Drohnen

Hierbei handelt es sich um unbemannte Flugkörper, die teilweise Tausende von Kilometern entfernt von einer Basis aus gesteuert werden können. In der Bundeswehr gibt es diese Drohnen schon seit Jahren. Ein Soldat sitzt an einem Bildschirm und ist über Funk mit einem unbemannten Luftfahrzeug verbunden, das mit Kameras ausgestattet ist. Dieser Soldat sieht auf seinem Bildschirm, was die Drohne in diesem Moment sieht, und zwar in Echtzeit. Diese Informationen werden entweder an Bodentruppen vor Ort oder an andere Operationszentralen weitergegeben. Der Soldat steuert die Drohne mit einer Art Joystick.

In der heutigen Kriegführung werden, vorwiegend durch das US-Militär, solche unbemannten Drohnen auch mit schwerer Bewaffnung eingesetzt (Maschinengewehre, lasergesteuerte Raketen). Von Anfang 2004 bis September 2010 gab es rund einhundertzwanzig bestätigte US-Drohnenangriffe im Nordwesten Pakistans. Dabei wurden zwischen achthundert und tausenddreihundert Menschen getötet. Zwei Drittel davon wurden als »Militante« bezeichnet, somit waren ein Drittel nachweislich Zivilisten. US-Präsident Barack Obama weitet Drohnenangriffe seit diesem Zeitpunkt immer stärker aus. Allein im September 2010 kam es zu einundzwanzig Attacken auf Kämpfer der al-Qaida und der Taliban, bei denen über hundert Menschen zu Tode kamen. In den ersten dreizehn Monaten seiner Amtszeit hat der neue Präsident schon mehr drohnenbasierte Raketen abfeuern lassen als sein unbeliebter Vorgänger George W. Bush während seiner gesamten Amtszeit von acht Jahren. Experten des US-Geheimdienstes CIA haben beim Einsatz dieser neuartigen Waffe weitgehend freie Hand. Bruce Hoffman, Terrorexperte an der Georgetown University, meint unverblümt: »Der Präsident muss nicht mehr jeden Angriff genehmigen.« Schließlich füllen sich so auch schnell die Auftragsbücher der Rüstungsindustrie. Die Nachfrage nach diesem Waffensystem seitens Militärs und Geheimdiensten ist so groß, dass es bereits Lieferengpässe gibt. Über das immens angewachsene Bestellvolumen hinaus müssen achtunddreißig *Predator*- und *REAPER*-Drohnen ersetzt werden, die bei Kampfeinsätzen in Afghanistan bereits abgestürzt sind, und noch einmal neun weitere, die bei Testflügen auf amerikanischen Militärbasen Totalschaden erlitten – neue Aufträge ohne Ende.

Seit dem Jahr 2007 verfügt auch die Bundeswehr über 60 sogenannte *UAVs* (Unmanned Aerial Vehicles) vom Typ KZO (Kleinfluggerät Zielortung). Auch dieses Aufklärungsgerät kann ohne große Umstände umgerüstet werden zu einer Kampfdrohne, dafür bestehen kompatible Systeme mit der israelischen Partnerfirma IAI. Zurzeit werden deutsche Soldaten in der Handhabung der Drohne *Heron* unterrichtet. Was sollen solche Drohnen erreichen? Die Drohnen müssen in der Lage sein, Häuser zu observieren, Fahrzeuge zu verfolgen, feindliche Kämpfer aufzuspüren und präparierte Sprengfallen zu entdecken. Des Weiteren müssen sie in der Lage sein, lautlos selbst in großen Höhen zu observieren und bei Bedarf Ziele auszuschalten. All das führt ein »Bediener« fernab des Einsatzgebietes an einem Bildschirm aus. In der Öffentlichkeit und bei manchen Experten stoßen diese Waffensysteme auf herbe Kritik, da der Krieg zu einer Art Videospiel verkommt.

Die Bundeswehr hatte zunächst den Einsatz solcher Drohnen verschwiegen; inzwischen hat man aufgrund der Entwicklung in Afghanistan erkannt, dass man ein solches System mit voller Bewaffnung und nicht nur zu Observationszwecken benötigt. Nun drängen sich Fragen auf: Warum kam diese Erkenntnis so spät? Und warum greift man nicht auf bewährte Alternativsysteme der Bündnispartner zurück? Oder liegt wieder einmal der Fall vor, dass durch bewusste Verzögerungstaktik versucht wird, neue Systeme bei der deutschen Rüstungsindustrie in Auftrag zu geben, um diese zu bevorzugen?

Das bewährteste System ist das amerikanische vom Typ *Predator*, das es auch in der Version *REAPER* gibt (diese Version ist bewaffnet). Die Luftwaffe jedenfalls hat dieses amerikanische Modell von vornherein favorisiert. Es ist absolut ausgereift, funktioniert und befindet sich seit Jahren täglich im Einsatz. Geplant war, dass die Luftwaffe fünf dieser Systeme mit entsprechender Bodenstation erhält. Das System ist so konzipiert, dass in der Bodenstation ein Pilot sitzt und die Drohne steuert und so über den Einsatz von Waffen entscheidet. Als die Verträge schon zur Unterschrift bereitlagen, kam überraschend das israelische System *Heron* auf den Markt. Die Israelis boten ihr System in Kooperation mit der deutschen Firma Rheinmetall an. Sehr zum Kummer der Luftwaffe hat sich das zuständige Bundesamt für Wehrtechnik für das israelische System entschieden, mit der Begründung, es sei in der angebotenen Version billiger, und man könne es bedarfsgemäß aufrüsten.

Das amerikanische System hat sich bewährt, das israelische gibt es lediglich als Prototyp, deswegen ist die Luftwaffe nicht begeistert, denn sie hält es für technisch nicht ausgereift. Für 110 Millionen Euro wurden drei israelische Drohnen geleast, und am 17. März 2010 gab es schon die erste Katastrophe. Aufgrund eines technischen Fehlers, der bisher noch nicht geklärt wurde, ist eine dieser israelischen Drohnen auf dem Flugplatz in Kundus unkontrolliert auf eine am Boden stehende *Transall*-Transportmaschine zugerast und wurde zerstört. Ein ziemlicher Rückschlag, dennoch hält man am israelischen System fest. Der zuständige Staatssekretär für Rüstung, Rüdiger Wolf, wollte das israelische System unbedingt haben, obwohl ihm der Hauptabteilungsleiter Rüstung, der Abteilungsleiter Haushalt und der Inspekteur der Luftwaffe davon abgeraten hatten.

Der Hintergrund ist einfach zu erklären. Einige Bundestagsabgeordnete wollten der Anschaffung von 31 Eurofighter-Flugzeugen im Haushaltsausschuss nur zustimmen, wenn die Entscheidung für das israelische System ausfiele. So wurde es im Parlament kolportiert. Hat vielleicht wieder einmal die deutsche Rüstungsindustrie irgendwelchen Druck ausgeübt? Hätte man sich für das amerikanische System entschieden, wäre nicht nur die deutsche Firma Rheinmetall leer ausgegangen, sondern man wäre zusätzlich in Erklärungsnot geraten, warum neben dem amerikanischen und dem deutsch-israelischen System auch EADS zeitgleich für viel Geld eigene Drohnen entwickeln soll. Dadurch würde EADS auf dem zukunftsträchtigen Markt der Konstruktion von Drohnen ein wichtiger Anbieter werden (bislang sind die Marktanteile von EADS auf diesem Gebiet sehr gering). Und das nur, weil die Politik im Verbund mit EADS sich eine eigene europäische Hochleistungsdrohne wünscht. Trotz der vielen ernüchternden Erfahrungen mit anderen militärischen Großprojekten bei EADS wird hier von Neuem gegen ein bewährtes militärisches System und gegen eine rasche Lösung für ein erkanntes Defizit entschieden.

Das amerikanische System, das den Steuerzahler für fünf Drohnen mit entsprechender Bodenstation 600 Millionen Euro gekostet hätte, wäre eine Anschaffung für Gegenwart und Zukunft gewesen, die Anschaffung eines Systems, das sich bewährt hat. Aber vielleicht hing die Entscheidung gegen das amerikanische System auch damit zusammen, dass die Verantwortung für den Einsatz der amerikanischen Drohnen bei einem Piloten am Boden liegen würde, während das israelische System *Heron* nicht durch einen Piloten am Boden gesteuert, sondern lediglich vor einem Einsatz programmiert wird. Man könnte sich also für den Fall, dass bei einem Einsatz Menschen zu Schaden kommen, nicht mehr wie bei *Heron* mit fehlerhafter Technik aus der Verantwortung stehlen. Denn eines sollte jedem klar sein, egal, welcher Typ Drohne zum Einsatz kommt, die Hemmschwelle für einen Kampfeinsatz sinkt enorm. Menschliche Opfer im Kampf, vor allem, wenn es eigene gefallene Soldaten sind, werden in der Öffentlichkeit eher wahrgenommen, als wenn ein unbemanntes Waffensystem Menschen tötet, die man als Gegner ansieht oder mit denen man sich nicht identifizieren kann, weil sie nur eine Ziffer bei einem Drohnenangriff sind. Hier hat die Regierung aus der eigenen Bevölkerung kaum Negatives zu erwarten, da solche Einsätze oft allenfalls eine Kurznachricht wert sind. Vielleicht scheut man die politische Verantwortung. Denn wer ist verantwortlich beim Tod von Zivilisten durch eine Drohne? Der, der eine Waffe einsetzt, also der Bediener? Oder der, der die Ursache für eine Fehlfunktion ist, also der Hersteller, der Programmierer?

Andere Nationen stellen sich dieser Verantwortung zum Wohl ihrer Soldaten. Länder wie die USA, England, Frankreich, Italien, Israel und noch andere führende Militärnationen setzen solche ferngesteuerten Systeme ein und trainieren den Umgang mit ihnen. Leider ist dabei ein erschreckender Aspekt zutage getreten: Einer der besten Drohnenpiloten der amerikanischen Streitkräfte ist gerade mal neunzehn Jahre jung und sagt von sich, dass er die Steuerung nur deshalb so gut beherrsche, weil er vorher viele Jahre Computerspiele »gezockt« habe. Kann man einem fast noch Jugendlichen die Verantwortung übergeben, ein so tödliches Waffensystem zu bedienen?

Transportflugzeug *A 400 M*

Der interessierte Leser soll im Weiteren nicht mit technischen Daten gequält werden, die in den meisten Fällen sowieso innerhalb kürzester Zeit vergessen sind. Das größte Transportflugzeug der Bundeswehr aus eigenem Bestand ist zum jetzigen Zeitpunkt die *C 160 Transall*. Es erscheint sinnvoll, dieses Luftfahrzeug langsam auszumustern, da es den Anforderungen der heutigen Einsätze kaum noch gewachsen ist. Deswegen wurde ein neuer Militärtransporter in Auftrag gegeben. Dieser sollte mehr Personal und Material als bisher über weitere Strecken verfrachten, in der Luft betankt werden können und in jeder Region der Welt einsetzbar sein. Aus industriepolitischen Gründen bekam EADS den Auftrag, so ein Flugzeug zu konzipieren. EADS ist Europas größter Luft-, Raumfahrt- und Rüstungskonzern und sollte so eine Aufgabe mit Leichtigkeit erfüllen können. Der Auftrag wurde auch erfüllt, allerdings gibt es da ein Problem: So wie es bestellt wurde, fliegt das Flugzeug nicht.

Hier nur einige Beispiele, warum das so ist. Die Software für die Triebwerke ist dreimal so aufwändig wie die des neuen *Airbus A 380*, und man hat sie aus diesem Grund nicht im Griff. Der *A 400 M* hat nach jetzigem Stand zwölf Tonnen zu viel Gewicht, und die Laderampe ist im Moment noch nicht in der Lage, einen Panzer in das Flugzeug rollen zu lassen (das ist ja für eine Militärmaschine nicht gerade unwichtig). Schon der erste Auslieferungstermin (Beginn 2009) erwies sich als hinfällig. Nach endlosen Prüfungen und Tests ist man zu der Erkenntnis gelangt, dass dieses Flugzeug nicht vor dem Jahr 2014 einsatzbereit sein wird. Zunächst sollten 180 Flugzeuge im Wert von 19,7 Milliarden Euro an sieben Nationen geliefert werden. Die Bundeswehr sollte davon 60 Flugzeuge bekommen (eingeplanter Betrag: 8,3 Milliarden Euro). Nach den endlosen Schwierigkeiten sind die Gesamtkosten für die 180 Flugzeuge auf mittlerweile 27,4 Milliarden Euro gestiegen. Darüber hinaus wurde vertraglich festgesetzt, dass ein Kunde, dessen Wünsche nicht erfüllt werden, den Vertrag mit EADS kündigen kann.

Bisher hat Südafrika davon schon Gebrauch gemacht. Deutschland sieht sich gravierenden Schwierigkeiten gegenüber, da unsere politische Führung die Ankurbelung der eigenen Wirtschaft auch im Zusammenhang mit Rüstungsinvestitionen zur obersten Priorität erhoben hat. Würde Deutschland vom Vertrag zurücktreten, würde man seine eigene Industrie schädigen – EADS wird zur Hälfte von Frankreich und zur anderen Hälfte von der Bundesrepublik betrieben. So hat man sich bei diesem Projekt selbst Fesseln angelegt. Die Verantwortlichen haben aus falscher Rücksichtnahme auf wirtschaftliche Interessen den Auftrag für ein Transportflugzeug, das nicht einsatztauglich ist und in absehbarer Zeit auch nicht sein wird, an diese Firma vergeben. Und nun kommt man nur noch unter hohen Verlusten aus der Vertragsbindung, was natürlich bei EADS mit Genugtuung aufgenommen wird. Ein EADS-Sprecher sagte dazu: »Wir begrüßen, dass die wichtigsten Projekte wie etwa der *A 400 M*, der *Eurofighter* oder der Hubschrauber *NH 90* erhalten bleiben, wenn auch mit reduziertem Umfang.«

Sehr interessant ist auch die Tatsache, dass man von Beginn an eingeplant hatte, den Transport von übergroßer Ladung (Outsized Cargo) in Einsatzgebiete der Bundeswehr in Zukunft nur noch mit Vertragspartnern durchzuführen. Also hatte man etwas bestellt, das die Anforderung zumindest in diesem Bereich eigentlich von vornherein gar nicht abdecken musste, und konnte nun den Lieferumfang problemlos um diesen Punkt reduzieren.

Was würden Sie machen, wenn Sie sich ein Auto bestellt hätten, und Sie bekommen ein schlechteres als bestellt? Es fährt noch nicht einmal, Sie können es erst in zwei Jahren abholen, und man sagt Ihnen, dass es viel teurer wird. Sie würden das machen, was jeder Mensch mit gesundem Menschenverstand tun würde: Sie zerreißen den Vertrag und schauen sich nach etwas Vergleichbarem um, allerdings bei einem anderen Autohändler. Und manchmal gibt es ja dort Fahrzeuge, die sind besser, haben sich bewährt, sind sofort lieferbar und auch noch viel billiger. Als zweite Möglichkeit bliebe Ihnen, falls Sie unbedingt das bestellte Auto haben möchten und sich sagen, ich beiße in den sauren Apfel und warte, bis es endlich geliefert wird: Sie mieten sich für die Übergangsphase etwas Vergleichbares oder sogar Besseres, damit Sie zwischenzeitlich mobil bleiben.

So kommen wir zu einer Ausweichlösung für den *A 400 M*, die andere Nationen der Welt unter vergleichbaren Bedingungen auch schon nutzen: zum strategischen Transporter *C-17 Globemaster III* der Firma McDonnell Douglas, die seit 1997 unter dem Namen Boeing IDS firmiert. Dieses Luftfahrzeug wäre perfekt geeignet, die Wartezeit zu überbrücken, und erfüllt mehr als die Anforderungen, die an den *A 400 M* gestellt werden. Zum einen sind eine interkontinentale Reichweite (einschließlich Luftbetankung), kurze Starts und Landungen auf provisorischen Flugfeldern und das Absetzen von Fracht und Fallschirmtruppen im Flug gegeben. Außerdem besitzt das Flugzeug eine hohe Zuverlässigkeit und ist äußerst wartungsfreundlich. Es wurde 1993 in Dienst gestellt und hat sich weltweit in den verschiedensten Konflikten und unter allen Bedingungen bewährt. Als weiterer positiver Nebeneffekt sei erwähnt, dass der Einzelpreis knapp ein Viertel des *A 400 M* beträgt. Selbst wenn man dieses Luftfahrzeug nicht kaufen will, könnte man es mieten, bis die bestellte Ware geliefert werden kann. Man müsste einzig und allein Besatzungen darauf schulen. Mit einer solchen Zwischenlösung wäre das Transportproblem für die Truppen und für das von ihnen im Einsatz benötigte Ma-

terial ins Einsatzland gelöst. Unglücklicherweise würde aber mit diesem Luftfahrzeug nur das nächste Pleiteprojekt transportiert, der
Mehrzweckhubschrauber *NH 90*
von EADS, der gemäß Forderung folgende Aufgaben erfüllen soll: taktische Transportaufgaben, hubschrauberspezifische Luftoperationen, SAR-Einsätze (Rettungseinsätze), Absetzen von Fallschirmtruppen, Kranken- und Verletztentransporte, U-Boot- und Schiffsbekämpfung und Luftunterstützungsaufgaben.

Nachdem die Bundeswehr einige Prototypen getestet hatte, kam man zu folgendem Schluss: Der *NH 90* fliegt zwar, aber als Militärhubschrauber ist er vollkommen ungeeignet. Hier seine Mängelliste: Weil er eine so geringe Bodenfreiheit hat, können die Soldaten nur ein- und aussteigen, wenn er auf einem befestigten Untergrund ohne Hindernisse, die nicht höher als 16 cm sind, steht. Zusätzlich ist die Heckrampe instabil, die Soldaten können nur ohne Ausrüstung ein- und aussteigen. Der Boden im Innenraum ist so empfindlich, dass bereits schmutzige Kampfstiefel ihn beschädigen. Der Transport von Personal und Lastenpaletten ist auch nicht gleichzeitig möglich. Die Sitze für die Soldaten sind unbequem, unsicher und zu schwach. Ein Soldat mit Ausrüstung, der mehr als 110 kg wiegt, darf gar nicht erst mitfliegen. Dieses Gewicht wird in nahezu jedem Einsatz überschritten. Speziell dann, wenn man die Ausrüstung des fragwürdigen »*Infanteristen der Zukunft (IdZ)*«, über den später noch zu sprechen sein wird, mit in Betracht zieht, die allein schon 23 kg wiegt. Dazu kommt, dass das Gepäck einer Infanteriegruppe (etwa acht Soldaten, die für vierundzwanzig Stunden im Einsatz sind) nur hineinpasst, wenn Gefechtsausrüstung und Gepäckstücke ohne Sicherung auf dem Boden liegen. Hinderlich ist auch die Tatsache, dass die lebensnotwendigen Maschinengewehre für die Bordschützen, *Doorgunner* genannt, aus Platzgründen sehr unzweckmäßig befestigt werden müssen. Das bedeutet, wenn der Hubschrauber in einer Kampfzone landet, muss er unbedingt von anderen Kräften gesichert werden. Und zu guter Letzt gibt es keine geeigneten Gurte zum Verzurren von mitgeführten schweren Waffen, wie zum Beispiel Panzerabwehrraketen, Stinger-Raketen oder Granatmaschinenwaffen. Sollte aber auch noch der Wunsch bestehen, diesen Hubschrauber für spezielle Einsatzverfahren zu nutzen, wie sie beispielsweise beim Kommando Spezialkräfte, Kampfschwimmer der Marine, Boardingteams der Marine oder auch Spezialverbände der Fallschirmjäger gang und gäbe sind, nämlich das Abseilen oder das Absetzen von Fallschirmspringern mit automatischer Auslösung, wird dieser Wunsch nicht erfüllt werden können. Denn für diese Techniken gilt im Zusammenhang mit dem *NH 90* die Bewertung »Grundsätzlich ausgeschlossen«. Wen verwundert es da noch, dass die Experten der Luftlande-Lufttransportschule zu einer sehr trockenen Empfehlung kamen: »Wann immer möglich, sind alternative Luftfahrzeuge zur Verbringung von Infanteriekräften zu nutzen.« Aber die Experten der Industrie, die alle ihre zumindest theoretischen Erfahrungen in Krisen- oder Kriegsgebieten gesammelt haben, waren ja klüger. Unzählige Soldaten wissen aber, was gut ist und was sich bewährt hat. Zumindest in diesem Punkt haben sie den Experten der Industrie vieles voraus, weil ihr Wissen aus eigener Erfahrung in entsprechenden Situationen resultiert.

Der *NH 90* wird irgendwann in die Truppe kommen, mit all seinen Fehlern – leider, wie man aus heutiger Sicht zugeben muss! Es bleibt aber immer noch das Problem, die Zeit bis zu seiner Einführung zu überbrücken. Und eine Ausweichlösung gäbe es tatsächlich: einen vergleichbaren Hubschrauber, der nicht mehr der Jüngste ist, aber nach wie vor weltweit bei vielen unserer Partner im Einsatz. Er hat sich bewährt und kann auch in ungünstigen Klimaregionen wie Afghanistan eingesetzt werden. 1966 wurde er in Dienst gestellt und fliegt bis heute sehr effektiv. Der *Boeing-Vertol CH-47 Chinnok* ist ein mittelschwerer Transporthubschrauber. In zahllosen Übungen und bei einigen Einsätzen haben Bundeswehrsoldaten bereits eigene Erfahrungen mit diesem Hubschrauber machen können. Er erfüllt die Anforderungen nahezu in gleichem Maße wie die, die an den *NH 90* gestellt wurden – in Teilen sogar besser. Er ist sofort verfügbar, man kann ihn mieten, und er würde den Auftrag bewältigen, bis etwas Moderneres angeschafft werden kann. Dieser Hubschrauber verfügt über zwei Hauptrotoren, einer vorne und einer hinten. Aufgrund seines Rotorsystems sind Personen und Material beim Be- und Entladen beziehungsweise beim Ein- und Aussteigen weniger gefährdet. Er kann unter schwierigsten Wetterbedingungen fliegen und auch in schlechtem Gelände landen. So, wie die Einsätze für Spezialkräfte eben beschaffen sind.

Jetzt sind wir in unserem Planspiel schon so weit, dass durch Ersatzlösungen die Möglichkeit besteht – nachdem wir unsere Truppen ins Land gebracht haben –, diese Einheiten auch vor Ort auf kürzere Distanz, aber trotzdem mit schwerem Gepäck und kleineren Fahrzeugen zu transportieren, um einen Auftrag zu erfüllen. Was aber, wenn der Transport allein nicht ausreicht? Wenn plötzlich eine größere Waffe benötigt wird, um einen Angriff der Gegenseite abzuwehren? Dafür haben sich die verschiedensten Armeen der Welt Kampfhubschrauber angeschafft. Auch die Bundeswehr verfügt über einen solchen Kampfhubschrauber, den *BO 105 PAH* (Panzerabwehrhubschrauber). Dieses Modell ist seit Jahrzehnten bei der Bundeswehr im Einsatz und wurde konzipiert, um bei der bis 1989 noch befürchteten großen Panzerschlacht gegen den Warschauer Pakt feindliche Panzer auszuschalten. Da dieser Kampfhubschrauber den Anforderungen der heutigen Kriegführung nicht mehr gerecht wird, hat sich die Bundeswehr dazu entschlossen, einen neuen in Auftrag zu geben. Diese Aufgabe wurde mit dem Projekt **Unterstützungshubschrauber *Tiger*** umzusetzen versucht – und, wie nicht anders zu erwarten, es hat nicht geklappt.

Der *Tiger* ist ein sehr guter Kampfhubschrauber. Er hat nur ein Problem: Er eignet sich nicht für die aktuellen Einsatzgebiete der Bundeswehr, denn mit dem vorhandenen Triebwerk ist er nur für mitteleuropäische Verhältnisse zu gebrauchen. Gespräche mit Offizieren, die mit der Entwicklung einiger Systeme des *Tigers* betraut waren, untermauerten den Grundsatz, dass man ein Projekt nur so gut verkauft, wie man es präsentiert. Die Präsentation des *Tigers* in den Anfangsjahren fand, wie manch andere Vorführungen, in gewisser räumlicher Distanz zu den Beobachtergruppen von Militär und Politik statt. Ein nicht gering einzuschätzender Vorteil: Da man nicht in der Lage war, für bestimmte Präsentationen ein taugliches Luftfahrzeug vorzustellen, brachte man verschiedene Teile außerhalb des Hubschraubers in Form einer Holzattrappe an (zum Beispiel die Bordmaschinenkanone oder das Mastvisier). So konnte die Präsentation stattfinden, ohne dass endgültige Lösungen gefunden waren, und man beruhigte zudem manchen militärisch Verantwortlichen auf der Tribüne durch die Vorführung eines partiellen Holzmodells. Die Soldaten sagten dazu: »Die Augsburger Puppenkiste lässt grüßen.«

Was macht man nun aber, um Soldaten, die in ihrem Auftragsgebiet in Gefechte verwickelt werden, bis zur Fertigstellung des *Tigers* zu helfen? Auch hier gibt es eine Ausweichlösung, mit der bereits viele unserer alliierten Partner arbeiten. Seit 1984, das ist übrigens das Jahr, in dem der erste Prototyp des *Tigers* bei einer Luftfahrtausstellung in Deutschland zu sehen war, ist der amerikanische schwere Kampfhubschrauber *AH-64 Apache* im Einsatz. Hier wird bewusst nur auf die ältere und schwächste Version eingegangen, weil selbst diese stärker und besser ist als der *Tiger*. Die Panzerung des *Apache* ist so ausgelegt, dass sie zusätzlichen Schutz nach unten und hinten bietet. Diese Panzerung gibt ihm die Möglichkeit, auch unter schwerstem Beschuss das Feuer zu erwidern. Nur ein Beispiel von vielen, wie sich der *Apache* bereits bewährt hat. Dazu kommt, dass man bei einer Herstellungszeit von nur drei Monaten schnellstmöglich diesen Hubschrauber erhalten könnte. Die beste Version, die zurzeit auf dem Markt ist, kostet im Einzelpreis 20 Millionen US-Dollar. Das ist im Vergleich zum *Tiger* (etwa 45 Millionen Euro pro Hubschrauber) geradezu günstig. Andere Nationen mieten und kaufen den *Apache* seit Langem, dort hat er schon in unzähligen Situationen das Leben von Soldaten gerettet. Deutsche Soldaten sterben nach wie vor, weil sie eine solche Unterstützung nicht haben.

Das sind drei von weit mehr Beispielen für Projekte, die allein aus dem Grund, die deutsche Industrie mit Aufträgen zu versorgen, bestellt wurden, und nicht etwa, um deutschen Soldaten zu helfen, ihre Aufgaben zu erfüllen. Nun zu einigen Beispielen für Rüstungsgüter, die bereits eingeführt wurden und durch die nachweislich deutsche Soldaten zu Tode kamen, obwohl dieses Material im Vorfeld von den verschiedensten Experten für gut befunden wurden.

Zunächst noch einmal zurück zu unserem Planspiel. Mit Ausweichlösungen wurden Truppen und Material von Deutschland in ein Einsatzland geflogen, sind dort mit einem Transporthubschrauber in das Einsatzgebiet gebracht worden und wurden bei Angriffen von Kampfhubschraubern unterstützt. Während dort gekämpft wurde, haben sich andere Soldaten auf einem Landmarsch (mit Fahrzeugen) zu den Kämpfenden durchgeschlagen, weil sie ihnen zu Hilfe kommen wollen. Bei diesem Transport bekamen sie es mit einem weiteren Beispiel von Fehlplanung zu tun, durch das nachweislich deutsche Soldaten den Tod fanden.

Viele Soldaten haben während ihrer Dienstzeit das **Einsatzfahrzeug spezialisierte Kräfte (ESK)** *Mungo* kennengelernt. Dieses Fahrzeug war angeblich geeignet, eine voll ausgerüstete Infanteriegruppe zu transportieren. Insgesamt sollten zehn Mann darin Platz finden, zwei davon im klimatisierten, gepanzerten Führerhaus. Der *Mungo* war von Anfang an bei der Truppe extrem unbeliebt, da man keinen ausreichenden Platz hatte, deshalb seine Gepäckstücke nur außen befestigen konnte und jeder Mensch, auch ohne darin geschult zu sein, es geschafft hätte, eine Handgranate in den hinteren Bereich zu werfen. Selbst das Verteidigungsministerium musste einräumen, dass der *Mungo* bei schwierigen geografischen Bedingungen ungeeignet ist. Dennoch haben die Entscheidungsträger aus Wirtschaft, Politik und Militär keine Rücksicht darauf genommen; die Verantwortlichen haben den *Mungo* in Afghanistan erprobt und getestet. Also ein Test im Krieg. Die Tatsache, dass die ersten Fahrzeuge, die nach Afghanistan gebracht wurden, schon Probleme hatten, als sie aus den Luftfahrzeugen entladen wurden (einige Räder fielen ab), soll nur erwähnt werden.

Vom *Mungo* gibt es verschiedene Varianten, die kleinste soll vor Infanterieminen, Handgranaten und direktem Feuer aus einem Sturmgewehr, das zum Reservoir der meisten unserer Gegner (die Kalaschnikow) gehört, schützen. Die größte soll vor Artilleriesplittern, größeren Kalibern und größeren Minenexplosionen sowie Straßenbomben bis 100 kg aus fünf Metern Entfernung Sicherheit bieten. Gerade die Fahrerkabine sollte diesen Bedrohungen in besonderer Weise standhalten können. Der *Mungo* wurde nach Afghanistan geschafft, weil ein »einsatzbedingter Sofortbedarf« vorhanden war. (Das heißt so viel wie: man hat keine Fahrzeuge für seine Truppen.) 2008 kam es zu einem Zwischenfall, bei dem zwei deutsche Soldaten getötet wurden. Sie waren mit einem *Mungo* in ein Dorf gefahren, wo sich ein Fahrradfahrer mit einem Rucksack direkt neben dem Fahrzeug in die Luft sprengte. Der Sprengsatz war weit weniger als 100 kg schwer, und genau die beiden Soldaten, die sich im Führerhaus befanden, kamen zu Tode.

Warum wurden solche Fahrzeuge überhaupt beschafft? Warum waren diese Fahrzeuge in Afghanistan, wenn selbst das Verteidigungsministerium schon vorher zugab, dass sie dafür ungeeignet sind? Warum hat diese Version des *Mungo* der Bombe nicht standgehalten? Warum hat man nicht auf die Truppe gehört, die diese Fahrzeuge insgesamt als vollkommen unsicher beurteilt? Alles Fragen, die sich die Hinterbliebenen nach dem Vorfall täglich stellten; bis sie schließlich darum baten, diese irgendwann zu veröffentlichen. Nun hat sich die Bundeswehr endlich ein neues Fahrzeug ausgesucht, das den Schutz bieten soll, für den der *Mungo* bei Kosten von 66 Millionen Euro eingeführt wurde.

Um unser Planspiel fortzusetzen: Im Moment ist auf dem Landweg nicht wirklich mit Unterstützung zu rechnen, da die eine Hälfte unserer Unterstützungskräfte mit dem *Mungo* unterwegs war. Doch die andere Hälfte lässt hoffen, denn sie ist mit dem

***Mowag Eagle IV* Geländefahrzeug**

auf dem Weg zu uns. Aber auch dieses Fahrzeug, das in der Truppe als »Schweizer Keksdose« betitelt wird, bietet nicht wirklich den Schutz, den es bieten sollte. Die 60 Fahrzeuge, die geordert wurden, kosten zwar »nur« 61,5 Millionen Euro, aber sie schützen auch lediglich vor Handwaffen, Granatsplittern und bestimmten Minen. Hätte man das Geld in die Weiterentwicklung des in Teilen bewährten *Dingo* gesteckt, wären die Chancen zu überleben für vier Soldaten wesentlich größer gewesen, die 2010 durch eine altertümliche, unpräzise Panzerabwehrwaffe der Taliban in Afghanistan gestorben sind. Eigentlich hätte der *Eagle* diesem Geschoss standhalten müssen, aber die Realität passte wieder nicht so recht zu den Angaben aus Politik und Rüstungsindustrie.

Vergleichbare und bessere Fahrzeuge gibt es weltweit. Eine ganze Liste von ihnen zu erstellen, wäre einfach, hier soll ein Beispiel genügen, bevor wir unser Planspiel fortführen. Die US-Streitkräfte haben das *MRAP-Vehicle* (Mine Resistant Ambush Protected Vehicle, auf Deutsch: Minen- und Hinterhaltgeschütztes Fahrzeug). Alle *MRAP*-Fahrzeuge bieten Schutz vor Handfeuerwaffen und Artilleriesplittern sowie Minenexplosionen mit bis zu 15 kg eingesetztem Sprengstoff.

Zurück zu unserer Geschichte. Die Soldaten, die sich noch immer im Gefecht befinden, haben jetzt auch die Hoffnung aufgegeben, dass der zweite Teil der Unterstützungskräfte auf dem *Eagle* zum Ort des Geschehens vordringen kann. Die Kampfhubschrauber, die zur Unterstützung da sind, müssen wegen Spritmangel zurück, die Transporthubschrauber haben dadurch nicht mehr genügend Schutz, und unsere Soldaten bleiben alleine und mit ungewissem Ausgang für Leib und Leben vor Ort. Da keimt ein neuer Hoffnungsschimmer auf, denn sie sind mit dem System

Infanterist der Zukunft (IdZ)

ausgestattet. Dieses System hat die Bundeswehr angeschafft und in Teilen bereits eingeführt, um den einfachen Soldaten das Leben zu erleichtern. Das System kostet für zunächst 150 Soldaten 10 Millionen Euro. Je zehn Soldaten werden mit diesem System ausgerüstet. Im Wesentlichen geht es darum, dass der Soldat elektronisch mit seinen Kameraden und auch mit der Operationszentrale vernetzt wird, außerdem die Möglichkeit hat, Unterstützung von See, zu Lande oder aus der Luft anzufordern. Man muss sich das so vorstellen, dass der Soldat eine Weste trägt, die rundherum voller Elektronik, wiederaufladbarer Batterien und neuartiger Waffentechnik steckt.

Einige Soldaten hatten schon das Vergnügen, *IdZ* während

ihrer aktiven Zeit kennenzulernen. Abgesehen davon, dass es sehr schwer ist (23 kg) und man ständig in der Nähe eines Fahrzeuges sein muss, das die Batterien auflädt, ist es so wenig ausgereift, dass man schon jetzt seine Weiterentwicklung plant, obwohl das erste System noch nicht einmal zur Gänze eingeführt wurde. Das *IdZ* gibt den Soldaten die Möglichkeit, untereinander besser zu kommunizieren, sich anhand eines Minicomputers mit Navi-Funktionen zu informieren, wo sie sich gerade befinden, und durch modernste Kommunikation sogar Luftschläge anzufordern.

Die integrierten Waffen sind mit modernen Lasern ausgerüstet. In Zukunft soll es möglich sein, einen codierten Laserstrahl auszusenden, der über Funk Nachricht übermittelt, ob der Gegenüber Freund oder Feind ist. Das Ergebnis wird dem Soldaten in sein Helmdisplay übertragen. Wie gesagt, dieses System ist immer für zehn Soldaten gedacht, also für eine sogenannte Infanteriegruppe. Die einzelnen technischen Komponenten sind in Teilen sehr gut. Nur das Gesamtsystem zeigt doch einige seltsame Mängel.

Man kann jetzt schon erkennen, dass dieses System nur funktioniert, wenn sich ein Fahrzeug in der Nähe befindet, das aufgrund seiner speziellen Ausrüstung als Akkuladestation genutzt werden kann und das die Möglichkeit bietet, das Gepäck von zehn Soldaten zu verstauen. Denn sie müssen es im abgesessenen Kampf zurücklassen, sonst würden sie unter dem Gewicht des Systems und des Gepäcks zusammenbrechen. Für den vergesslichen Leser sollte hier noch einmal kurz in Erinnerung gerufen werden, dass ein Soldat, der samt Gepäck mehr als 110 kg wiegt, nicht in einen *NH 90* einsteigen darf. Zum Zweiten sind bei internationalen Einsätzen immer Koalitionspartner an unserer Seite, und das System soll ja dazu da sein, dass Freund von Feind unterschieden werden kann. Was ist aber mit den Soldaten anderer Nationen, die dieses System nicht haben? Und wenn dann das System einem sagt, der Gegenüber sei kein Freund? Oder was ist mit den Soldaten der Bundeswehr, die im Verbund mit dem *Infanteristen der Zukunft* eingesetzt werden, aber dieses System nicht haben? Von den Zivilisten ganz zu schweigen! Jeder mit ein wenig Sachverstand kann hier schon erkennen, dass mit diesem System eher dazu beigetragen wird, ein freundlich gesonnenes Gegenüber zu erschießen. Aber auch der eingebaute Minicomputer, der ein hohes Maß an Kommunikation ermöglichen soll, hat ein kleines, jedoch gravierendes Problem. Verwenden kann man ihn nämlich nur mit einem Stift, mit dem die Bedieneroberfläche des Displays gedrückt wird. Das Erste, was im Gefecht garantiert verloren geht, wird dieser Stift sein, außerdem ist es nahezu unmöglich, mit dicken Handschuhen, zum Beispiel wegen großer Kälte, im Gefecht die Ruhe zu bewahren und diesen Stift zielgenau einzusetzen. Man müsste sich erst die Handschuhe ausziehen, die Waffe weglegen, den Gefechtsgegner kurz um etwas Geduld bitten, dann mit dem Stift arbeiten, die Handschuhe wieder anziehen und nun dem Gegenüber sagen, dass jetzt das Gefecht fortgesetzt werden kann.

Interessant auch die Aussage der Hersteller, dass die Laser auf den Waffen das Schießen aus der Hüfte ermöglichen, indem man einfach den Laserpunkt auf den Gegner richtet. Erfahrene Soldaten haben sehr viel mit solchen Lasern gearbeitet. Ihre Erkenntnisse sind eindeutig: Ohne ausgiebiges Schießtraining ist es nahezu unmöglich, den Laser schnell ins Ziel zu bringen. Zudem ist es noch nicht einmal von Vorteil, da dieser Laser oftmals die eigene Position verrät und man so selbst leicht zum Ziel wird.

Und nun noch kurz die letzte Steigerung dieses ganzen Irrsinns, der durch den *IdZ* erst erzeugt wird. Wie schon erwähnt, wird dem einzelnen Soldaten oder zumindest dem Gruppenführer, also einem etwa zwanzig- bis dreiundzwanzigjährigen Feldwebel, die Möglichkeit gegeben, ohne größere Rücksprachen einen Luftschlag anzufordern. Da sind jetzt also zehn Mann irgendwo auf der Welt, relativ ungenügend ausgebildet, mit einer Ausrüstung, die man nur beherrschen kann, wenn sehr lange damit trainiert wurde, ohne Fahrzeug und die Batterien schon lange nicht mehr im grünen Bereich, die in einer solchen Situation befähigt und befugt sind, einen Luftschlag anzufordern ... Sollte sich nicht schnellstens ein absolut fähiger Staatsanwalt eine ständige Unterkunft in jedem deutschen Feldlager suchen? Denn der Vorfall in Kundus wird dann mit Sicherheit kein Einzelfall bleiben.

Ein anschauliches Beispiel für die Misere: zehn Soldaten im Winter in Afghanistan bei Schnee und minus zehn Grad. Plötzlich werden sie beschossen. Als Soldat sucht man sofort Deckung. Im ersten Augenblick weiß keiner, was da genau passiert ist, man schaut nach links, man schaut nach rechts, nach vorne und nach hinten; aber zum Glück gibt es ja das Computerdisplay, auf dem jeder einzelne Soldat zu erkennen ist, der das System trägt. Der Gruppenführer sieht, dass sich außer ihm selbst noch sieben andere Soldaten bewegen, nur zwei Punkte verharren reglos auf dem Display und reagieren auch nicht auf Nachfragen per Funk. Jetzt nimmt er mit seinen dicken Winterhandschuhen den Stift, der ihm daraufhin sofort in den Schnee fällt. Er zieht sich die Handschuhe aus, sucht den Stift und findet ihn auch irgendwann mit völlig unterkühlten Fingern im Schnee. Ganz gefesselt von den Anzeigen auf dem Display, sieht er plötzlich rechts von sich zwei Kameraden, die angeschossen wurden. Er kriecht hin und versucht, sie medizinisch zu versorgen. Da fällt ihm auf, dass er das gar nicht kann, denn die medizinische Ausrüstung für die Zehn-Mann-Gruppe, die er im Notfall benutzen würde, hat er weit hinten auf dem Fahrzeug gelassen – sonst würde ihr Gewicht zusätzlich zu seinem System ein Vorankommen bei diesen Witterungsbedingungen unmöglich machen. Er kniet neben den beiden Kameraden nieder und versucht, mit dem Display seine Koordinaten festzustellen, um über Funk Unterstützung anzufordern. Dazu braucht er den Stift, der ihm erneut aus der Hand gleitet, da es ihm wichtiger war, seine dicken Handschuhe wieder anzuziehen. Während er so mit sich und seiner Ausrüstung kämpft, befinden sich seine Soldaten im Gefecht. Irgendwann schafft er es, während seine beiden Kameraden neben ihm ohne medizinische Versorgung um ihr Leben kämpfen, mit dem wiedergefundenen Stift das Display so zu bedienen, dass er weiß, wo er sich genau befindet. Und er nimmt endlich Funkverbindung auf zu seinem Fahrzeug, das als Relaisstation zur Verfügung steht. Da hört er über Funk nur, dass die Verbindung schlecht sei und das wohl an den schwachen Batterien liegen müsse, die der Witterung wegen nicht gerade gut arbeiten. Es bleibt ihm nur die Möglichkeit, mit all seinen Soldaten schnellstmöglich von dort zu verschwinden. Da das Gewicht des Systems den Abtransport der beiden Verwundeten extrem verzögert, entschließt er sich, große Teile ihrer fragwürdigen Ausrüstung einfach wegzuwerfen. Das Problem ist nur: Er kann das nicht. Würde er das tun, müsste die Munition und alles Weitere, was für den Kampf benötigt wird, auch zurückgelassen werden, weil der Inhalt der Taschen mit dem System in der neuen Weste in Verbindung steht. Also müssen er und seine Soldaten die verwundeten Kameraden von dort wegschaffen, so wie sie sind. Das heißt, jeweils vier Kameraden tragen einen Verwundeten; es gibt aber zwei Verwundete, und so wird der Abtransport ziemlich schwierig, da ja während des Transports auch noch gekämpft werden muss. Wie diese Situation ausgeht, ist ziemlich absehbar – keiner möchte wohl in der Haut eines dieser Infanteristen der Zukunft stecken! Bei Tests mit diesem System erfanden die Soldaten schnell eine eigene Auflösung für das Kürzel *IdZ*: **I**nkompetenz **d**enkt **z**u viel!

Unterm Strich ist anzunehmen, dass wohl einige Herren in der Führungsebene von Politik, Militär, aber auch Industrie zu viele Zukunftsfilme gesehen haben. Was deutsche Truppen bis in jüngster Zeit ausgezeichnet hat, war auch ohne großartige Computerspiele möglich. Das heißt nicht, dass man sich der Zukunft verschließen sollte; aber ein System wie *IdZ* birgt mehr Gefahren für den Soldaten selbst sowie für die mit ihm verbündeten Einsatzkräfte, als es nützt.

Die Rechnung über solch nachweislich verschwendetes Geld aber zahlen wir alle, die Steuerzahler mit mühsam verdientem Geld, die Soldaten nicht selten mit dem Leben. Denn solange die Politik Gelder, die für unsere Soldaten benötigt werden, durch Fehlplanungen oder in Altverträgen weiter unnütz ausgibt, fördert sie unterschwellig die Tatsache, dass sich Soldaten mit ungenügender Ausrüstung schlecht geschützt Gefahren aussetzen müssen, die auch ihren Tod bedeuten können.

Beim Thema Schutz darf ein Waffensystem nicht unerwähnt bleiben, das unsere Koalitionspartner in Afghanistan täglich einsetzen und das aus deutscher Waffenschmiede stammt. Die Bundeswehr hat es in ausreichender Anzahl in deutschen Kasernen stehen und auch der neue Wehrbeauftragte Hellmut Königshaus hat es für unsere Soldaten, die im Einsatz sind, gefordert. Die Rede ist vom

Kampfpanzer *Leopard 2*.

Diese Forderung wurde abgelehnt, da angeblich die Brücken in der Region Kundus unter dem Gewicht des Fahrzeuges einbrechen würden. Ein fadenscheiniges Argument.

Denn erstens: Andere Nationen fahren in dieser Region mit genau diesem Panzer tagtäglich über dortige Brücken.

Und zweitens: Der Verteidigungsminister hat Brückenlegepanzer in die Gegend beordert, also müsste das Problem *aller* Brücken eigentlich gelöst sein.

Die Beurteilung des Ex-Verteidigungsministers Karl-Theodor zu Guttenberg, dass eine bessere Ausrüstung den Tod so manches Soldaten nicht verhindert hätte, ist nur eine wohlfeile Halbwahrheit – *einige* Soldaten hätten jedenfalls mit Sicherheit im *Leopard 2* Kampfpanzer überlebt. Das ist die andere Hälfte der Halbwahrheit!

Der neue Wehrbeauftragte erntete für seine Forderung nach *Leopard 2* Kampfpanzern für Kundus massive Kritik bis hin zum Spott, und sogar die sonst nicht immer besonders eindeutige Bundeskanzlerin Angela Merkel äußerte sich zu diesem Thema ganz eindeutig: »Dass von vielen Seiten viel Inkompetentes über den Afghanistaneinsatz der Bundeswehr gesagt« werde.

Und was sagen unsere NATO-Partner dazu, die diesen Panzer täglich einsetzen? Zumindest möchten sie keinen Moment mehr auf ihn verzichten. Die Militärführung und die Soldaten loben den Kampfpanzer *Leopard 2* in höchsten Tönen. Vielleicht könnte es daran liegen, dass das neueste Modell aus Deutschland über eine verbesserte Panzerung verfügt, Störsender an Bord hat, um Sprengfallen mit Fernzündern außer Kraft zu setzen, außerdem eine hitzeabweisende Oberfläche und noch einige andere interessante Komponenten, die gegen die Panzerfäuste der Taliban schützen. Kanada fand 2007 den Panzer so gut, dass zwanzig Exemplare von Deutschland geleast wurden. Diese Leasingverträge sollten eigentlich 2009 auslaufen, wurden aber bis Herbst 2010 verlängert. Parallel dazu hat Kanada auch Altbestände aufgekauft und setzt diese jetzt in Afghanistan ein. So schlecht kann er also nicht sein, der *Leopard 2*! Am 2. November 2007 fuhr ein solcher kanadischer *Leopard 2* auf eine ferngezündete Bombe, die mit 15 kg Gewicht ungewöhnlich groß war. Die Besatzung des kanadischen *Leopard 2* kam mit leichten Blessuren davon. Sofort danach schickte der Kommandant des getroffenen *Leopard* eine Danksagung per Mail an das deutsche Verteidigungsministerium: »Ich möchte Ihnen meinen Dank und den Dank meiner Besatzung aussprechen ... und Sie wissen lassen, dass dieser Panzer uns vor Kurzem das Leben gerettet hat.«

Ausdrücklich lobte er das neuartige Minenschutzsystem: »Es

funktioniert, wie es funktionieren soll. In einem anderen Fahrzeug hätte es wohl keine Überlebenden gegeben.« Hier spricht ein Soldat einer anderen Armee, der mit längst vorhandener Ausrüstung der Deutschen Bundeswehr überlebt hat. Er machte als kompetenter Fachmann die alles entscheidende Aussage, dass er in anderen Fahrzeugen *nicht* überlebt hätte.

Und nun sei an die Aussage unserer Politiker erinnert, dass die Forderung nach diesen Fahrzeugen Unsinn wäre, selbst die Kanzlerin bezeichnete den Vorschlag ja als »inkompetent«.

Damit fällt sie über einen Soldaten, der sich täglich im Gefecht befindet, ebenfalls das Urteil: »inkompetent«. Vielleicht war dieser Soldat auch bloß aus ihrer Sicht von zu niedriger Rangordnung, aber dann könnte man hohe Militärs zitieren, die die gleiche Meinung vertreten wie der kanadische Soldat, zum Beispiel General Richard J. Hillier, Chef des kanadischen Generalstabs: In Gefechten hätten die afghanischen Taliban-Kämpfer durch den *Leopard* einige »sehr harte Lektionen gelernt«, und dann berichtete er von dem Kommandanten des Kampfpanzers, der auf die Mine gefahren war: »Dieser Junge hat seine Mutter angerufen und gesagt: ›Mom, ich wäre nicht mehr am Leben, wäre ich in einem anderen Fahrzeug gewesen als im *Leopard 2*‹.«

Wäre es nicht hervorragend, ein deutscher Soldat könnte diese Worte zu seiner Mutter am Telefon sagen, nachdem er einen Anschlag überlebt hat?

Die gleichen positiven Erfahrungen mit dem *Leopard 2*-Panzer machte auch das dänische Militär: Das afghanische Gelände meistere der *Leopard* problemlos, schon die bloße Präsenz des Kampfpanzers habe die Sicherheit der Soldaten verbessert.

Man könnte noch unzählige weitere Beispiele und Aussagen von Soldaten im Einsatz anführen, wie sich dieser Panzer in Afghanistan bewährt hat. Er ist so präzise beim Schießen, dass es nur ein ganz geringes Risiko für Opfer bei der Zivilbevölkerung gibt. Ein weiterer, ganz hoch anzusiedelnder Vorzug dieses Waffensystems! Aber die Bundesregierung meint, dass sein Einsatz keinen Sinn mache, da sei ja immer noch das Problem mit den Brücken. Dieses Problem kann schnellstens gelöst werden: Der *Leopard 2* könnte im Notfall nicht nur diese Brücken umfahren und einfach durch den Fluss schwimmen – er könnte sogar kurzfristig Tauchfahrten absolvieren!

Die neueste Version ist darüber hinaus speziell für einen Einsatz wie den in Afghanistan konzipiert. Kanadische Soldaten betonen: »Der Einsatz des *Leopard* hat nicht nur Auswirkungen auf den Feind, sondern auch auf die Moral der eigenen Truppe«, und die Schutzpanzerung dieses Fahrzeuges sei »zweifellos die beste in der Welt«.

Da hätten die Deutschen einmal Material zur Verfügung, das sich bewährt hat und so funktioniert, wie es funktionieren soll, doch die Politik behauptet das Gegenteil … Reichlich merkwürdig!

Pleiten, Pech und Pannen, wo der Blick hinfällt – und es wurden nur einige Beispiele angeführt. Was allerdings unentschuldbar ist, bleibt der Umstand, dass die Soldaten wegen solcher Fehlplanungen und Pleiteprojekte ihren Einsatz unter bedeutend größerer Lebensgefahr durchzuführen gezwungen sind. Und all das nur, weil planerische Inkompetenz genau jenes Geld verschwendet, das man für eine funktionierende Absicherung unserer Soldaten hätte einsetzen können.

3.2 Fehlplanung, Verschwendung, Mängelverwaltung

Im Krieg führt der Bundeskanzler oder die Bundeskanzlerin das Militär. Beraten lässt sie sich von ihrem Verteidigungsminister, der sich wiederum von seinem Generalinspekteur und seinen Staatssekretären beraten lässt. Welch mächtige Rolle der Generalinspekteur seit einigen Jahren spielt, wird in Kapitel

4 beschrieben: Er managt den Kriegseinsatz und die gesamte Bundeswehr. Zu diesem Zweck stellt er Jahr für Jahr einen sogenannten Bundeswehrplan zusammen, der eigentlich immer den Stempel »VS-NFD« trägt, also eine geheime »Verschlusssache – Nur für den Dienstgebrauch«. Der Bericht wird der Bundesregierung vorgelegt. Darin wird aufgelistet, was in den Jahren davor geplant wurde und was in den kommenden Jahren geplant ist. Dieser Plan für das Jahr 2009, im erweiterten Sinne bis 2014, soll im Folgenden in Auszügen präsentiert werden.

Es geht daraus zwar nicht hervor, wer den *Bundeswehrplan 2009* verfasst hat, aber zumindest ist eindeutig, wer für ihn verantwortlich zeichnete: der durch den damaligen Verteidigungsminister im Herbst 2010 entlassene Generalinspekteur Wolfgang Schneiderhan. Die Sprache dieses Plans ist Amtsdeutsch, eine trocken bürokratische Tonlage durchzieht ihn; aber für den Leser dieses Buches soll versucht werden, eine möglichst informative *und* »verdauliche« Kost daraus zu machen.

Zunächst wird der Zweck des *Bundeswehrplanes 2009* definiert. Er ist die »ressortinterne Grundlage für die weiteren Schritte der Haushaltsaufstellungen«, er ist das Instrument, mit dem der Generalinspekteur seine »gesamtplanerische Verantwortung einschließlich Periodisierung von Bedarfsanforderungen zur Auftragserfüllung« wahrnimmt. Das Datenwerk des vorliegenden Plans umfasst eine »detaillierte Darstellung der finanzpolitischen Ansätze für den Planungszeitraum 2009 bis 2014«.

Übersetzt: Was wird in der Bundeswehr benötigt, wo ist der Bedarf am größten? Doch schon der darauf folgende Satz wird zumindest jeden Soldaten nachdenklich stimmen: »Unverändertes Ziel ist die Begrenzung der Betriebsausgaben.« In der Einleitung wird noch davon gesprochen, dass man trotz begrenzter Ressourcen darauf hinarbeiten will, die weltweiten militärischen Einsätze zu »gewährleisten«, ja noch zu »verbessern«; doch sogleich folgt ein in seiner Konsequenz elementarer Satz: »Die finanzielle Ausstattung der Bundeswehr reicht absehbar dafür nicht aus.«

Im Speziellen müsse dafür Sorge getragen werden, dass »Maßnahmen zur Abwendung von Gefahr für Leben und Gesundheit aller Angehörigen der Bundeswehr einschließlich des Schutzes von Personal im Einsatz Vorrang haben. In den laufenden Einsätzen benötigte Fähigkeiten hinsichtlich Ausrüstung, Personal und Ausbildung sind in diesem Sinne bereitzustellen«. Als besonders dringende Aufgabe gilt: »Fähigkeitslücken bei strategischer Verlegefähigkeit, weltweiter Aufklärung, leistungsfähigen und interoperablen Führungssystemen und -mitteln und Grundbefähigung zur Flugkörperabwehr sind mit Priorität zu schließen.« Und wiederum folgt einer jener verräterischen Sätze; denn das alles soll nur geschehen, wenn es »wirtschaftlich sinnvoll ist«!

Selbst in diesem Bericht wurde einer Gruppe allerdings ein Sonderstatus zugebilligt: »Die Modernisierung der Flugbereitschaft wird außerhalb dieses Einzelplans finanziert.« Gemeint ist: Für Flugzeuge, die vorwiegend von der Politik genutzt werden, sind sehr wohl Gelder vorhanden. Privilegiensicherung, die auch in anderen Bereichen Praxis ist – und trotzdem ein Skandal erster Güte bleibt.

Neben dieser kleinen Ausnahme analysiert der Bundeswehrplan 2009 den Ist- und Soll-Zustand der Truppe konsequent in eine Richtung: Sparpotenziale. Zunächst zum
Sparpotenzial Material und Ausrüstung.
Kein Geld ist vorhanden für eine bessere Ausrüstung der Truppen im Einsatz. Beispiele dringend benötigter Rüstungsgüter: geschützte Fahrzeuge, Störsender gegen IEDs (Improvised Explosive Devices, also unkonventionelle Spreng- und Brandvorrichtungen), Waffenstationen für die geschützten Fahrzeuge – und vieles mehr. Die wenigen Investitionen, die in

diesem Bereich fortgeschrieben werden, müssen gegenfinanziert werden durch den Abbau von Truppenstandorten zu Hause in Deutschland.

Seit Beginn 2008 ist geplant, 56 Standorte zu schließen. Die Tatsache, dass die Wehrpflicht ausgesetzt wird, führt wahrscheinlich zu einer Steigerung der Zahl von Standorten, die geschlossen werden. Es bleibt abzuwarten, in welcher Größenordnung. Eine Sparmaßnahme mit gewisser Berechtigung, fallen dann doch auch die Betriebskosten für diese Liegenschaften weg – sie wäre allerdings nicht zwingend notwendig geworden, würden an anderer Stelle durch Fehlplanungen und Pleiteprojekte die Ressourcen der Bundeswehr nicht bereits in Milliardenhöhe aufgebraucht!

Doch auch den verbleibenden Standorten fehlt das Geld für »eine adäquate Ausplanung des Bedarfs für Infrastruktur, für die Sanierung von Kasernen«. Wer den aktuellen Zustand mancher Bundeswehrliegenschaft kennt, wird noch nicht einmal die Beschreibung baufällig als zutreffend gelten lassen.

Ebenfalls wegen der durch Inkompetenz und Rücksichtnahme auf Industrie-Interessen entstandenen Finanzlücken muss zusätzlich »altes Gerät aufgrund teilweise verzögerter Zuläufe und gestreckter Zukunftsplanungen länger als geplant in Nutzung« gehalten werden. Denn eine »dauerhafte Begrenzung des Bedarfs unterhalb eines Mindestniveaus bedeutet für im Einsatz stehende Streitkräfte eine starke Einschränkung ihrer Einsatzbereitschaft und Durchhaltefähigkeit, da notwendige Substanz verloren geht und die Anzahl möglicher Handlungsoptionen dadurch reduziert wird«. Im Klartext: Man gesteht offen ein, dass jahrelang falsch gewirtschaftet und das falsche Material gekauft wurde. Denn nur weil untaugliches Gerät bestellt wurde, dessen Bau und Auslieferung den Zeitplan weit überschreitet, muss vorhandene, aber mit Mängeln behaftete alte Substanz länger genutzt werden.

Dazu passt nahtlos folgendes, aus einer langen Liste ausgewähltes Beispiel. Es zeigt die Planlosigkeit gerade im Bereich der Materialerhaltung mittlerweile untauglichen Geräts: »Aufgrund des verzögerten Zulaufes des *NH 90* (Mittlerer Transporthubschrauber), des *A 400 M* (Transportflugzeug), des *Eurofighter* (Kampfflugzeug) und des *Tiger* (Kampfhubschrauber) kommt es zu einer Ausgabenerhöhung in der Materialerhaltung. Gerade für die veralteten Luftfahrzeuge *LTH UH-1D* (Transporthubschrauber) sowie *Transall* (Transportflugzeug), *Tornado* (Kampfflugzeug) und *F4-F Phantom* (Kampfflugzeug) und eine erhebliche Kostensteigerung des *MTH CH-53* (mittlerer Transporthubschrauber).« Wieder in Klartext übersetzt: Die neuen Luftfahrzeuge kommen erst in Jahren, also müssen die alten, die nachweislich für bestimmte Einsätze nicht geeignet sind, mit horrenden Geldbeträgen einsatztauglich erhalten werden.

Ist es bei all diesen eingestandenermaßen katastrophalen Zuständen nicht äußerst merkwürdig, wenn noch immer Verantwortliche in den Medien von einer »zeitgemäßen Ausrüstung« der Bundeswehr sprechen?

Von den Sparpotenzialen bei Material und Ausrüstung nun zum

Sparpotenzial Ausbildung.

Augenfälligster Punkt ist eine weitere Reduzierung der vorgeschriebenen Flugstundenzahl für Piloten, was mit ansteigenden Energiepreisen begründet wird. Es ist schon erschreckend. Im Unterschied zu anderen Ausrüstungsbereichen gibt es ausreichend Flugzeuge, aber die müssen eben auch geflogen werden – und vor allem muss auf ihnen ausgebildet werden! Aus Geldmangel agiert die Bundeswehr nach dem Motto: Der Sprit ist zu teuer, bleiben wir lieber am Boden. Und trotzdem wird weiterhin von einer hervorragenden Ausbildung unserer Truppe gesprochen.

Sparpotenzial Wehrpflicht
Genau hier gibt es endlich die dringend benötigte Sparchance mit einem auch substanziellen Sparvolumen: Unterkunft, Verpflegung, Ausrüstung, Ausbilder (die dann woanders eingesetzt werden könnten), Infrastruktur (die für die verbleibende Armee besser genutzt werden könnte), Übungsplatzentlastung (die Plätze stünden nun einfacher und häufiger für andere Truppen zur Verfügung) – und als weitaus umfangreichster Posten der Wehrsold, der Jahr für Jahr unglaubliche Beträge verschlingt.

Häufig war in der Diskussion um die Wehrpflicht das – reichlich fadenscheinige – Argument zu hören, die Bundeswehr rekrutiere doch ihren Nachwuchs aus dem Kontingent der Wehrpflichtigen, und das würde dann künftig nicht mehr funktionieren. Erstens ist die Übernahme eines Wehrpflichtigen in den Stand eines Zeitsoldaten eher selten. Zweitens kann man bei einer Wehrpflichtzeit von gerade mal sechs oder inzwischen sogar nur drei Monaten sowieso niemandem viel beibringen, sondern bindet nur Material, Kapital und Personal, ohne befriedigende Ergebnisse zu erzielen. Drittens – aus der Sicht vieler am wichtigsten – hat die Wehrpflicht vielleicht vor dreißig Jahren noch einen Sinn ergeben, als es darum ging, möglichst vielen jungen Staatsbürgern die Grundkenntnisse eines Soldaten für den Fall beizubringen, dass er sein Land verteidigen muss. Glücklicherweise sind diese Zeiten spätestens seit dem Mauerfall 1989 vorbei, und die Wehrpflicht kann ohne Probleme ausgesetzt werden.

Wer die Nachwuchsgewinnung der Bundeswehr wirklich fördern will, muss in das Gesamtpaket investieren, um so die Attraktivität zu erhöhen. Vor allem muss man aber die Bundeswehr und ihre Militäreinsätze in der Öffentlichkeit realistisch darstellen und nicht mit falschen Fakten und dauernden Beschönigungen die tatsächliche Lage verschweigen. Aber leider ist momentan genau das die Regel: Vertuschen, was das Zeug hält; und wird man dabei ertappt, noch ein weiteres und genauso falsches Statement, bis es gar nicht mehr geht. Dann folgt das zerknirschte Geständnis, die politische (ist wohl etwas anderes als die normale) Verantwortungsübernahme, der Rückzug und Rücktritt – und, manchmal mit, manchmal ohne Schamfrist, der Wechsel auf einen blendend dotierten Posten in der Wirtschaft oder zur Europäischen Union. Das mag für einige populistisch klingen, doch Beispiele, dass es genau so läuft, kann wohl jeder beibringen, denn sie sind inzwischen Legion.

Sparpotenzial Versorgung

»Bereitstellungszeiten bei Versorgungsgütern müssen drastisch verkürzt werden, um den notwendigen Bedarf weltweit zu decken, durchhaltefähig und reaktionsschnell zu sein.«

»Zusatzausstattung von bis zu 15 000 Soldaten mit Einsatzbekleidung für die unterschiedlichen Klimabereiche muss bis 2010 berücksichtigt werden.«

Auch in diesem Punkt bleibt nur die Frage, warum von Verantwortlichen immer wieder in der Öffentlichkeit behauptet wird, die Soldaten hätten alles, was sie brauchen, wenn in einem von der Bundeswehr selbst erstellten Plan zugegeben werden muss, dass nicht nur viele Bedürfnisse offen bleiben, sondern auf lange Sicht auch nicht befriedigt werden können. Muss da nicht von einer bewussten Täuschung der Öffentlichkeit gesprochen werden? Zugegeben, eine Unterstellung, doch bei folgenden Sätzen aus dem *Bundeswehrplan 2009* keine unbegründete. »Das verfügbare Planungsvolumen für Rüstungsinvestitionen reicht insgesamt nicht aus, um kurz- und mittelfristig den Ausrüstungsbedarf für die gesamte Bundeswehr zu decken.« In Verbindung mit: »Um möglichst viele Projekte im Haushaltsvollzug realisieren zu können, ist eine angemessene Überplanung in den ersten drei Planjahren erforderlich.« Das legt den Verdacht einer Täuschung nicht nur der Öffentlichkeit sondern auch des Parlaments sehr nahe, bedeutet es doch letztendlich, erst einmal wesentlich mehr Geld anzufordern, da unbekannt ist, wie viel wirklich benötigt wird, um bei einer absehbar geringeren Zuteilung als die ursprünglich geforderte Summe auch mit diesem neuen Etat zurechtzukommen.

Sparpotenzial Planung
»Aufgrund der engen finanziellen Rahmenbedingung ist eine strukturelle Vollausstattung der Streitkräfte mit modernem Gerät kurz- und mittelfristig nicht zu leisten. Dies lässt im Planungszeitraum weitgehend nur die Einplanung von Anfangsausstattungen zu. In Einzelfällen können auch diese nicht vollständig erreicht werden.«

Man erkennt die Absicht, die aus solchen Sätzen im *Bundeswehrplan 2009* spricht – und ist verstimmt. Da wird, durchaus mit einer gewissen Redlichkeit, zunächst zugegeben, wie es in der Realität aussieht, und dass es auch im Planungszeitraum nicht besser wird. Doch eine Planung ist eben kein Versprechen für Umsetzung. Die Realität könnte eingestandenermaßen noch schlimmer werden als der Plan. Denn die Grundvoraussetzungen zur Umsetzung solcher Planungen hat die Bundeswehr nicht: Es fehlt an Geld, an Kompetenz in den Führungs- und Planungsstäben und an einer ausreichenden Zahl von tatsächlichen Experten.

Wo die wirklichen Interessen der Bundeswehrberater liegen und wer federführend bei der Ausarbeitung des *Bundeswehrplans 2009* mitgeholfen hat, verrät folgendes Zitat – eine der unfreiwillig ehrlichsten Aussagen im gesamten Text. »Für die Bundesrepublik Deutschland ist es von Bedeutung, eigene rüstungstechnologische Fähigkeiten zu erhalten bzw. auszubauen, um Einfluss auf Entwicklung, Beschaffung und Betrieb von leistungsfähigem wehrtechnischem Gerät zu nehmen und in strategisch wichtigen Bereichen die Kooperationsfähigkeit zu sichern. Die Liste der unverzichtbaren nationalen wehrtechnischen Kernfähigkeiten ist mit der wehrtechnischen Industrie seit Juni 2007 abgestimmt... Die nationale Nachfrage reicht in manchen Bereichen nicht aus, um wehrtechnische Kernfähigkeiten langfristig zu sichern.«

Wieder einmal Klartext: Wenn die Bundeswehr etwas kauft, dann bei einer deutschen Firma. Da manche deutsche Firma aber in Teilbereichen keine Nachfrage mehr hat, also nichts gekauft wird, muss trotzdem irgendwie das Geschäft angekurbelt werden: Man erzeugt einfach künstlich Nachfrage, indem Produkte gekauft werden, die eigentlich weder gebraucht noch gewollt werden, damit der Firma die rüstungstechnischen Fähigkeiten nicht verloren gehen.

Dass diese nicht danebenliegt, zeigt folgendes Zitat: »Bei der Ausstattung des Soldaten tragen die Projekte *Infanterist der Zukunft (IdZ)* und *Kampfausstattung Soldat im Einsatz (SiE)* als Schlüsselvorhaben zur Auslastung deutscher Unternehmen bei. Der geplante Einstieg in die Beschaffung des *IdZ/erweitertes System* schafft die Rahmenbedingungen für die Stärkung der deutschen wehrtechnischen Industrie auf diesem Gebiet.« Und noch ein letztes Zitat als letzten Beleg für die angemessene Einschätzung der Zustände: »Die Kompetenzen der Industrie im Bereich der verschiedensten Techniken und Waffensysteme sind durch fehlende Inlandsaufträge bedroht.«

Über die lebensgefährlichen Bedrohungen der Soldaten war im gesamten Plan kein Zitat zu finden! Überhaupt fällt auf, dass es so gut wie nie um die Anliegen der Bundeswehr oder der Soldaten geht, denn die tatsächlichen Interessen liegen eben außerhalb der Bundeswehr und sind ausschließlich wirtschaftlicher Natur. Zur Veranschaulichung zwei Versionen einer fiktiven Geschichte; schließlich wurde dem Leser dieses Buches versprochen, den *Bundeswehrplan 2009* einigermaßen unterhaltsam aufzuschlüsseln.

Zunächst die Version aus dem realen Leben: Eine Familie sitzt am Esstisch vor leeren Tellern, und alle starren hungrig vor sich hin. Ein Gang zur Küche zeigt nichts als gähnende Leere im Kühlschrank genau wie in den Vorratsschubladen. Also auf in den nächsten Lebensmittelladen, um die Dinge zu kaufen, die den Hunger stillen werden. Die Familie ist satt und glücklich, alle umarmen sich und singen wohlgenährt »Friede, Freude, Eierkuchen«.

Nun die Version aus dem Leben der Bundeswehr: Der Blick auf den Tisch zeigt leere Teller, der Gang in die Küche offenbart ebenfalls gähnende Leere – und beim Öffnen des Geldbeutels auch nur Fehlanzeige. Trotzdem: Auf in den nächsten Laden, wo ein gut bezahlter Verkäufer verspricht, man könne natürlich anschreiben lassen, da man das Gewünschte sowieso erst in einigen Jahren bekomme. Allerdings müssten die Zinsen bis zum Erhalt der Ware ab sofort bezahlt werden. Mit leeren Händen tritt man den Heimweg an, die Familie wird weiter hungern müssen, die über zweihunderttausend Kinder werden den nächsten Winter zu großen Teilen nicht überleben – gewachsen sind außer dem Hunger nur die Familienschulden. Alle liegen sich weinend in den Armen und singen »Das Leben ist kein Wunschkonzert«.

3.3 Kleine Anfragen – großes Schweigen

Hoffentlich waren diese Beispiele weniger trocken als die Zitate aus dem *Bundeswehrplan 2009*, dessen Lektüre hier nun zur Hälfte beschrieben wurde. Zur weiteren Auflockerung sollen nun einmal die zu Wort kommen, die neben den direkten Vorgesetzten der Bundeswehr (Kanzler/in, Verteidigungsminister, Staatssekretäre und Generalinspekteur) ebenfalls dafür eingesetzt sind, die Interessen und Bedürfnisse der Soldaten zu durchleuchten und zu vertreten: die Mitglieder des Verteidigungsausschusses.

Im Speziellen geht es hier um die
Antwort der Bundesregierung auf die Kleine Anfrage vom 24. September 2008
der Abgeordneten Hoff, Homburger und anderen aus der Fraktion der FDP. Diese Antwort beginnt mit einer – vor allem nach dem gerade aus dem Bundeswehrplan Vorgestellten – überraschenden Vorbemerkung der Bundesregierung.

»Die Bundeswehr verfügt in Afghanistan über eine moderne, auftragsgerechte Ausrüstung. Es ist zwar zutreffend, dass es vereinzelte Klagen aus der Truppe über Mängel aufgrund von konkreten Einsatzerfahrungen gibt. Die daraus abgeleitete zusammenfassende Bewertung, dass viele vermeintlich moderne Ausrüstungsgegenstände der Bundeswehr nicht den Anforderungen der Zeit entsprechen, wird nicht geteilt. Identifizierte Fähigkeitslücken werden im Rahmen laufender Projekte verringert bzw. geschlossen. Dabei wird dem Schutz des Personals im Einsatz höchste Priorität eingeräumt. Eine daran ausgerichtete Ausrüstungsplanung orientiert sich an der aktuellen Einsatzrealität, aber auch an möglichen zukünftigen Anforderungen an die Streitkräfte. Ausrüstung wird deshalb oftmals schrittweise und in kleinen Stückzahlen eingeführt, um in laufenden und zukünftig möglichen Einsätzen gleichermaßen handlungsfähig zu sein.«

Im Klartext: Die Soldaten im Einsatz verfügen nicht über die Kompetenz, die Ausrüstung zu beurteilen. Deswegen interessieren ihre Klagen die Bundesregierung auch nicht. Gleichzeitig gesteht sie bestimmte »Fähigkeitslücken« ein, für die nun Ausrüstung besorgt werden soll (obwohl doch eigentlich alles vorhanden ist!); doch diese Ausrüstung wird nur in kleiner Menge zur Verfügung gestellt, da die Regierung den Gesamtbedarf nicht kennt und die Soldaten nicht gleich alles verbrauchen sollen.

Und nun gehen die Experten der Bundesregierung in die Detailanalyse von Ausrüstungsgegenständen, von denen hier dem Leser lediglich drei präsentiert werden, die er nach bisheriger Lektüre dieses Buches zumindest zum Teil schon kennt, die diesmal den Umgang der Regierung mit der Bundeswehr zeigen sollen und nicht, wie an anderer Stelle, den Umgang der Waffenindustrie und ihrer Militärexperten mit der Bundeswehr. Sämtliche folgenden Zitate sind offizielle Statements der Regierung in Antwort auf die genannte Kleine Abgeordnetenanfrage.

»Es ist zutreffend, dass die Nachtsichtbrille *Lucie* nicht mit dem Hauptkampfvisier des *G 36* und *G 36 A* kombinierbar ist.«

Übersetzt: Kein Soldat kann nachts mit der aufgesetzten Nachtsichtbrille, die eh nur die wenigsten haben, mit seiner Waffe auch kämpfen, sobald er das Standard-Hauptkampfvisier auf seiner Waffe trägt.

»Zur Verbesserung der Nachtkampffähigkeit ist bereits 2001 das Laserlichtmodul (LLM) eingeführt worden. Es kann in Verbindung mit der Nachtsichtbrille *Lucie* Ziele markieren und beleuchten.«

Bedeutet: Wenn man etwas beleuchtet oder markiert, ist die Wahrscheinlichkeit extrem hoch, dass das Gegenüber einen umso besser sehen kann und man beschossen wird. Dann kann man eben auf den auch möglichen Infrarotbereich umschalten. Leider ist aber auch der Infrarotlaser nur zu sehen, wenn man die Nachtsichtbrille *Lucie* aufgesetzt hat. Und falls auch der Gegner eine Nachtsichtbrille trägt, nutzt dem Soldaten der Infrarotlaser genauso wenig wie der normale – er gibt stets ein Ziel ab wie ein gut beleuchteter Weihnachtsbaum. In diesem Punkt kann man einem Soldaten heute nichts mehr vormachen.

Ein weiteres Beispiel für dreiste Unwahrheit, diesmal zum System *Infanterist der Zukunft (IdZ)*: »Die Ausstattung *IdZ* wird in der Truppe als Hochwertausstattung und wesentliche Steigerung des Einsatzwertes wahrgenommen. Verbesserungsbedarf bei den einzelnen Komponenten des Basissystems *IdZ* wird auf der Basis der Einsatzerfahrungen bereits beim Basissystem umgesetzt und/oder in der laufenden Projektierung des sogenannten ›Erweiterten Systems *IdZ*‹ berücksichtigt.«

Heißt: Gleich nach einem fragwürdigen Lob über den grünen Klee eröffnet die Bundesregierung, dass sie bereits beschlossen hat, das System wieder umzubauen. Wer nachlesen möchte, wie es um die behauptete »wesentliche Steigerung des Einsatzwertes« bestellt ist, braucht nur einige Seiten zurückzublättern; dazu wurde bereits das Nötige geschrieben.

Nach dem Statement über den Einsatz des Laserlichtmoduls macht die Regierung weitere lebensgefährliche Vorschläge: »... grundsätzlich ist vorgeschrieben, die Schutzweste zu tragen, Ausnahmen sind bei Fahrzeugen neuester Generation wie zum Beispiel *Dingo* (teilgepanzertes Fahrzeug) zulässig, bei dem das Tragen der Schutzweste nicht vorgeschrieben ist«.

Im Klartext: Erstens sorgte auch der *Dingo* in jüngster Zeit durch mangelnde Sicherheit für nicht wenig Aufregung, aber zweitens: Was passiert beim Ausfall des Fahrzeugs, wenn ein Soldat gezwungenermaßen den *Dingo* verlassen muss? Soll er sich dann erst umziehen?

Auch auf die Nachfrage nach der extrem wichtigen Montagevorrichtung für ein Maschinengewehr am Fahrzeug *WOLF* wird die ganze Wahrheit verschwiegen: »Es trifft zu, dass es für die Fahrzeuge des Typs *WOLF* keine offiziell genehmigte Montagemöglichkeit für *MG 3/MG 4* sowie Granatmaschinenwerferaufnahmen gibt. Durch die wehrtechnische Dienststelle 91 in Meppen ist eine technische Realisierung, bedingt durch die Gefahr der Verletzung des Kraft- sowie des Beifahrers durch eigene Waffenwirkung, verworfen worden.«

Was sind das nur für Experten, die noch nicht einmal eine solche Kleinigkeit zu lösen imstande sind? Also werden immer wieder Eigenkonstruktionen der Soldaten an den Fahrzeugen vom Typ *WOLF* angeschweißt. Zu Schaden ist weder jemand beim Basteln noch im Einsatz gekommen! Außerdem haben auch andere Nationen dieses Fahrzeug – mit hochmodernen Aufnahmen für diverse Waffensysteme –, und auch dort hat man noch von keinen Unfällen »durch eigene Waffenwirkung« gehört.

Eine zweite vertrauliche
Antwort der Bundesregierung auf die Kleine Anfrage vom 20. Februar 2007
der Bundestagsabgeordneten Hoff, Homburger, Stinner und anderen aus der Fraktion der FDP, die dem Autor im Wortlaut vorliegt, betrifft das Thema »CSAR-Fähigkeiten« der Bundeswehr. Darunter versteht man bewaffnete Such- und Rettungsdienste innerhalb der Truppe (Combat Search and Rescue = CSAR), die sowohl Soldaten wie auch deutsche Staatsbürger in Krisenregionen suchen, retten und evakuieren, sollten sie gefangen genommen, entführt oder auf andere Weise in ihrer Existenz bedroht werden. Die CSAR-Kräfte sind wie der Rettungswagen nach einem schweren Unfall – keiner kann auf ihn verzichten, ein Soldat schon gar nicht, denn die Wahrscheinlichkeit eines Notrufes steigt bei ihm im Verhältnis zum normalen Bürger um ein Vielfaches.

Eine Anmerkung: Um den Lesefluss bei der Lektüre von Regierungsäußerungen nicht zusätzlich zu erschweren, werden im Folgenden die Originalfragen und die Antworten der Regierung auf diese Fragen direkt aufeinander folgen. **Fragen** stellen die Abgeordneten aus dem Verteidigungsausschuss, **Antworten** geben die Vertreter der Regierung – und alles, was der Autor dazu zu sagen hat, wird durch *kursive* Schrift gekennzeichnet.

Zunächst eine Vorbemerkung der Fragesteller: »1996 wurde in Diepholz eine CSAR-Kerngruppe der Bundeswehr aufgestellt ... Mittlerweile nach Holzdorf verlegt, sollen dort Material und Einsatzverfahren für CSAR-Operationen erprobt und geübt werden. Zudem stellt Deutschland innerhalb der NATO seit 2003 die ›lead nation‹ *(die Führungsnation oder auch diejenigen, die bei so einem Projekt die Führungsrolle übernehmen)* für die Projektgruppe ›CSAR‹ dar. Aber erst mit der Einführung des *NH 90 CSAR*, voraussichtlich ab 2011, bekommt die Bundeswehr ein geeignetes Lufttransportmittel. Nach Informationen der Fragesteller verfügt Deutschland bis dahin, nach inzwischen über zehn Jahren Arbeit, noch immer nicht über eigene geeignete CSAR-Fähigkeiten.«

Frage: »Wie sieht der derzeitige Planungsstand der CSAR-Kerngruppe der Bundeswehr aus?«

Antwort: »Zur Kompensation von Programmverzögerungen beim Waffensystem *NH 90* haben die Hubschrauberbesatzungen der CSAR-Kerngruppe bereits auf dem Waffensystem *Bell UH-1D* CSAR-Verfahren erarbeitet, in nationalen und internationalen Übungen angewandt, mit Partnernationen abgestimmt und weiterentwickelt.«

Die Soldaten üben auf einem Hubschrauber ein Verfahren, das sie später einmal auf einem anderen Hubschraubertyp einsetzen sollen, denn der Hubschrauber, auf dem sie es üben, fliegt dort nicht, wo das Verfahren zur Anwendung kommen soll. Das üben die Soldaten überall auf der Welt, nur nicht dort, wo ihre Kameraden im Einsatz sind.

Frage: »Wann wird die Bundeswehr über eine Anfangsbefähigung, eine Grundbefähigung und eine Zielbefähigung CSAR verfügen?« *Wann ist das System einsatzbereit?*

Antwort: »Nicht vor 2014.«

Frage: »Trifft es zu, dass die Bundeswehr zurzeit über keine eigenen CSAR-Fähigkeiten verfügt?«

Antwort: »Ja.«

Frage: »Wie sehen Planungen für den Fall aus, dass die Bundeswehr CSAR-Fähigkeiten akut benötigt?«

Antwort: »Die Bundeswehr ist bei ihren Einsätzen grundsätzlich in ein multinationales Kräftedispositiv eingebunden. Dabei sind, sofern erforderlich, CSAR-Fähigkeiten ein integraler Bestandteil multinationaler Planungen und der Einsatzführungen.«

Wir haben zwar einen Plan, wie andere Nationen uns helfen, eigene Fähigkeiten haben wir nicht – und auch keine Garantie, dass uns im Fall des Falles wirklich jemand hilft.

Frage: »Gab es in der Vergangenheit Situationen, in denen die Bundeswehr auf CSAR-Fähigkeiten anderer Nationen zurückgreifen musste, weil hier keine eigenen Kräfte zur Verfügung standen?«

Antwort: »Es gab in der Vergangenheit keine Situation, in der CSAR-Kräfte für deutsche Besatzungen zum Einsatz kamen.«

Definitiv falsch: Immer wieder wurden Bundeswehrsoldaten in Afghanistan in einer Bedrohungslage durch amerikanische CSAR-Hubschrauber unterstützt. Auch im Jahr 2010 nahe Kundus. Selbst dem Autor dieses Buches wurde eine solche Unterstützung zuteil.

Frage: »Gibt es Verzögerungen beim Zulauf des *NH 90* sowie der CSAR-Rüstsätze?«

Antwort: »Ja, die ersten *NH 90* mit CSAR-Fähigkeit werden voraussichtlich ab 2011 zu erwarten sein.«

Frage: »Gibt es Planungen, bis zum Zulauf des ersten *NH 90 CSAR* als Zwischenlösung ein anderes Lufttransportmodell einzuführen, und wenn nicht, warum nicht?«

Antwort: »Nein, aufgrund des Programmfortschrittes ist die Einführung eines anderen Lufttransportmodells als Zwischenlösung wirtschaftlich nicht vertretbar und nicht realisierbar.«

Man kann den Eindruck gewinnen, dass es »wirtschaftlicher« und »vertretbarer« ist, Soldaten zu Grabe zu tragen, als eine Zwischenlösung zu versuchen.

Frage: »Wie bewertet die Bundesregierung die Einführung und Verwendung von bereits am Markt befindlichen und erprobten *EC 725* der Firma Eurokopter bei den französischen Streitkräften als CSAR-Hubschrauber?«

Antwort: »Nein, aufgrund des Programmfortschrittes ist die Einführung eines anderen Lufttransportmittels als Zwischenlösung wirtschaftlich nicht vertretbar und nicht realisierbar.«

So weit die Stellungnahme der Regierung zur Anfrage aus 2007. Fast auf den Tag ein Jahr später gehen dieselben Abgeordneten erneut in eine Befragung, und so kommt es zu einer
Antwort der Bundesregierung zur Kleinen Anfrage vom 12. März 2008,
die wiederum, obwohl als »geheim« eingestuft, vorliegt.

Auch hier gibt es eine Vorbemerkung der Fragesteller: »Aufgabe der Bundeswehr ist ausdrücklich der Schutz der Bundesrepublik Deutschland und ihrer Bevölkerung sowie die Rettung und Evakuierung von Staatsbürgerinnen und Staatsbürgern. Diese Kernaufgabe staatlichen Handelns darf nur in Ausnahmefällen durch Verbündete und Partner wahrgenommen werden. Sie liegt in nationaler Verantwortung.«

Frage: »Plant die Bundesregierung durch die weiteren Verzögerungen beim *NH 90* und die hohe Priorisierung eine Zwischen- oder Alternativlösung, und wenn nicht, warum?«

Antwort: »Nach vorläufigem Ergebnis werden vor allem die operationellen Anforderungen mit den im Angebot beschriebenen Leistungen nicht erfüllt werden können. Deshalb hat eine vorgezogene Betrachtung möglicher Alternativen bereits begonnen, die unter anderem die Möglichkeit der Nachbesserung des Vorschlages der Industrie zum *NH 90* beinhaltet, aber auch alternative Plattformen untersucht.«

Endlich hat die Regierung erkannt, dass es die Industrie nicht schaffen wird, die von ihr zugesagten Anforderungen zu erfüllen. Und trotzdem gibt sie gerade jener Firma, die es bisher schon nicht geschafft hat, die Möglichkeit, eine Verbesserung zu erarbeiten.

Frage: »Plant die Bundesregierung den behelfsmäßigen Einsatz von Bundeswehrhubschraubern *CH 53 GS, SEA KING, SEA LYNX, UH-1D* oder *Bo-105* für die CSAR-Aufgaben?«

Antwort: »Die genannten Hubschrauber wurden in der Vergangenheit diesbezüglich untersucht. Eine Bewertung ergab, dass sie aufgrund ihrer Größe, Verfügbarkeit und Leistungsvermögen hierfür nicht geeignet sind.«

Die Hubschrauber der Bundeswehr sind also allesamt nur bedingt weltweit einsetzbar.

Frage: »Warum wird aufgrund der hohen Priorisierung kein bereits am Markt verfügbares und einsatzbewährtes System beschafft (zum Beispiel *EC 725*)?« *Das ist der Hubschrauber, den die französischen Streitkräfte schon fliegen.*

Antwort: »Über Alternativen wird bereits nachgedacht, *EC 725* ist eine mögliche.«

Endlich fängt die Regierung zumindest an, über eine Alternative nachzudenken, während viele Soldaten schon glaubten, ewig auf Unterstützung bei ihren Gefechtseinsätzen warten zu müssen.

Frage: »Welche Pläne haben andere *NH 90* Nutzer im Bereich CSAR, und wie weit sind diese vorangeschritten?«

Antwort: »Die Bundesrepublik Deutschland ist zurzeit die einzige *NH 90*-Nation, die die Integration eines CSAR-Rüstsatzes in den *NH 90* beabsichtigt. Andere Nationen wie Italien und Portugal haben ihre diesbezüglichen Pläne aufgegeben oder zurückgestellt.«

Wahrscheinlich sind Italien und Portugal mit besseren Experten und Beratern gesegnet als wir – oder die Wirtschaftskrise hat sie mehr als uns geschädigt, und dort hält man jetzt das Geld zusammen, statt es für ein nachweislich untaugliches System der daran beteiligten deutschen Industrie weiter zur Verfügung zu stellen. Nur hier in Deutschland scheinen dafür überraschenderweise keine Finanzierungsprobleme zu bestehen.

Frage: »Wer stellt zurzeit für die Bundesrepublik Deutschland in den laufenden Einsätzen die CSAR-Fähigkeit zur Verfügung, und welche Kosten entstehen der Bundesrepublik Deutschland durch diese Einsätze?«

Antwort: »In Afghanistan zum Beispiel stehen US-Hubschrauber vom Typ *HH-60 PaveHawk* zur Verfügung. Die Inanspruchnahme solch einer Operation würde nicht gesondert in Rechnung gestellt.«

Stehen die US-Hubschrauber für deutsche Rettungseinsätze auch heute noch zu Verfügung, seit im Juni 2010 über 2500 US-Kampfeinheiten nach Kundus verlegt wurden? Gewährleisten die Amerikaner die Einsätze trotz möglichen Eigenbedarfs?

Frage: »Wann wird die Bundesrepublik Deutschland in der Lage sein, eigene Soldaten mit eigenen CSAR-Fähigkeiten zu suchen und zu retten?«

Antwort: »Das Schätzangebot der Industrie geht von einer frühestmöglichen Lieferung des *NH 90 CSAR* in 2014 aus. Über die Verfügbarkeit über gegebenenfalls zu untersuchende Alternativen kann zum jetzigen Zeitpunkt noch keine Aussage gemacht werden.«

Hier wird von der Regierung wissentlich der Tod deutscher Soldaten – aber auch anderer deutscher Staatsbürger – in Kauf genommen, und genauso wissentlich wird nichts dafür getan, um für eine Alternative Sorge zu tragen oder ein erkennbares Pleiteprojekt der Bundeswehr zu stoppen.

Auf den vergangenen Seiten wurden dem Leser dieses Buches Einblicke in Unterlagen gewährt, die die Regierung nicht der Öffentlichkeit zugänglich machen möchte. Warum, leuchtet aus dem Gesagten unmittelbar ein. Kehren wir nun zurück zum **Bundeswehrplan 2009 Teil II**,
der zu viele Überraschungen bereithält, als dass man diese dem Leser am Stück hätte zumuten wollen. Das Hauptthema dieses gesamten Planes ist, so könnte man zusammenfassen, eine Beschreibung der aktuellen und zukünftigen Einsatzbereitschaft der Bundeswehr. In seinem zweiten Teil geht es nun speziell um die Einsatzbereitschaft im Verbund der Truppenteile untereinander und in Vernetzung mit den internationalen Kontingenten. Die heute vorhandenen drei Truppenteile wurden in diesem Buch bereits in Kapitel 2.1 ausführlich beschrieben. Eingreifkräfte, Stabilisierungskräfte und Unterstützungskräfte sind in ihren Funktionen klar definiert und arbeiten in den Einsatzgebieten bereits im Verbund zusammen – das heißt, gegenwärtig müssen drei Kräfte zusammengeschweißt werden, die in Ausbildung und Ausrüstung unterschiedlicher nicht sein könnten.

Schon am Beispiel des *Infanteristen der Zukunft (IdZ)* wurde belegt, was passiert, wenn der gut ausgerüstete und gut ausgebildete Soldat der Eingreifkräfte mit einem weniger gut ausgerüsteten und weniger gut ausgebildeten Soldaten der Unterstützungskräfte in eine Gefechtssituation gerät. In einem solchen Fall wird sich schnell erweisen, wie es um die
Kommunikationsfähigkeit
dieser unterschiedlichen Truppenteile bestellt ist. Identifiziert das Helmdisplay des Soldaten der Eingreifkräfte ein Gegenüber in der Nähe als Feind, weil der Soldat der Unterstützungskräfte nicht die gleiche Ausrüstung hat?

Wenn es darum geht, bei Einsätzen zu kommunizieren, also zum Beispiel auch, durch Befehle zu führen, braucht es angemessene Kommunikationsmittel; nur mit deren Hilfe wird die im Bundeswehrplan sogenannte Führungsfähigkeit erlangt. Zu dieser Fähigkeit heißt es: »...allerdings sind die im Planungszeitraum realisierbaren Mengengerüste (Projekte) noch nicht hinreichend, um auf breiter Front eine dem gesamten Aufgabenspektrum angemessene Führungsfähigkeit zu erlangen. Insbesondere sind Systeme für den Einsatz auf taktischer Ebene nur zum Teil zeit- und bedarfsgerecht. Ein homogener, Ebenen übergreifender Informationsverbund kann damit erst mittel- und langfristig erreicht werden. Eine umfassende Befähigung zur vernetzten Operationsführung aller Ebenen und funktionaler Bereiche konzentriert sich auf die Befähigung der Eingreifkräfte und ist noch im Aufbau... vor allem in internationalen Einsätzen.«

Der Soldat der Unterstützungstruppe in unserem Beispiel hat Pech – er wird die Situation nicht lange überleben, da die Bundeswehr nicht in der Lage ist, mit ihrer Ausrüstung zeitgemäß zu kommunizieren und schon gar nicht in Auslandseinsätzen mit Partnernationen.

Aber ein Plan existiert zumindest schon: »Mit dem Projekt Verbundfähige Funkgeräteausstattung soll für die Streitkräfte eine neue Generation von Funksystemen eingeführt werden... Bis 2015 soll der Einstieg in eine Anfangsausstattung erreicht werden.«

Und wieder einmal wird das Obergeschoss eines neuen Hauses in Angriff genommen, wo doch noch nicht einmal das Fundament dafür ausgehoben ist: »Für die Kampftruppe ist ein integriertes Führungs- und Waffeneinsatzsystem für landbasierte Operationen eingeplant. Im Planungszeitraum sind lediglich Anfangsausstattungen realisierbar, der weitere Ausbau war nicht einplanbar.«

Für das Fundament dieses Hauses jedoch wird eingestanden: »Die Fähigkeit zur Identifizierung eigener Kräfte im Einsatz steht in der nächsten Dekade zur Verfügung.« Aber genau hier wäre für die Sicherheit unserer Soldaten der Ort, einmal die richtigen Prioritäten zu setzen.

Hier noch ein Beispiel aus dem Bereich internationaler Kommunikationsfähigkeit der Bundeswehr. Es gibt ein sogenanntes Aufklärungssystem *HELIOS II*, das als Satellitenaufklärungssystem die Aufgabe hat, weltweit sämtliche relevanten Informationen zu verarbeiten. Von Anfang an war Deutschland als Partner Frankreichs in dieses Projekt eingebunden, inzwischen sind aber eigene Folgeprojekte eingestellt worden, was zur Folge hat, dass die Bundeswehr heute im Bereich Satellitenaufklärung den Anschluss verpasst hat. »Negative Folge ist eine temporäre Abkoppelung Deutschlands, was dazu führen wird, anschließend die von anderen Partnern getroffenen Entscheidungen und Standards ohne weitere Einflussmöglichkeiten akzeptieren zu müssen.« Bei Entscheidungen kann Deutschland also nur hoffen, auf gleicher Linie mit den internationalen Partnern zu liegen – wäre das nicht der Fall, könnte im übertragenen Sinn einfach »der Strom abgedreht« werden.

Nach der Kommunikationsfähigkeit als Grundbedingung eines verantwortungsvollen Umgangs mit der Sicherheit unserer Soldaten im Einsatz, nun zur zweiten angeführten und praktischen Grundbedingung, der
Transportfähigkeit.
Wie bereits an vielen Beispielen und Zitaten deutlich wurde, gibt es nach wie vor das Problem, dass die Bundeswehr nicht in der Lage ist, Menschen und Material ohne Schwierigkeiten von A nach B zu schaffen. Im Bundeswehrplan wird dafür der Begriff »Verlegefähigkeit« benutzt, und gleich zu Beginn eingestanden, dass man sie nicht hat: »Die konzeptionell begründete Fähigkeit zur militärischen, strategischen Seeverlegefähigkeit konnte planerisch nicht abgebildet werden. Die Seeverlegung von Personal und Material unter Bedrohung und bei fehlender

Infrastruktur ist weiterhin nicht möglich. Hier gilt es, eine wirksame Lösung ab 2012 zu finden.«

Und bis dahin? »Im Bereich des strategischen Seetransports wurde als Übergangslösung bis 2011 mit dem Königreich Dänemark eine Vereinbarung über gesicherten Zugriff auf gewerblichen Seetransportraum geschlossen.« Die Übergangslösung hat allerdings einen Haken: Sie tritt nur in Kraft, wenn »...in einem nahezu bedrohungsfreien Umfeld und bei hinreichender Hafeninfrastruktur ein Transport möglich ist«.

Natürlich sahen auch die Verantwortlichen diese problematische Lücke und schlossen sie zumindest auf dem Papier des Bundeswehrplans sofort: »... Möglichkeiten zum Schließen der erkannten Lücke bei der hierzu komplementären gesicherten militärischen Seeverlegefähigkeit sind deshalb ergänzend zu untersuchen.«

Nach *HELIOS II* haben wir bei der »Seeverlegefähigkeit« also schon zum zweiten Mal die Tatsache, dass die Bundeswehr aufgrund mangelnder eigener Fähigkeiten extrem abhängig geworden ist von der Kompetenz unserer Partner. Es fällt schwer zu glauben, dass dies ein Beleg für funktionierende Arbeitsteilung innerhalb der Allianz sein soll, wenn diese Fähigkeiten in allen Aussagen der politisch und militärisch Verantwortlichen als grundlegend für die Einsatzbereitschaft der Bundeswehr deklariert werden.

Die Vermutung liegt nahe, dass diese angeblich noch auf weite Sicht nicht mit eigenen Mitteln zu beseitigende, aber auch nur unter schwierigsten Umständen mit unseren Partnern behebbare Misere jene Lösung bekommen wird, die bei der Verlegung von Streitkräften in der Luft schon erprobt wird: Zivile Firmen werden lukrative Verträge mit der Bundeswehr abschließen und darin umfassend die Transportmöglichkeit sämtlicher Güter und sämtlichen Personals in die Einsatzgebiete garantieren. Wie bei der Herstellung und Lieferung von Rüstungsgütern schon üblich, geht es nun auch im Transportbereich der Bundeswehr um die Privatisierung militärisch-staatlicher Aufgaben. Erwartungsgmäß auf der Strecke bleiben werden, und auch dafür gibt es inzwischen ausreichend Erfahrungen: die Interessen der Bundeswehr, das Geld des Steuerzahlers, die Bedürfnisse der Soldaten.

Sie, die Bedürfnisse der Soldaten, sind es auch, die immer und an oberster Stelle jeder Beurteilung stehen müssen – in diesem Kapitel wie im zweiten Teil des Bundeswehrplans, wo sie unter der Rubrik
Überlebensfähigkeit
als dritte Grundbedingung für die Einsatzbereitschaft der Truppe definiert werden.

»Geschützte Fahrzeuge ... Störsender ... Heckenschützen-Detektion ... die Fähigkeit der Selbstverteidigung des einzelnen Soldaten, vor allem der persönlichen ABC-Schutzausstattung.«

Für all diese »Projekte« findet sich im *Bundeswehrplan 2009* einmal die recht vage Aussage: »Bei den genannten Projekten ist jedoch kein Mengengerüst leistbar, welches die gesamten operativen Vorgaben abdeckt«, und später genauer, »... eine Zielerkennung, um Freund und Feind zu unterscheiden, um die Gefährdung der Kräfte durch eigenes Feuer zu reduzieren ... Entwicklungsmittel hierfür sind ab 2012, eine Beschaffung ist ab 2016 vorgesehen.«

Ähnliches findet sich bei einem anderen »Überlebensfähigkeitsprojekt«: »Das Projekt *Soldat im Einsatz (SiE)* deckt den spezifischen Ausrüstungsbedarf mit dem Anspruch des bestmöglichen Schutzes der nicht infanteristisch eingesetzten Soldatinnen und Soldaten. Bis Mitte der nächsten Dekade kann eine Grundausstattung erreicht werden. Die strukturelle Vollausstattung ist im Planungszeitraum nicht realisierbar.«

Alle diese Zitate zeichnen sich durch immer gleiche, wiederkehrende Vokabeln aus – sie »Schlagwörter« zu nennen, träfe den Sachverhalt nicht, denn sie werden zur Vernebelung von Fakten und nicht als schlagende Argumente eingesetzt: nicht darstellbar, nicht realisierbar, nicht leistbar, irgendwann, vielleicht, vielleicht nicht... Planung heißt eben nicht Durchführung.

Was die drei grundlegenden Fähigkeiten Überleben, Transport und Kommunikation anbelangt, könnten zahllose weitere Beispiele für Projekte angeführt werden, die alle nicht, nicht so wie gewünscht, noch nicht oder noch lange nicht für Bundeswehrsoldaten verfügbar sind. Sie sind aber in Teilen von derartiger technischer Komplexität, dass sie den Rahmen dieses Buches sprengen würden, und sie untermauern im Grunde nur in noch größerer Detailfülle immer wieder dasselbe:

Die Bundeswehr ist nicht einsatzbereit, wird aber tagtäglich eingesetzt!

Dazu abschließend noch einmal der *Bundeswehrplan 2009*.

Die Eingreifkräfte betreffend: »Das zugewiesene Aufgabenspektrum für die Eingreifkräfte wird aufgrund des realisierbaren Modernisierungsumfangs jedoch erst langfristig ausgefüllt werden können.«

Die Stabilisierungskräfte betreffend: »Die Stabilisierungskräfte werden mittelfristig eine ihrem Auftrag weitgehend entsprechende Ausstattung erhalten. Allerdings wird die Fähigkeit zu robusten Einsätzen von Stabilisierungskräften mit einer hinreichenden Anzahl moderner Führungsmittel und Gefechtsfahrzeuge erst in der langfristigen Perspektive entscheidend verbessert werden können.«

Die Unterstützungskräfte betreffend: »Die Unterstützungskräfte werden mit Beginn der nächsten Dekade zur wirksamen Unterstützung der Eingreif- und Stabilisierungskräfte befähigt. Fähigkeitslücken bei der strategischen Verlegefähigkeit können bis zum Zulauf eigener Systeme durch Verträge mit der gewerblichen Luft- bzw. Seefahrt in voraussichtlich akzeptablem Umfang verringert werden. Die verbleibenden Lücken sind nicht kompensierbar.«

Da dieser Plan für 2009 bis 2014 erstellt worden ist, geht die Bundeswehr also selbst davon aus, frühestens in der Dekade ab 2020 einigermaßen einsatzbereit zu sein!

Die Soldaten, die aktuell im Gefecht stehen, werden über so viel Langmut, so viel Wegsehen, so viel Schönfärberei für die Öffentlichkeit entsetzt sein. Denn es vergeht kein Tag, an dem nicht in krassem Widerspruch zu den Erkenntnissen im Bundeswehrplan, im *Weißbuch* der Bundeswehr, bei Anfragen von Abgeordneten und in Dokumenten des Verteidigungsausschusses irgendein Verantwortlicher die Bundeswehr als »voll einsatzbereit« bezeichnet, irgendein Experte die existierenden Probleme besserwisserisch vom Tisch wischt, irgendein Lobbyist die Lösung aller Probleme verspricht – sobald nur seine Verträge unter Dach und Fach sind.

Die Soldaten im Einsatz werden weiterhin in Abständen ihr Lager verlassen müssen, im Vertrauen darauf, dass alles dafür getan wurde, sie in ihrem Fahrzeug optimal zu schützen. Die Panzerung muss einem Beschuss standhalten können, Minen oder Splitter durch sogenannte »unkonventionelle Spreng- und Brandvorrichtungen« dürfen im Fahrzeuginneren keine Wirkung mehr entfalten, der Fahrer, die Kommunikationstechnik und alle Waffensysteme müssen problemlos funktionieren. Genau darauf kommt es unseren Soldaten an. Bis zum Jahr 2016 versucht die Bundeswehr, 5500 Fahrzeuge aller Varianten und Klassen zu beschaffen, die der Truppe das Gefühl geben könnten, ihre Sicherheitsbedürfnisse seien bei den Verantwortlichen in guten Händen. Doch selbst bei diesem finanziell überschaubaren und beschaffungstechnisch nicht allzu komplizierten Vorhaben gibt es Probleme: »... darüber hinausgehende Beschaffungen für Anfangs-, Grund- und Zielausstattungen können erst langfristig eingeplant werden. Die Umsetzung des

Finanzkorridors in den Haushalt erfordert eine Anpassung der bisherigen Schichtungen der Rüstungstitel.«

Dazu ein letztes Mal in diesem Kapitel Klartext: Gelder sollen und müssen also verschoben werden. Da auch bei der Bundeswehr jeder Euro nur einmal ausgegeben werden kann und fast alle Euro durch fragwürdige Investitionen an anderer Stelle bereits gebunden sind, muss der verbleibende Rest so eingesetzt werden, dass Wirtschaftsinteressen möglichst nicht nachteilig beeinflusst werden. Vertragskündigungen? – geht also nicht. Reduzierte Auftragserteilung? – keinesfalls. Standortschließungen? – äußerst problematisch. Budgeterhöhung? – kaum durchsetzbar.

Wieder wird eine Entscheidung zulasten des einzelnen Soldaten fallen, das ist sicherer als alle gepanzerten Fahrzeuge, die die Bundeswehr jemals beschaffen könnte. Warum wird dann aber alles darangesetzt, der Öffentlichkeit vorzumachen, bei der Bundeswehr sei alles in Ordnung oder zumindest auf dem besten Weg? Es gibt nur eine Erklärung dafür: Es wird dadurch einfacher, Probleme, die nicht mehr zu vertuschen sind, als absolute »Ausnahmen« darzustellen, für die »ausnahmsweise« Sondermittel zur Verfügung stehen müssten, der Wehretat »einmalig« angehoben werden müsse. So hat man zum Beispiel nach mehreren Todesfällen in Afghanistan, die nachweislich infolge fehlenden einsatztauglichen Materials zustande kamen, Gelder freigesetzt, um zusätzliche gepanzerte Fahrzeuge anzuschaffen und ganz schnell schweres Gerät ins Einsatzland zu bringen. Doch wäre so ein Vorgehen *der Regelfall*, und hätte man schon viel früher das vorhandene Geld richtig eingesetzt, niemand müsste für bewusst irreführende Darstellungen geradestehen, die Bundeswehr würde ein ganz anderes Ansehen in der Öffentlichkeit genießen und – am allerwichtigsten – mancher Soldat wäre noch am Leben.

4. Die Bundeswehr im Ernstfall

Wie Vertuschung funktioniert

Am 4. September 2009 ereignete sich einer der spektakulärsten und skandalträchtigsten Vorfälle in der Geschichte der Bundeswehr: Im afghanischen Kundus wurden zwei Tanklastzüge bombardiert. Von US-Streitkräften – aber auf Anforderung der deutschen Militärs vor Ort. Diese Bombardements haben, quasi als Kollateralschaden, fundamentale Mängel der Bundeswehr aufgedeckt, und zwar in doppelter Hinsicht. Zum einen belegen sie, wie undurchsichtig die Kommunikation der Bundeswehr gegenüber Politik und Öffentlichkeit ist, zum anderen stehen sie für gravierende Pflichtverletzungen – bei den militärisch Zuständigen innerhalb der Bundeswehr, aber auch bei den politisch Verantwortlichen in Regierung und Kontrollgremien. Mittlerweile gibt es unzählige Untersuchungen zu diesem Zwischenfall: Untersuchungen der Bundeswehr, Untersuchungen diverser Hilfsorganisationen, Untersuchungen der Bundesregierung, Untersuchungen des Oberkommandos von ISAF (International Security and Assistance Force – friedenssichernde und unterstützende Truppe in Afghanistan) und der NATO. Es gibt darüber hinaus zahllose Berichte in den in- und ausländischen Medien. Welchen will man Glauben schenken? Denen der Medien, der Regierung, der Bundeswehr selbst oder denen der NATO? Rückblickend auf das, was in den vorausgehenden Kapiteln über die Vertrauenswürdigkeit der Informationspolitik von Politik, Militär und Journalismus schon dargestellt wurde, kann man nur unter Vorbehalt irgendeinem dieser Berichte Vertrauen schenken. Und eines wird ganz sicher keine dieser Untersuchungen leisten können: ein realistisches Bild dessen zu zeichnen, was vor Ort geschehen ist. Wer sich die Situation bewusst macht, wer die Anforderungen, den Druck, den gewaltigen Stress nicht kennt, unter denen lebenswichtige, ja überlebenswichtige Entscheidungen innerhalb von Minuten und manchmal Sekunden getroffen werden müssen, der wird nicht ermessen können, ob eine solche Entscheidung gerechtfertigt war oder nicht.

Soldaten, die selbst mehrfach in Afghanistan im Einsatz waren und dadurch die Rahmenbedingungen sehr gut kennen, können eine Entscheidung, wie sie der verantwortliche Oberst Klein zu fällen hatte, zumindest nachvollziehen. Denn was in den wenigsten Berichten erwähnt wurde, ist die Tatsache, dass unmittelbar vor dem Luftschlag auf den Tanklasterkonvoi vier deutsche Soldaten ganz in der Nähe bei Gefechten schwer verwundet wurden. Nahezu stündlich gehen Meldungen über unmittelbar bevorstehende Anschläge bei einer derartigen Operationszentrale ein. Wenn man dazu noch die Tatsache berücksichtigt, dass fast täglich die verschiedenen Feldlager unter Beschuss stehen, kann wohl jeder verstehen, wie blank die Nerven liegen. Natürlich darf der Oberkommandierende eines Feldlagers seinen Gefühlen nicht freien Lauf lassen, wenn er eine Entscheidung von so großer Tragweite zu fällen hat, trotzdem spielen solche Rahmenbedingungen zweifellos mit, denn es sind Menschen, die dort Dienst tun. Ist es so undenkbar, dass Oberst Kleins Entschluss in jener Nacht nach bestem Wissen und Gewissen und aus Sorge um die Sicherheit seiner Untergebenen gefällt wurde?

Unterstützt wird diese Argumentation im Bericht des damaligen Wehrbeauftragten Reinhold Robbe, der den seinerzeit verantwortlichen Kommandeur des Feldlagers Kundus, Oberst Klein, wie folgt beurteilt: »Nachdem ich (der Wehrbeauftragte) gemeinsam mit meinen Mitarbeitern im deutschen Feldlager Kundus gelandet war und unmittelbar danach zum Gespräch im Büro von Oberst Klein Platz genommen hatte, erreichte uns die Nachricht über ein schweres Gefecht, bei dem deutsche Soldaten von Aufständischen massiv beschossen wurden. In den folgenden 60 Minuten trafen fortlaufend weitere Meldungen ein über einen schwer verwundeten Soldaten, der schließlich gerettet werden konnte. Während dieser Stunde äußerster Angespanntheit, in der sich die eingehenden Meldungen aus dem laufenden Gefecht überschlugen, hatte ich Gelegenheit, einen Kommandeur zu erleben, der trotz der entstandenen Hektik und der eskalierenden Situation ruhig, professionell und besonnen seine Anweisungen gab. Was mir als Zeuge dieser Szene aus der realen Einsatzwirklichkeit jedoch am meisten Respekt abverlangte, war die Tatsache, dass für Oberst Klein das Wohlergehen seiner ihm anbefohlenen Soldaten die allererste Priorität hatte.«

Man kann also annehmen, dass Oberst Klein nicht einfach Entscheidungen fällt, durch die er wissentlich Unbeteiligten Schaden zufügt. Ganz im Gegenteil kann man dieser Persönlichkeitsbeurteilung entnehmen, dass er in erster Linie auf die Sicherheit seiner Untergebenen stets höchsten Wert legt.

Und wie steht es mit den offiziell Verantwortlichen während des Tanklasterbombardements in Kundus? Wer hat *de facto* und *de jure* bei einer Fehlentwicklung für die Aufklärung der Hintergründe und die Feststellung der Tatsachen zu sorgen? In Friedenszeiten ist der Verteidigungsminister der Oberkommandierende der Streitkräfte, im Kriegsfall der Bundeskanzler oder die Bundeskanzlerin. Nun befindet sich Deutschland zwar offiziell *nicht* im Krieg, umgangssprachlich könne man aber, laut Ex-Verteidigungsminister zu Guttenberg, das Wort »Krieg« durchaus verwenden. Einmal abgesehen davon, dass es Gefallene und in Gefechten Verwundete gibt, dass deutsche Streitkräfte

Militärschläge führen und dabei schwere Kriegswaffen zum Einsatz bringen (und dass aufgrund zentraler Bestimmungen des Völkerrechts wie auch unserer Verfassung nicht sein kann, was nicht sein darf: eben Krieg) – wenn alle diese Argumente keine offizielle Gültigkeit für die Definition eines Krieges besitzen sollen, dann ist trotz verbreiteter gegenteiliger Überzeugung davon auszugehen, dass deutsche Truppen sich in Afghanistan *nicht* im Krieg befinden.

Dies angenommen, ist, wie schon gesagt, der Verteidigungsminister der Oberkommandierende und folglich auch der Zuständige für die Aufklärung des Vorfalls innerhalb der Bundeswehr. Dabei arbeitet ihm der Generalinspekteur als sein militärischer Berater zu. Dieser wird zwar vom Bundespräsidenten ernannt, aber vom Verteidigungsminister vorgeschlagen. Er ist der ranghöchste General der Streitkräfte oder, falls er aus der Marine kommt, der ranghöchste Admiral. Seit August 2002 übt er auch die Befehlsgewalt über alle militärischen Einsätze aus, ihm wurde das Einsatzführungskommando der Bundeswehr in Potsdam unterstellt. Eine Position, die mit sehr vielen Befugnissen ausgestattet ist.

Als weitere Funktionsträger, was die Zuständigkeit bei der Bundeswehr anbelangt, sind neben Verteidigungsminister und Generalinspekteur die Staatssekretäre im Verteidigungsministerium zu nennen. Staatssekretäre sind immer zugleich Regierungsmitglieder, in unserem Fall dem Minister der Verteidigung direkt unterstellt, und die höchsten Beamten dieses Ministeriums. Als Amtschefs sind Staatssekretäre die Verbindungsglieder zwischen politischen Ämtern und Beamtenfunktionen innerhalb des jeweiligen Ministeriums.

Drei Personen müssen namentlich genannt werden, die bei den Vorgängen in Kundus am 4. September 2009 in Amt und Würden waren: Verteidigungsminister Franz Josef Jung, Generalinspekteur Wolfgang Schneiderhan und Staatssekretär Dr.

Peter Wichert. Alle drei haben im Nachgang zu den Vorfällen entweder durch Rücktritt oder durch Amtsenthebung ihre Zuständigkeit verloren. Der Vorwurf gegenüber allen dreien lautete auf verspätete, unvollständige und falsche Information gegenüber Regierung, Parlament und Öffentlichkeit über die Tötung von Zivilisten beim Tanklasterbombardement in Afghanistan. Genauer: Dr. Wichert habe einen Untersuchungsbericht nicht weitergeleitet, Wolfgang Schneiderhan Ermittlungsergebnisse verschwiegen und Franz Josef Jung Parlament und Öffentlichkeit getäuscht.

Die Aufklärung der Vorgänge zog sich über die Bundestagswahl 2009 hinaus in die Länge (ohne dass die Wähler vorher Auskunft über die wahren Hintergründe erhalten hatten), sodass der ehemalige Verteidigungsminister in der neuen Regierung nicht mehr im Amt des Verteidigungsministers war, doch nun als neuer Arbeitsminister trotz aller weiter gegen ihn bestehenden Vorwürfe wieder ein Regierungsamt innehatte. Es gab einen neuen Verteidigungsminister als direkten Vorgesetzten von Dr. Peter Wichert und mittelbar von Wolfgang Schneiderhan. Nach der Bundestagswahl konnte nun reiner Tisch gemacht werden: Innerhalb kürzester Frist wurden Wichert und Schneiderhan vom neuen Minister entlassen, und auch der alte Verteidigungsminister trat bald von seinem neuen Amt als Arbeitsminister zurück, was ihn zum Minister mit der kürzesten Amtszeit in der Geschichte der Bundesrepublik Deutschland machte.

4.1 Was geschah am 4. September in Kundus?

Da in der Geschichte der Bundeswehr kaum ein Zwischenfall mehr Aufsehen erregt hat als das Tanklasterbombardement am 4. September 2009, soll hier der Versuch unternommen werden, mithilfe vorliegender und der Öffentlichkeit nur schwer zugänglicher Dokumente, den groben Verlauf dieses Zwischenfalls zu rekonstruieren. Der als *Top SECRET/VS – nur für den Dienstgebrauch/nur Deutschen zur Kenntnis –* gekennzeichnete *Untersuchungsbericht des 20. Deutschen Einsatzkontingentes ISAF vom 9. September 2009* bildet dafür die wesentliche Grundlage. Dieser Bericht spiegelt wider, was die Ermittler der Bundeswehr vor Ort in Kundus herausgefunden haben. Militärische Meldungen und Berichte sind sehr oft mit Kürzeln und sogenannten Code-Namen versehen, damit ein Außenstehender sie nicht entschlüsseln kann. (Für den interessierten Leser findet sich im Anhang der Abdruck einer vertraulichen militärischen Meldung, die dies exemplarisch zeigt.) Deshalb werden hier die Fakten aus diesem Geheimbericht zusammengefasst und für den Leser in verständliche Sprache übersetzt. Nur die *kursiv* gesetzten Sätze sind ergänzende Kommentare des Autors.

3. September 2009, 21.12 Uhr
Die Wachen des Feldlagers Kundus hören ein Feuergefecht aus Richtung Kundus. Im Feldlager Kundus gehen Informationen ein, dass INS *(Insurgents = Aufständische, Widerständler, umgangssprachlich Taliban)* zwei Treibstoff-LKWs entführt hätten. Die Absicht der INS wäre es nun, mit den beiden LKWs den Kundus-River über eine Furt zu verlassen.

3. September 2009, 22.00 Uhr
Ein speziell ausgebildeter Soldat überwacht den Kundus-River mit einer Drohne.

3. September 2009, 23.14 Uhr
Dieser Soldat meldet, dass er zwei Treibstoff-LKWs sowie siebzig INS bei dieser Furt über den Kundus-River aufgeklärt hat. Nach den ihm vorliegenden Beobachtungsergebnissen hat er den Eindruck, dass diese beiden Treibstoff-LKWs steckenge-

blieben sind. Nun kommt Oberst Klein dazu und schaut sich die Aufklärungsergebnisse an.

4. September 2009, 00.39 Uhr
Eingeteilte Soldaten erhalten den Auftrag, die Position eigener Soldaten festzustellen, um zu erfragen, ob sich eigene Teile in der Nähe dieser Furt befinden, da während des Zwischenfalls eigene Soldaten an anderer Stelle im Großraum Kundus operierten.

4. September 2009, 01.35 Uhr
Nachdem sichergestellt war, dass zivile Opfer auszuschließen sind, genehmigt Oberst Klein den Angriff durch amerikanische Luftfahrzeuge.

4. September 2009, 01.49 Uhr
F-15 E Kampfjet der US-Luftwaffe löst eine Bombe aus.

4. September 2009, 02.28 Uhr
Durch Aufklärungsmittel wird festgestellt, dass sechsundfünfzig INS KIA (gesichert) *(= Killed In Action/gesicherte Information)* getötet wurden. Elf INS sind nach Nordosten geflohen. Die zwei Treibstoff-LKWs wurden zerstört.

4. September 2009, 11.30 Uhr
Aus dem Feldlager Kundus sollen mit einer Schutzkompanie vorläufige Ermittler und zusätzliche Kräfte losgeschickt werden, um den Ort des Geschehens zu begutachten.
Von halb drei Uhr nachts bis zu diesem Eintrag vormittags halb zwölf Uhr – ganze neun Stunden lang – wurde also mit dieser Aktion gewartet. Der normale Ablauf wäre gewesen, dass man sofort nach der Aufklärung der Tanklaster eigene Aufklärungskräfte zum Ort des Geschehens befohlen hätte, um sich ein Lagebild zu verschaffen. Wenn dies aus personellen Gründen nicht möglich ist,

muss man sich mit den vorhandenen Kräften einzig und allein der Lagersicherung widmen. Eine Entsendung von Soldaten an den Ort des Geschehens wäre zu diesem Zeitpunkt zu gefährlich und nicht vertretbar gewesen. Zumal eine Beweissicherung bei Nacht in dieser Region, nach so einem Zwischenfall, ein Himmelfahrtskommando gewesen wäre. Gleichwohl bleiben in diesem Zusammenhang Fragen offen, die sich das Einsatzkommando gefallen lassen muss: Warum etwa wurde nicht nach dem Einsatz ein Aufklärungsflug durch Drohnen vorgenommen? Gab es zum Zeitpunkt des Bombenabwurfs eine aktive Kommunikation mit den amerikanischen Einsatzkräften? Gab es sie unmittelbar danach? Gab es Erkenntnisse der anderen Streitkräfte?

4. September 2009, 11.34 Uhr

Eine Meldung erreicht das Feldlager, die besagt, dass hundert afghanische Polizisten vor Ort sind, um die Aufnahme der vorläufigen Ermittler plus der Schutzkompanie sicherzustellen. Die Absicht des Kommandeurs des Feldlagers Kundus (Oberst Klein) ist es nun, in unveränderter Gliederung so zeitig wie nötig abzumarschieren.

Bei afghanischen Polizisten handelt es sich nicht unbedingt um Ermittler. Westeuropäische Standards in Polizeiangelegenheiten greifen in Afghanistan nicht. Oft handelt es sich um Männer, die in einem vom Krieg zerrütteten armen Land keine zivile Perspektive für sich sehen und die Polizeiarbeit mehr aus Not denn aus Überzeugung leisten. Man muss deshalb immer damit rechnen, dass einige von diesen Kräften vor Ort auch dadurch in Erscheinung treten, dass sie alles mitnehmen, was nicht niet- und nagelfest ist. Dies ist keine Verurteilung, sondern basiert auf Aussagen von erfahrenen Soldaten.

4. September 2009, 12.13 Uhr
Die Schutzkompanie und die vorläufigen Ermittler marschieren aus dem Feldlager Kundus, Richtung Ort des Geschehens.

4. September 2009, 12.24 Uhr
Abflug eines Ermittlerteams aus Mazar-e Sharif.

4. September 2009, 12.34 Uhr
Schutzkompanie kommt am Ort des Geschehens an und trifft dort auf eine hohe Präsenz von afghanischer Polizei und afghanischem Militär. Die Schutzkompanie beginnt sofort mit den Untersuchungen.
Die Tatsache, dass die Schutzkompanie etwas mehr als eine Viertelstunde vom Feldlager zum Ort des Bombardements marschierte, ist für einen Marsch bei Tag als sehr schnell zu beurteilen. Nach so einem Ereignis benötigt man für diese Strecke normalerweise wesentlich länger, da der Feind damit rechnet, dass man am Ort des Geschehens auftaucht und so die Gefährdungslage immens ist. Der allgemeine militärische Grundsatz, unter Gefechtsbedingungen ein Kilometer in einer Stunde, wurde hier klar unterschritten, was bedeutet, dass man sich in großer Eile bewegte. Auch wenn nun plötzlich Eile angesagt war, können sich die Verantwortlichen der Beantwortung folgender Fragen nicht entziehen: Warum haben sie nicht unmittelbar nach dem Bombardement Maßnahmen eingeleitet, die unangenehme Nachfragen zu einem späteren Zeitpunkt erübrigt hätten? Warum wurde es versäumt, unverzüglich Einsatzkräfte an den Ort des Geschehens zu schicken, damit diese Beweise sichern können? Hat die Tatsache, dass vor Ort viele Menschen zu Schaden kamen, keinen im Militärlager dazu veranlasst, den Verletzten im Rahmen von Notmaßnahmen schnellstmöglich Hilfe zukommen zu lassen? Standen tatsächlich nicht genügend Reservekräfte zur Verfügung, oder wollte man nur nicht das Risiko eingehen, bei Nacht in Folgegefechte verwickelt zu werden? Galt

auch für diese Nacht die Bestimmung, dass das Lager nur in Ausnahmesituationen verlassen werden durfte – und wenn ja, war das Tanklasterbombardement etwa keine Ausnahmesituation?

Jedem am 4. September in Kundus Verantwortlichen hätte klar sein müssen, dass die unterlassene Beweissicherung und die unterlassene Hilfeleistung sofort als – berechtigte – Zweifel am gesamten Vorgehen im Raum stehen würden. Selbst wenn die Tatsache, dass nicht ausreichend Infanteriekräfte zur Verfügung standen, der Wahrheit entsprach, konnte das kein Argument gegen die zu erwartenden Vorwürfe sein. Soldaten, egal, in welchem Aufgabenbereich sie tätig sind, sollten durch ihre Ausbildung in der Lage sein, in solchen Ausnahmesituationen vorübergehend die Lagersicherung zu übernehmen, um dadurch besser ausgebildeten Kräften die unabdingbare Ermittlungstätigkeit, auch unter erschwerten Bedingungen, zu ermöglichen. Erfahrene Soldaten haben oft feststellen müssen, dass einfache Tätigkeiten – als solche wird auch eine Lagersicherung angesehen – von manchem Soldaten geringgeschätzt werden; trotzdem darf so etwas nicht als Begründung dafür durchgehen, dass essenzielle Pflichten wie Beweissicherung und Hilfeleistung vernachlässigt werden.

Sowohl im Vorfeld des Bombardements als auch unmittelbar danach haben die militärisch Verantwortlichen am 4. September 2009 in Kundus augenscheinlich sehr viel falsch gemacht und haben dadurch sowohl der Glaubwürdigkeit als auch dem Ansehen der Truppe schweren Schaden zugefügt. Eine sachkundige Aufklärung nach dem Vorfall und das Sammeln von Beweisen dafür, dass der Luftschlag aus Gründen einer Gefahrenabwehr berechtigt war, hätten allen nachfolgenden Zweifeln an dieser Militäraktion den Boden entziehen können. Auch unter diesem Blickwinkel hat die militärische Führung vor Ort einen im Nachhinein nicht mehr zu korrigierenden Fehler begangen.

4. September 2009, 13.09 Uhr
Die Schutzkompanie wird während der Untersuchungen angegriffen und erwidert das Feuer, kann dabei aber keine Feinde erkennen und setzt dann den Untersuchungsauftrag fort.

4. September 2009, 13.18 Uhr
An der Stelle der zerstörten LKWs werden tote Esel und Hunde gefunden.

4. September 2009, 13.22 Uhr
Die Schutzkompanie hat die Untersuchung beendet. Ein Luftaufklärungsmittel hat mehrere Pick-up-Fahrzeuge und Personen aufgeklärt, die sich in der Nähe befinden.

4. September 2009, 13.27 Uhr
Aus dem Feldlager Kundus werden zwei Schuss 120-Millimeter-Beleuchtungsmittel abgeschossen, um den Personen in den Pick-ups klarzumachen, dass man sie erkannt hat.

4. September 2009, 13.53 Uhr
Die Schutzkompanie verlegt zurück zum Feldlager Kundus.

4. September 2009, 14.23 Uhr
Die Schutzkompanie ist zurück im Feldlager Kundus.

Soweit der grobe Verlauf des Geschehens in der Nacht vom 3. auf den 4. September 2009 und am darauf folgenden Tag, wie er im Original des geheimen Untersuchungsberichts geschildert wird. Als Wichtigstes fällt auf, dass keine Leichen gefunden wurden, denn gerade dieser Punkt spielte in den deutschen Medien ja von Anfang an die größte Rolle.

Am 4. September 2009 um 10.21 Uhr hat das Bundesministerium der Verteidigung das erste Mal einen Fragenkatalog zu dem

Vorfall an das Einsatzführungskommando gesendet. Zumindest entbehrt also die Behauptung, dass das Verteidigungsministerium am Ende des 4. September 2009 nichts Detailliertes über den Zwischenfall erfahren habe, jeder Grundlage. Daraufhin hat der Kommandeur des 20. Deutschen Einsatzkontingentes ISAF den Fragenkatalog mit Antworten versehen und am selben Tag an den Befehlshaber des Einsatzführungskommandos zurückgesandt. Gleich zu Anfang dieses Dokuments findet sich ein Satz, der die Einschätzung nicht abwegig erscheinen lässt, dass sowohl im Führungsbereich des 20. Deutschen Einsatzkontingentes ISAF als auch im Einsatzführungskommando Personen das Sagen haben, die versuchen, Informationen gegenüber den politisch Zuständigen zu unterschlagen: »Nach jetzigem Stand wird eine Weitergabe an den Einsatzführungsstab *nicht empfohlen.*« (Auch dieses wichtige Dokument findet der Leser im Anhang abgedruckt.)

Zum genaueren Verständnis: Bei dem genannten Einsatzführungsstab handelt es sich um eine Abteilung des Bundesministeriums der Verteidigung, also um ein *politisches* Gremium. Bei der Führung des 20. Deutschen Einsatzkontingentes ISAF haben wir es aber mit *militärischen* Führungsstrukturen zu tun. Daraus ergeben sich folgende Fragen: Warum gibt das Militär intern direkte Anweisung, der Politik Informationen vorzuenthalten? Hat der Vertrauensverlust gegenüber der Politik bereits solche Dimensionen angenommen? Will das Militär drohende öffentliche Untersuchungen bereits im Vorfeld unterbinden? Könnte es vielleicht sogar Absprachen zwischen hohen Militärs geben, dass man sich stets erst intern berät, bevor man der Politik Meldung macht?

Möglicherweise waren die militärisch Verantwortlichen einfach nur überfordert, da es sich beim Tanklasterbombardement um einen Zwischenfall handelte, der in der Geschichte der Bundeswehr zum damaligen Zeitpunkt einzigartig war.

Möglicherweise ist das Vorgehen, dass vonseiten des Militärs ungenügend informiert wird, aber auch schon seit Jahrzehnten gängige Praxis. Entschuldbar ist es jedoch keinesfalls, dass ein Instrument der Politik – und nichts anderes ist die Bundeswehr – selbst entscheidet, wann und worüber und in welchem Umfang der Minister, die Regierung, das Parlament, die Kontrollausschüsse und die Öffentlichkeit informiert werden. Sollte so ein Vorgehen Praxis sein, ist das, was viele befürchten, Realität geworden: Es hat sich ein Staat im Staate gebildet – mit der Folge, dass um eigener Vorteile willen Regierung und Öffentlichkeit hintergangen werden. Bestünde auch nur der geringste Anlass zu einer derartigen Befürchtung, so wäre dies die größte Bedrohung für unser Staatswesen, seitdem es existiert. Zurück zum Schreiben aus dem Verteidigungsministerium. Darin wird die Führung des 20. Deutschen Einsatzkontingentes um kurzfristige Beantwortung der folgenden Fragen zum Bombenabwurf gebeten (Einlassungen des Autors ab hier wieder *kursiv*).

Wann, wie, in welcher Form und mit welchem Inhalt wurde das Feldlager Kundus über die Entführung der Tanklastwagen informiert? Wie erfolgte die Entführung?

Circa gegen 21.00 Uhr wurde durch Informanten von afghanischer Seite telefonisch informiert, dass die Tanklaster entführt wurden. Zum Ablauf der Entführung liegen derzeit aber keine Informationen vor.

Welche Maßnahmen wurden daraufhin durch das Feldlager Kundus eingeleitet?

Der zuvor schon beschriebene Soldat überwachte mit einem Luftaufklärungsmittel den Kundus-River.

Welche eigenen Kräfte haben zu welchem Zeitpunkt und an welchem Ort die Tanklastwagen und die INS erstmals aufgeklärt? Welche Kräfte standen im Feldlager Kundus aufgrund der Teilnahme von eigenen Kräften an einer anderen Operation noch zur Verfügung?

Ausschließlich der Soldat, der das Luftaufklärungsmittel bediente. Ein Informant *(ein Afghane)* war aber ständig am Ort des Geschehens. Der Informant war in der Nähe des Geschehens ohne Blickverbindung, stand jedoch telefonisch in Verbindung mit den INS. Die telefonischen Meldungen des Informanten an die Operationszentrale im Feldlager Kundus konnten aber zu hundert Prozent durch Luftfahrzeuge, die zur Aufklärung eingesetzt wurden, bestätigt werden. Da die dem Feldlager Kundus unterstellte QRF-Kompanie *(schnelle Eingreiftruppe)* in einer anderen Operation gebunden war, standen dem Feldlager Kundus nur noch eine Schutzkompanie und eine Infanteriekompanie zur Verfügung.

Es wird davon ausgegangen, dass es sich um zivile Tanklastwagen handelte. Ist der Eigentümer bekannt? Standen die Tanklastwagen in einem Zusammenhang mit der Folgeversorgung des Feldlagers Kundus? Oder anderer internationaler Kräfte im Raum Kundus?

Es waren zivile Fahrzeuge, Halter unbekannt, Bestimmungsort und Empfänger unbekannt.

Nachdem die Tanklastwagen in der Furt liegen geblieben waren, wo überall hielten sich die INS auf? Alle unmittelbar um den Tanklastwagen im Fluss? Wie belastbar ist die Zahl 70?

Die Hauptkräfte der INS bewegten sich regelmäßig um die beiden Tanker auf der Sandbank, an beiden Ufern rege Transporttätigkeit mit Sicherungskräften. Transport von Materialien im knietiefen Wasser ebenfalls aufgeklärt. *(Zu der Frage mit der Zahl 70 kam hier keine Antwort.)*

Welche Aspekte, Hinweise oder Meldungen haben zu der Beurteilung geführt, dass es sich bei allen an, am oder im Umfeld der Tanklastwagen befindlichen Personen um INS handelte? Trugen alle Personen Waffen? (Lagebeurteilung vor Ort)

Nicht alle Personen trugen offensichtlich Waffen, vermutlich auch deswegen, weil diese bei den Tätigkeiten gestört hätten. Es waren keine Frauen und Kinder vor Ort. Der Ort an sich, die Uhrzeit und eine vorangegangene Meldung eines Informanten, die genau dieses besagt hatte, führten zu dieser Beurteilung. Die zu beobachtende Sicherung im Osten und Westen des Flusses ließ eindeutig geplante Absichten erkennen. Die INS an der Sandbank passten auf, dass niemand sie beim Entwenden des Benzins störte, das sie für folgende INS-Operation verfügbar machen wollten.

Wie sind die vor Ort verfügbaren Beobachtungsmöglichkeiten zum Zeitpunkt der Aufklärung und zum Zeitpunkt der Bekämpfung zu bewerten?

Gute Übertragungsqualität über ein spezielles Aufklärungsmittel in der Operationszentrale zum Gewinnen eines eindeutigen Lagebildes.

Wie ist die Lagebeurteilung des Kommandeurs des Feldlagers Kundus nach Rücksprache mit dem Soldaten, der das luftbewegliche Aufklärungsmittel bediente? Welche Beurteilung führte zu dem Entschluss der Bekämpfung durch die Luft? Rechtliche Bewertung?

Zwei nachweislich durch INS gestohlene LKWs um 01.52 Uhr auf einer Sandbank mitten im Kundus-River, mehrere Pick-up-Fahrzeuge vor Ort für Umladeaktion, Waffen auf einem der Pick-up-Fahrzeuge, durch einen Informanten genauso gemeldet, führten zu der Bewertung, dass es sich um das versuchte Verbringen der Tankladungen zugunsten folgender INS-Operation handelte. In dieser Situation ging der Kommandeur des Feldlagers Kundus zusätzlich von einer unmittelbaren Bedrohung durch gegen das Feldlager Kundus eingesetzte Pick-up-Fahrzeuge aus, die an Ort und Stelle mit dem Betriebsstoff als fahrende Bombe präpariert und gegen das Feldlager Kundus oder andere alliierte Einrichtungen eingesetzt werden konnten.

Vor dem Waffeneinsatz wurde durch die US-Kampfflugzeuge bestätigt, dass die von dem Informanten gemeldeten Waffen sich auf einem Pick-up-Fahrzeug befanden. Durch diesen Informanten wurde nach dem Waffeneinsatz des Kampfjets am heutigen Morgen eine größere Anzahl von Handwaffen am Ort des Geschehens aufgenommen. Somit war es eine eindeutige Gefahrenabwehr wegen des Verbringens des Betriebsstoffs auf die Pick-up-Fahrzeuge und weil die Pick-up-Fahrzeuge als fahrende Bomben eingeschätzt wurden.

Wenn es sich eindeutig um eine »Gefahrenabwehr« handelte, war das Vorgehen auch von der rechtlichen Seite her abgesichert. Bis Ende August 2009 waren in jenem Jahr sechs Lastwagen und Tanklaster zu Anschlägen benutzt worden, die wieder zu hohen Verlusten geführt hatten. Seit Juli 2009 hatte es Hinweise gegeben, dass ähnliche Anschläge auf das deutsche Wiederaufbauteam geplant seien.

Was wurde bezüglich der Vermeidung der Gefährdung von Unbeteiligten geprüft?

Es gab eine Bestätigung durch den Informanten, dass keine Zivilisten oder Unbeteiligte vor Ort sind. Der Pilot des Kampfjets hat vor dem Waffeneinsatz mit einem speziellen Gerät den Abstand zu allen im Umkreis befindlichen Gehöften gemessen, um zivile Opfer auszuschließen.

Wie viele Bomben wurden abgeworfen?

Zweimal eine 500-Pfund-Bombe.

Wie ist die Bewertung der afghanischen Seite? (Gouverneur spricht gegenüber der Presse von Landbevölkerung, die sich Treibstoff abzapfen wollte.)

Auch die vom afghanischen Präsidenten Hamid Karzai eingesetzte Untersuchungskommission war Mitte September 2009 zu dem Schluss gekommen, dass bei dem Bombardement 30 Zivilisten und 69 Talibankämpfer getötet worden waren. Die Kommission hatte die Verantwortung für den Vorfall eindeutig den Taliban angelastet. Nach Abschluss der afghanischen Untersuchung hatte Karzai den Angriff zwar als Fehler bezeichnet, die Bundesrepublik aber zugleich in Schutz genommen. »Deutschland ist hier, um die afghanische Bevölkerung zu beschützen.«

Die afghanische Seite sowie der Gouverneur sprechen von »einem großen Erfolg« und urteilen eindeutig, dass es keine unschuldigen Zivilisten getroffen hätte. Er sei falsch zitiert worden, versicherte der Gouverneur dem Kommandeur des Feldlagers Kundus auf Nachfrage. Der Polizeichef spricht von circa sechzig getöteten INS. Eine ähnliche Zahl nennt auch der stellvertretende Leiter des afghanischen Geheimdienstes (NDS).

So weit die Fragen und Antworten im Dokument des Einsatzführungskommandos der Bundeswehr zum Bombenabwurf. Die Darstellung in den deutschen Medien kam wesentlich spektakulärer daher als die – selbst nach Kenntnis dieser zwei vertraulichen Dokumente, dem Berichts- und dem Frage-/Antwort-Dokument – bisher bekannten Tatsachen. Handelte es sich also um eine berechtigte Militäraktion und war deshalb lediglich Kriegsalltag?

Jedenfalls hat auch die NATO diesbezüglich einen Untersuchungsbericht erstellt. Dieser ist nach wie vor streng geheim. Einzelheiten sickerten dennoch an verschiedene Medien durch. Beispielsweise soll Oberst Klein Luftunterstützung angefordert haben mit der Begründung, dass seine Truppen Feindberührung hätten, obwohl sich nachweislich keine ISAF-Soldaten in der Nähe der Tanklastwagen aufhielten. Weiterhin hat er abgelehnt, die beiden *F-15*-Jagdbomber zunächst im Tiefflug über die Tanklastwagen fliegen zu lassen, denn das wäre als niedrige Eskalationsstufe angebracht gewesen. Die Tatsache, dass er sich auf eine einzige menschliche Quelle und die Bilder seines Aufklärungsluftfahrzeuges verließ, widersprach auch den Standard-Einsatzverfahren, den sogenannten Standard Operation Procedures (SOP). Der damalige ISAF-Kommandeur, US-General Stanley McChrystal, lehnte dazu eine Stellungnahme ab. Er berief sich darauf, dass dieses Papier als »geheim« eingestuft sei. Stanley McChrystal war der Oberkommandierende in Afghanistan, der aufgrund seiner Kritik an der Afghanistanpolitik des US-Präsidenten Barack Obama seinen Dienstposten räumen musste. McChrysal äußerte sich zu dem Kundus-Zwischenfall eindeutig: »Der Bericht liegt nun bei den Deutschen, die selbst entscheiden müssen, welche Schlussfolgerungen sie daraus ziehen.«

Die Bundesregierung hat die NATO bis zuletzt dazu gedrängt, den Untersuchungsbericht zurückzuhalten. Am 15. Oktober 2009 gaben Vertreter der Bundesregierung dem Oberkommandierenden der NATO in Europa während eines Besuches in Berlin ganz klar zu verstehen, dass es bei einer deutlichen Verurteilung von Oberst Klein durch die NATO zu juristischen Problemen in Deutschland kommen könnte.

Im Folgenden werden zur Unterstützung der These, dass es sich beim Tanklasterbombardement in Kundus um eine im Krieg völlig unspektakuläre Militäraktion handelte, Auszüge aus Gesprächsprotokollen herangezogen, die genau diese Lageeinschätzung präsentieren und als Dokumente vorgelegt werden können. Die Gespräche wurden geführt durch den Chef der deutschen Militärpolizei und andere Angehörige der deutschen Militärpolizei. Weil es Protokolle von Gesprächen sind, stehen die Aussagen der Befragten in indirekter Rede, alle folgenden Aussagen sind nichtsdestotrotz Zitate aus diesen Protokollen. (Auch hier finden sich im Anhang des Buches Abdrucke von Beispielen solcher vertraulicher Gesprächsprotokolle, die zeigen, wie unverständlich – zumindest für einen Laien – militärische Dokumente normalerweise sind.)

Befragt wurde der Chef der Schutzkompanie Kundus, was er bei seinem Eintreffen am Ort des Geschehens vorfand: Entlang des Flusslaufs des Kundus-River seien zahlreiche afghanische Polizisten und afghanische Soldaten gewesen, als sie dort eintrafen. Viele hatten Kameras dabei und jubelten den ISAF-Soldaten zu. Zum Teil wollte man den ISAF-Soldaten sogar Geldgeschenke überreichen. Es wurden einige Tier- und Kleidungsreste gefunden, so wie sehr wenige menschliche Überreste. Insgesamt sei alles Vorgefundene stark verbrannt oder zerstört gewesen. In einer der umliegenden Ortschaften habe man in einer Moschee etwa zwanzig Personen angetroffen, mit denen man eine ruhige und aggressionsfreie Gesprächsaufklärung durchführen konnte. *(Wenn hier Zivilisten zu Tode gekommen wären, hätte es einige Aggressionen gegeben.)*

Als weiterer Gesprächspartner stand ein amerikanischer Soldat zur Verfügung, der durch Gespräche mit der einheimischen Bevölkerung Folgendes herausgefunden hatte: Vierzehn Zivilpersonen seien getötet und vier Zivilpersonen verletzt worden. Es hätte sich dabei um Personen gehandelt, die zuvor von etwa sechzig in das Dorf gekommenen INS zur Arbeitsleistung gezwungen worden seien. Trotz der eigenen Verluste sei aber insgesamt eine große Freude über den Tod der INS gezeigt worden.

Als zusätzliche Belege für die Beurteilung, dass der Militärschlag in Kundus völlig unspektakulärer Kampfalltag der Bundeswehr in einer Kriegssituation war, können auch die Aussagen der verschiedenen afghanischen Distrikt-Manager angeführt werden, die als Stammesführer mit regionalen Bürgermeistern in Deutschland vergleichbar sind, aber auch die von Angehörigen des Provinzrates von Kundus, vergleichbar mit den Angehörigen des Stadtrats einer Großstadt, die nun aneinandergereiht folgen und als schriftliches Dokument zur Verfügung stehen.

Als Erstes das Statement eines hochrangigen Distrikt-Managers gegenüber einem amerikanischen Brigadegeneral vom 26. November 2009, zitiert nach dem Gesprächsprotokoll des

Generals: »Ich frage mich, was wollen die Personen 02.30 Uhr morgens an dem Tankwagen? Ich kann dafür keine Erklärung finden. Vielleicht beginnt jetzt das richtige Vorgehen gegen die INS. Ich möchte auch keine zivilen Opfer, aber warum sind diese Personen dort? Welche unbeteiligte Person hält sich von 22.00 Uhr bis 02.30 Uhr vier bis fünf Kilometer von seinem Dorf entfernt auf? Das sind alles Taliban oder ihre Unterstützer« (Distrikt-Manager von Chahar Darreh, Afghanistan).

Der Distrikt-Manager von Aliabad: »Außerdem ist es schwierig, zwischen Taliban und Zivilisten zu unterscheiden. Wie sieht ein Taliban aus? Leider waren die internationalen Kräfte immer zu nachsichtig mit den Taliban. In der Region, wo das passiert ist, sind circa achtzig Prozent der Stammesangehörigen INS. Meiner Information nach wurden achtundsiebzig Taliban und zehn Zivilisten getötet. Die Führer der Taliban haben ihren Unterkommandeuren Zettel für den Kraftstoffempfang gegeben. Deswegen respektiere ich die Aktion und kann sie nur gutheißen.«

Ein Provinzrat für den Distrikt Chahar Darreh und zugleich Mullah: »INS verstießen gegen die Religion, da im Ramadan keine derartigen bösen Aktionen erlaubt sind. INS verstoßen gegen göttliches Recht, um eigene Vorteile aus dem Unrechtshandeln zu ziehen... Nur möglichst komplettes Bekämpfen bewirkt, dass INS-Strukturen nachhaltig zerschlagen werden... Bevölkerung fragt sich, ob ISAF mit dem bisherigen zögerlichen Verhalten nicht den INS mehr nützt als schadet.«

So weit einige von vielen Meinungen mit vergleichbarem Tenor durch Ortsansässige in Kundus beziehungsweise deren Vertreter. Diesen Aussagen ist klar zu entnehmen, dass die verschiedenen afghanischen Führer zwar unterschiedliche Lagebeurteilungen abgeben, dennoch alle eindeutig die Vorgehensweise der Bundeswehr in dieser Nacht begrüßen. Zu erkennen ist an diesen Aussagen auch, dass eine nicht geringe Anzahl von Personen zu Tode gekommen ist. Auch von Zivilisten wird hier gesprochen. Die Anzahl der Zivilisten ist im Verhältnis zu der Anzahl getöteter INS dennoch gering und nach Aussage der verschiedenen afghanischen Volksvertreter zu vertreten. Da es sich bei den Befragten um Einheimische handelt, darf man wohl zu Recht eine gewisse Glaubwürdigkeit unterstellen, zumindest ist eine Einseitigkeit der Bewertung zugunsten der Bundeswehr relativ unwahrscheinlich. Dennoch fällt es schwer, diese Hinweise als Beschreibung der Realität heranzuziehen, dafür sind die Angaben hinsichtlich der Anzahl der Opfer zu unterschiedlich. Unbestreitbar geben diese Aussagen aber hinsichtlich der Opferzahlen über eine Tatsache Auskunft: Eine erhebliche Zahl von INS wurden getötet, und zumindest nach dem Urteil der ansässigen Bevölkerung kann deswegen von einem berechtigten Militärschlag gesprochen werden. Trotz solcher eindeutigen Informationen ist aber in Deutschland auch weiterhin immer wieder von einer unangemessenen, unberechtigten Aktion die Rede. Aus dem Blickwinkel der deutschen Soldaten bedeutet dies einen weiteren, nicht nachvollziehbaren Tiefschlag für die Glaubwürdigkeit der Bundeswehr: Neben den eigenen Erkenntnissen wird also auch den Aussagen und Schilderungen der afghanischen Bevölkerung kein Glauben geschenkt.

Wie ist die rechtliche Frage zu diesem Fall zu bewerten? Auch dazu gibt es eine klare Aussage. Sie wurde in einer ersten rechtlichen Bewertung des Vorfalls durch den Rechtsberater-Stabsoffizier am 4. September 2009 in Mazar-e Sharif wie folgt bekannt gegeben: »Wenn durch INTELL-Hinweise *(INTELL-Hinweise bedeutet: nachrichtendienstliche Informationen, auch durch sogenannte Informanten)* bekannt ist, dass es sich bei den Kräften, welche die Tanklastzüge entführt haben, nicht um gewöhnliche Kriminelle (Diebesbanden etc.), sondern um INS handelt, liegen die Voraussetzungen für die Anwendung der

ROE 429 *(Rules of Engagement = Regeln für die Kampfführung vom Einsatz körperlicher Gewalt bis hin zum Einsatz von Schusswaffen)* grundsätzlich vor.«

ROE 429 a erlaubt Angriffe auf Personen oder Gruppen, die den ISAF-Truppen gewaltsamen Widerstand leisten, wenn diese, ihrem Auftrag gemäß, der afghanischen Regierung die rechtmäßige Ausübung ihrer Herrschaft ermöglichen wollen. Einsatzregel 429 b erlaubt Angriffe auf Personen oder Gruppen, welche die uneingeschränkte Bewegungsfreiheit von ISAF-Truppen gewaltsam behindern. Die Ermächtigung zur Anwendung der Einsatzregeln liegt grundsätzlich beim ISAF-Kommandeur. Von Fall zu Fall, vor allem in zeitkritischen Situationen, darf ein Einheitsführer im Range eines Obersten und darüber selbstständig die Anwendung von Einsatzregel 429 verfügen, also Angriffe auf Menschen und Objekte befehlen. Voraussetzung dafür ist, dass die angegriffenen Personen klar als Aufständische (Insurgents/INS) identifiziert sind, dass sich aus der gegebenen Situation eine unmittelbare lebensgefährliche Bedrohung ergeben könnte oder dass die Aufständischen zu fliehen drohen.

Nach all diesen Aussagen sowohl im streng vertraulichen *Untersuchungsbericht des 20. Deutschen Einsatzkontingentes ISAF vom 9. September 2009* wie auch aufgrund der Ergebnisse aus Befragungen und Gesprächsprotokollen stellen sich folgende Fragen: Wenn die Voraussetzungen für einen Luftschlag vorlagen, warum musste sich Oberst Klein nach diesem Vorfall vor Gericht rechtfertigen? Zwar wurde er mittlerweile freigesprochen, dennoch wird er immer mit diesem Makel leben müssen. Seiner Karriere hat es aber zumindest nicht geschadet. Mittlerweile ist er in das Bundesministerium der Verteidigung nach Bonn gewechselt. Er hat nach seinem Freispruch also einen weiteren Grund zur Freude. Warum haben dann aber Angehörige des Deutschen Bundestages, im Speziellen Abgeordnete der Linkspartei, im Rahmen der vorletzten Mandatsverlängerung zum Afghanistaneinsatz im Jahre 2010 diesen Fall so dargestellt, als seien nur Unschuldige zu Tode gekommen? Wieso wird auch an anderen Stellen in Politik und Presse weiterhin stets von 142 getöteten Zivilisten gesprochen?

4.2 Kampfalltag und Geheimberichte

Der vertrauliche Untersuchungsbericht, der hier präsentiert wurde, untermauert ganz im Gegenteil die These, dass die Vorgänge in Kundus militärischer Alltag und der Kriegswirklichkeit völlig angemessen waren. Und doch behauptete das Verteidigungsministerium: »… dass es unvollständige und oberflächliche Feststellungen aus Ermittlungen sind, zu denen der Autor nicht befugt war.« Dieser Satz wurde durch das Verteidigungsministerium im Begleitschreiben zu dem Bericht hinzugefügt. Dieser Bericht wurde durch das NATO-Untersuchungsteam JIB (Joint Investigation Board) Anfang Oktober 2009 angefordert und sollte als Einwand des Ministeriums aussagekräftig sein. Mit »Autor« wird hier die Person bezeichnet, die den Auftrag hatte, diesen Bericht zu erstellen, nämlich der Chef der deutschen Militärpolizei vor Ort. Im Klartext heißt das, der Soldat hatte keine Fach- und Sachkenntnis und war nicht befugt, seine Lageeinschätzung im Bericht abzugeben. Doch wer sonst hätte das machen sollen oder machen können, wenn nicht der Chef einer Einheit, die dafür von unserem Staat ausgebildet wurde?

Zur Wahlkampfzeit stürzten sich deutsche Politiker geradezu auf die verschiedenen Aussagen und Schriftstücke, die ihnen zu diesem Zwischenfall vorlagen. Es ging um unterschiedliche Datumsangaben, wer, wann, wo welchen Bericht erhalten habe oder habe erhalten sollen und wann welche Behörde nun wirklich informiert war. Die Bundestagswahl 2009 stand an, und durch die unterschiedlichen Untersuchungsergebnisse konnte der Vorfall in Kundus von der Politik zum Wahlkampfthema gemacht werden. Das Tanklasterbombardement wurde hemmungslos instrumentalisiert, um die eigenen Wahlchancen zu verbessern. Es ging nicht mehr um die Sache, es ging um die Benutzung dieses Ereignisses zum eigenen Vorteil.

Trotzdem bleibt die Tatsache, dass die Bundeswehr und auch das Verteidigungsministerium oder auch die Bundesregierung insgesamt die Öffentlichkeit und das Parlament bewusst oder unbewusst, verspätet oder gar nicht, nur teilweise oder nur teilweise der Wahrheit entsprechend über den Zwischenfall informiert haben, weil eine öffentliche Diskussion um Opfer des ohnehin unbeliebten Afghanistaneinsatzes nicht in den Wahlkampf der Regierungsparteien – und sogar mancher Oppositionspartei – passte. Es wurde zu verhindern versucht, dass durch unpopuläre Informationen vor allen Dingen die Linkspartei gestärkt aus der Wahl hervorginge. Es kann allerdings nicht der geringste Zweifel daran aufrechterhalten werden, dass das Verteidigungsministerium bereits am Tag des Tanklasterbombardements von allen Details wusste. Denn wie anders hätte es den hier ungekürzt vorgestellten Fragenkatalog an die Bundeswehr in Kundus formulieren können? Und auch wenn – was äußerst unwahrscheinlich ist – die Fragen und Antworten dieses Katalogs nicht gleich am 4. September 2009 innerhalb des Verteidigungsministeriums oder an die Regierung weitergereicht worden sind, so müssen sowohl der Verteidigungsminister wie auch andere Regierungsorgane spätestens am 9. September – also lediglich fünf Tage später – durch den ebenfalls hier wiedergegebenen vertraulichen Untersuchungsbericht der Bundeswehr, der vom Chef der deutschen Militärpolizei erstellt wurde, informiert gewesen sein. Es bestehen berechtigte Zweifel daran, dass die drei später ihrer Posten Enthobenen die einzigen Personen in Regierungsämtern waren, die schon vor der Bundestagswahl 2009 die volle Wahrheit kannten.

Mit dem Wechsel des Verteidigungsministers kam eine

überraschende Wende in die beklagenswerte Öffentlichkeitsarbeit der Bundeswehr: Der neue Minister Karl-Theodor zu Guttenberg plante, selbst vor die Kameras zu treten und eine Aussage zur Kundus-Affäre zu machen. Gespannt warteten Journalisten und Bürger auf seinen Auftritt. Vergebens! Der Untersuchungsausschuss hat eine Live-Übertragung der Aussage am 22. April 2010 – mehr als ein halbes Jahr nach den Vorkommnissen – abgelehnt. Warum durfte das Volk die Aussage ihres Volksvertreters und Verantwortlichen für die Bundeswehr nicht live miterleben? Er selbst war ja dazu bereit und hatte kein Problem damit; aber aus irgendeinem Grund wollten die Koalitionspartner das nicht, denn vielleicht wären Dinge zur Sprache gekommen, die die Öffentlichkeit nicht wissen durfte.

Die Koalitionsparteien wollten nach eigener Aussage die Bundeskanzlerin schützen und machten Karl-Theodor zu Guttenberg einen Strich durch die Rechnung. Doch wovor wollten sie jemanden schützen, der nichts getan hat? Könnte es sein – und der Vorgang mit der abgesagten Pressekonferenz legt das nahe –, dass dies nur ein weiterer Ausweis für die fehlende Bereitschaft ist, ehrlich und vertrauensvoll hinter der Bundeswehr und dem schwierigen Auftrag der Soldaten zu stehen? Oder bestätigt die abgesagte Pressekonferenz nur ein weiteres Mal den Verdacht, dass sich in der Bundeswehrführung Strukturen gebildet haben, die der Politik nicht mehr das geringste Vertrauen entgegenbringen und sich aufgrund dieser Einschätzung außerhalb jeder Kontrolle durch Politik und Öffentlichkeit stellen?

Das würde jedoch schlicht bedeuten, dass das Militär nicht mehr kontrollierbar wäre. In diesem Fall würde eindeutig die Führungsfähigkeit der Bundeskanzlerin betroffen sein, und die Koalitionspartner hätten dann auch recht mit der Behauptung, sie wollten nur die Bundeskanzlerin schützen. Jedenfalls hatten Angehörige der Regierung augenscheinlich Angst vor möglichen unvorhersehbaren Entwicklungen bei dieser Veranstaltung und welches Bild sie abgeben würden, falls ihre eigene Kenntnis dieser Wahrheit dabei ans Licht kommen könnte.

Da zu diesem Zeitpunkt die Bundestagswahl vorüber war, bestand ja Hoffnung, dass der damals immer noch relativ neue und sehr beliebte Verteidigungsminister den Aufklärungsdruck bezüglich der Vorfälle in Kundus endlich erhöhen würde, denn schließlich war eine unbekannte Zahl von Menschen – ob Soldaten, Taliban oder Unschuldige – zu Tode gekommen, und noch immer waren Größenordnungen, Tathergang und Verantwortungszuständigkeiten in höchstem Maße widersprüchlich oder der Öffentlichkeit gar nicht bekannt gemacht.

Ich hatte die Gelegenheit, den damaligen Verteidigungsminister zu Guttenberg während eines Fernsehauftrittes selbst kennenzulernen. Ich gewann den Eindruck, dass er zu dem steht, was er sagt, – selten genug beim *homo politicus*. Was ihm allerdings in Reihen der Soldaten keine Glaubwürdigkeit verschafft hat, war denn auch die Tatsache, dass er von seiner ersten Aussage abgewichen ist. Seine erste Aussage war, dass er den Luftschlag für militärisch angemessen hielt. Doch diese Angaben zog er in einer Erklärung zurück, die er am 3. Dezember 2009 vor dem Bundestag vortrug: »Obgleich Oberst Klein – ich rufe das auch den Offizieren zu, die heute hier sind – zweifellos nach bestem Wissen und Gewissen sowie zum Schutz seiner Soldaten gehandelt hat, war es aus heutiger, objektiver Sicht, im Lichte aller, auch mir damals vorenthaltener Dokumente militärisch nicht angemessen. Nachdem ich – ohne juristische Wertung, das ist mir wichtig – meine Beurteilung diesbezüglich rückblickend mit Bedauern korrigiere, korrigiere ich meine Beurteilung allerdings nicht betreffend mein Verständnis bezüglich Oberst Klein.«

Als ich in der schon angesprochenen Fernsehsendung als Gast eingeladen war, gab es die Möglichkeit, auf den Zwischenfall in Kundus und auf ein direkt damit zusammenhängendes Thema zu sprechen zu kommen. Es ging um Entschädigungsleistungen Deutschlands an Afghanen, die durch das Tanklasterbombardement zu Schaden kamen oder den Tod von Angehörigen zu beklagen hatten. Zu jener Zeit machte nämlich ein Bremer Anwalt durch seine Recherchen auf sich aufmerksam. Dieser Anwalt hatte seiner Aussage nach während zweier Reisen in die Gegend des Luftangriffs 179 zivile Opfer festgestellt, darunter 134 Tote. Nun forderte er von der Bundesregierung Schadensersatz. In der Fernsehsendung war von mir folgende Frage in den Raum gestellt worden: »Warum fällt eigentlich niemandem auf, dass von dem Augenblick an, als die Bundesregierung öffentlich machte, dass man Gelder bereitstellt, um eventuelle Opfer oder Hinterbliebene zu entschädigen, die Opferzahlen täglich ansteigen?«

Am Ende von vielen Analysen, Diskussionen und Verhandlungen mit den Zuständigen in Afghanistan einigte man sich auf eine Unterstützungszahlung für Hinterbliebene von 66 Todesopfern und auf die Summe von circa 4000,– Euro für jeden Todesfall. Die Tatsache, dass man eine Unterstützungszahlung für Hinterbliebene leistet, legt den Verdacht nahe, dies sei ein indirektes Eingeständnis, dass es sich bei den Getöteten um Zivilisten gehandelt hat. Denn wer würde Unterstützungszahlungen für Hinterbliebene von in einem kriegerischen Konflikt gefallenen Feinden leisten? Jedenfalls hat die Bundesregierung diese Zahlen am 10. August 2010 bekannt gegeben.

Bei allen Ausführungen zum Thema Tanklasterbombardement wird eines überdeutlich: Letztlich schaden die Diskussionen und die mangelnde Aufklärung durch Politik, Medien und auch unseriöse Interessenvertreter, die sich an so einem Zwischenfall bereichern wollen, nur einer Partei – den Soldaten, die dadurch in der Öffentlichkeit noch mehr an Ansehen verlieren. Und so könnte es durchaus berechtigt sein, was am 18. Dezember 2009 Ernst-Reinhard Beck, verteidigungspolitischer Sprecher der Unionsfraktion, und Hans-Peter Uhl, innenpolitischer Sprecher der Unionsfraktion, erklärten: Das Grundgesetz müsse geändert werden, da darin die »veränderten Realitäten des 21. Jahrhunderts« wie die asymmetrische Bedrohung in Afghanistan bisher nicht berücksichtigt sei. »Wir sind rechtlich, mental und politisch nicht aufgestellt für kriegerische Handlungen. Wir wollen die pazifistischen Pazifisten sein. Das geht nicht.«

Allerdings ist dies auch ein weiteres offenes Eingeständnis, dass Einsätze wie in Kundus unserer Verfassung widersprechen. Und wieder einmal plädieren Abgeordnete des Deutschen Bundestages lieber dafür, das Grundgesetz zu ändern, als sich an seine Bestimmungen zu halten. Statt endlich Opferzahlen, Abläufe und die Schuldfrage bei den Vorfällen von Kundus zu untersuchen – und die Ergebnisse dann auch zu veröffentlichen –, verschanzen sich Politiker weiterhin hinter legalistischen Winkelzügen. Die drei für das Desaster beim Tanklasterbombardement Verantwortlichen gibt es zwar nicht mehr in öffentlichen Ämtern, trotzdem: Bis heute sind die wesentlichen Tatsachen und Hintergründe des Vorfalls unaufgeklärt oder zumindest nicht öffentlich:

- Gab es nun zu beklagende Opfer unter der Zivilbevölkerung, und wenn ja, wie viele? Stimmt die anfangs in den Medien genannte Zahl 142, oder ist die Zahl des bremischen Rechtsanwalts von 179 die richtige, oder entsprechen die 66 Opfer, für die Deutschland eine Unterstützungszahlung geleistet hat, der Realität – oder waren alle Opfer Taliban, und der Militärschlag war lediglich die grausame Wirklichkeit eines jeden Krieges?
- Welche Stellen hielten – schon vor der Bundestagswahl – Informationen zurück oder machten wissentlich ungenaue, ungenügende oder falsche Aussagen?

- Inwieweit kannten auch andere Stellen (Minister anderer Ressorts, die Bundeskanzlerin, Mitglieder im Verteidigungsausschuss) die Hintergründe und verschweigen sie eventuell bis heute vor der Öffentlichkeit?
- Was ist denn nun eigentlich vorgefallen? Was sind die Tatsachen, wie sieht die Realität aus?
- Warum besteht so wenig Aufklärungswille bei den Verantwortlichen, selbst nach mehr als einem Jahr; schließlich geht es um Menschenleben – die Leben von Soldaten *und* die Leben von Unbeteiligten?

Am Beispiel Kundus entsteht mehr als nur der Anschein, dass in der Bundeswehr viele eigene Süppchen gekocht werden, statt Ursachenforschung zu betreiben, die herausgefundenen Tatsachen zur Kenntnis zu nehmen und die ungeteilte Wahrheit dann auch zu kommunizieren. Manche Führungspersonen scheinen bei ihrem Vorgehen das ungenießbarste Süppchen zu kochen, denn sie gehen dabei buchstäblich über Leichen – zumindest über politische Leichen. Am Beispiel Kundus zeigt sich aber auch, wie groß der Einfluss von Intrigantentum und Machtgehabe in den oberen Etagen der Bundeswehr ist. Addiert man dann parteitaktische Winkelzüge und Vertuschungsversuche auf der politischen Ebene hinzu, bleibt einem bei militärischen und politischen Verlautbarungen zum Thema Kundus nur die Erkenntnis von Goethes Faust: »Die Botschaft hör' ich wohl, allein mir fehlt der Glaube.«

5. Die Bundeswehr und ihre Defizite

Diagnose: nicht einsatzbereit

Vor vierzig Jahren hat *Der Spiegel* mit einem Bericht über die mangelhafte Ausrüstung der Bundeswehr Aufsehen erregt. »Bedingt abwehrbereit«, titelte das Magazin damals. Und es ging ein Aufschrei durch Politik und Gesellschaft. Die Verantwortlichen in Bonn und Berlin hatten vier Jahrzehnte Zeit, die Defizite unserer Armee in den Griff zu bekommen. Doch auch heute noch gilt: Die Bundeswehr ist in ihrem aktuellen Zustand nicht einsatzbereit. Trotzdem wird sie von den politisch Verantwortlichen in Einsätze geschickt, obwohl auch durch den Bericht des Wehrbeauftragten seit Jahren bekannt ist, dass der Zustand bei Ausrüstung, Ausbildung und Betreuung der Soldaten nur als katastrophale und lebensgefährliche Mangelsituation bezeichnet werden kann. Infolge der zahllosen Fehlentscheidungen und dauerhaft ungenügenden Finanzmitteln ist eine untragbare Situation entstanden, die in krassem Gegensatz zu einer modernen Einsatzarmee steht.

5.1 Der Bericht des Wehrbeauftragten

Das Amt des Wehrbeauftragten, seine genaue Bezeichnung lautet »Wehrbeauftragter des Deutschen Bundestages«, gibt es seit dem Jahr 1956. Gemäß Grundgesetz unterstützt er die Abgeordneten bei der Ausübung der parlamentarischen Kontrolle der Bundeswehr. Wenn ihm Umstände bekannt werden, die auf eine

Verletzung der Grundrechte von Soldaten oder der Grundsätze der »Inneren Führung« hindeuten, wird er tätig. Eine offizielle Definition der »Inneren Führung« gibt es nicht, jedoch findet sich in der Zentralen Dienstvorschrift der Bundeswehr (ZDv 10/1) eine Beschreibung. Hier werden ihre Ziele, Grundsätze, Anwendungsbereiche und Leitsätze festgehalten. Durch sie sollen die Spannungen gemildert werden, die sich aus den individuellen Rechten des freien Bürgers einerseits und den militärischen Pflichten des Soldaten andererseits ergeben können. So hat das Prinzip der »Inneren Führung« seine Wurzeln im Leitbild des Staatsbürgers in Uniform und beschreibt im Grunde die komplexe Führungskonzeption der Bundeswehr. Werden dem Wehrbeauftragten Verstöße dagegen bekannt, recherchiert er die Fakten und Hintergründe anlässlich eigener Truppenbesuche. Darüber hinaus erhält er Jahr für Jahr zahlreiche schriftliche Eingaben von den Soldaten selbst. Unterstützt wird er von etwa fünfzig Mitarbeitern, die mit ihm zusammen Informationen auswerten, Eingaben bearbeiten und Hintergründe aufklären. Obwohl er die Funktion eines Hilfsorgans des Bundestages innehat, darf er dennoch nicht dessen Mitglied sein. Man könnte ihn als Vertreter der Bundeswehr im Bundestag bezeichnen, denn sie ist ja eine Parlamentsarmee und keine Regierungsarmee, weil sowohl ihre Einsätze als auch ihre Kontrolle vom gesamten Parlament festgelegt werden.

Als dieses Buch begonnen wurde, war noch Reinhold Robbe Wehrbeauftragter. Er wurde 2010 aus seinem Amt gewählt und als sein Nachfolger Hellmut Königshaus bestimmt, der im Mai 2010 seine neue Tätigkeit aufnahm. Reinhold Robbe hat sich stets vorbildlich für die Belange der Soldaten eingesetzt, und es ist zu bedauern, dass er nicht mehr im Amt ist. Leider muss hier die Zwischenbemerkung gemacht werden, dass nach seinem Ausscheiden niemand diesen Posten haben wollte: Drei Personen haben nachweislich, obwohl sie ausgewiesene Verteidigungsexperten sind, ein Angebot ausgeschlagen, weil sie andere Karrierepläne haben und ihnen das Amt des Wehrbeauftragten wohl nicht attraktiv genug erschien. Bestätigt nicht selbst dieses kleine Detail erneut die These, dass die politische Führungsebene in Deutschland ein gravierendes Akzeptanzproblem mit der Bundeswehr hat? Warum haben in diesem Fall mehrere Personen, die augenscheinlich befähigt gewesen wären, die Aufgabe zu übernehmen, und die bekundet hatten, dass ihnen das Wohl der Soldaten am Herzen liege, letztlich doch nicht für das Amt zur Verfügung gestanden? So bekam aus Mangel an Alternativen jemand diesen Posten, der vor vierzig Jahren in der Bundeswehr diente und trotzdem von sich behauptet, das Gespür für die Nöte der Soldaten nie verloren zu haben.

Zurück zur Arbeit des Wehrbeauftragten. Gestützt auf eigene Erfahrungen und die Recherchetätigkeit seiner Mitarbeiter, wird in jährlichen Abständen der »Bericht des Wehrbeauftragten«, manchmal auch als »Unterrichtung durch den Wehrbeauftragten« bezeichnet, der Öffentlichkeit und dem Parlament vorgelegt. Für das Ziel einer breiteren Akzeptanz und tieferen Verankerung der Bundeswehr in der deutschen Gesellschaft täte die Bundesregierung gut daran, diesem Bericht wesentlich größere Aufmerksamkeit zukommen zu lassen, als das bisher geschieht, und deutlich mehr Werbemittel und persönliches Engagement für seine mediale Präsentation zur Verfügung zu stellen. Diese mangelnde Aufmerksamkeit hat sich übrigens bei der Präsentation des aktuellen Berichts des neuen Wehrbeauftragten fortgesetzt. Aus diesem Bericht könnte die heranwachsende Generation, ja die gesamte deutsche Bevölkerung ungeschminkt erfahren, wo die Probleme, Sorgen und Nöte der Soldaten und ihrer Familien liegen. Denn das ist es gerade, was die Aussagen des Wehrbeauftragten auszeichnet: Er gibt den Soldaten, die augenblicklich in der Bundeswehr Dienst tun, eine Stimme. Er schildert ohne Beschönigung oder falsche Rücksichtnahme die soldatische Wirklichkeit vor Ort, im Einsatz und mit direktem Praxisbezug.

Und es sind gerade die Soldaten, die auch in diesem Bericht das Thema »Akzeptanz in der Gesellschaft« ganz nach vorne stellen. Dort wird dem Wehrbeauftragten in vielen Nachrichten mitgeteilt:

»... eine weitere von vielen Soldaten mir gegenüber geäußerte Klage ist der fehlende Rückhalt für die Soldaten durch die deutsche Gesellschaft ... Für unsere Bundeswehrangehörigen ist es ganz einfach nicht nachvollziehbar, weshalb ihre Mitbürgerinnen und Mitbürger ihnen so wenig Beachtung und – wie die Soldaten es selber formulieren – ›moralische Unterstützung‹ schenken, obwohl sie ihre Gesundheit und ihr Leben für deutsche Interessen und im Auftrag des Deutschen Bundestages einsetzen.«

In Robbes umfangreichen Materialien werden wie immer eine Vielzahl von Themen angesprochen, die durch Aussagen von Soldatinnen und Soldaten ergänzt, belegt und kommentiert werden. Manche Themen sind naturgemäß sehr fachspezifisch und auch durch die verwendeten Fachausdrücke für einen Laien nur schwer verständlich. Deswegen werden im Folgenden aus diesem Bericht nur einige Themen aufgegriffen und diese zum einfacheren Verständnis auch sprachlich aufbereitet.

Zunächst einmal gibt es für den Berichtszeitraum die bittere Erkenntnis, dass 5 Soldaten gefallen sind, 36 verwundet und 418 offiziell mit posttraumatischen Belastungsstörungen registriert wurden. Darüber hinaus legt der Bericht offen, dass erneut Mängel, die seit Jahren immer wieder benannt wurden, nicht abgestellt sind und sich auch die Begründung für diese Tatsache nicht geändert hat: Es steht dafür kein Geld zur Verfügung.

Die Aussage des Wehrbeauftragten zu diesem Thema lässt an Klarheit nichts zu wünschen übrig: »Deshalb muss ich an dieser Stelle meine begründeten Zweifel an bestimmten Führungs-

und Entscheidungsstrukturen der Bundeswehr unterstreichen. Bereits bei der Vorstellung meines vorletzten Tätigkeitsberichtes hatte ich gefragt, ob gewisse Mängel und Defizite der Bundeswehr mit den Ansprüchen einer modernen Einsatzarmee zu vereinbaren seien. Die Antwort liegt auf der Hand: ein deutliches Nein! Die Realität in den Streitkräften ist gekennzeichnet durch unübersichtliche Führungsverantwortung, zu viel Bürokratie, Reibungsverluste durch Trennung von Truppe und Truppenverwaltung sowie veraltete Personal- und Materialplanung.«

Die genannten »Mängel und Defizite« werden im Bericht 2009, aus Sicht des Wehrbeauftragten und mit Meldungen von Soldaten unterlegt, Punkt für Punkt abgehandelt.

5.2 Die »Ausrüstungswunde«

Ein Beispiel aus dem Bereich
Wohnen
berichtet von Soldaten auf Auslandseinsatz im Kosovo: »Die Unterkunftssituation wurde zum Teil als kritisch beschrieben. Die Feldhäuser und Unterkunftscontainer haben die vorgesehene Dauer ihrer Nutzung deutlich überschritten. In einem Fall musste eine Unterkunft wegen massiven Schimmelbefalls geschlossen werden. Die beschriebenen Zustände sind, zumal eine Gesundheitsgefährdung der Soldaten zu befürchten ist, nicht haltbar.«

Ein Beispiel zum Thema
Ausrüstung:
»... Ersatzbeschaffungen ziehen sich oft über Monate hin... geschützte Fahrzeuge durften nicht mehr genutzt werden, obwohl sie fahrtüchtig waren, aber zwei unwichtige Staukästen beschädigt waren und somit auf ungeschützte Fahrzeuge, wo die Staukästen in Ordnung waren, ausgewichen werden musste... Das Fehlen von Nachtsichtgeräten für infanteristische Einhei-

ten wird von Soldaten immer wieder angesprochen ... nicht genügend geschützte Fahrzeuge im Einsatzland vorhanden ... Hier wird die Bundeswehr ihrem Anspruch, eine moderne Armee zu sein, nicht gerecht. Sie reagiert weder zügig noch flexibel ...«

Bereits an diesen beiden Beispielen zum Thema Wohnen und Ausrüstung zeigt sich: Hier kommen die Soldaten zu Wort. Hier wird die harte Realität des Alltags dokumentiert, nicht jene, die uns in den Medien durch Politiker vorgegaukelt wird. Die schon geäußerte Überzeugung kann nicht oft genug wiederholt werden: Diese jährlichen Berichte des Wehrbeauftragten müssten Pflichtlektüre für jeden an Entscheidungen über die Bundeswehr Beteiligten oder auch nur Interessierten sein, denn sie sind bei Weitem das beste Mittel, zu einem fundierten Urteil über den Zustand unserer Armee zu gelangen. Gerade im Bereich

Transport

legt der Wehrbeauftragte immer wieder und äußerst plastisch den Finger in die zentrale »Ausrüstungswunde« der Bundeswehr. Seit Jahren reißen die Beschwerden der Soldaten nicht ab, vor allem bei den sogenannten »geschützten Fahrzeugen« liege dermaßen viel im Argen, dass hier nur die haarsträubendste Fehlentwicklung benannt werden soll.

Im Gefecht ist der Schutz jedes einzelnen Soldaten das Wichtigste. Sollten durch Anschläge oder Unfälle geschützte Fahrzeuge nicht mehr in ausreichender Zahl für den Personentransport zur Verfügung stehen, müssen andere Fahrzeuge zur Gewährleistung dieses Schutzes herangezogen werden. Meist können diese aber, gerade was die Bedrohung durch Minen anbelangt, eine solche Sicherheit nicht gewährleisten. In solchen Fällen wird nach einer Wichtigkeitshierarchie entschieden, wer in welchen Fahrzeugen Platz nehmen darf. »... werden diese Fahrzeuge nur mit Fahrer und Beifahrer besetzt und der Rest der Besatzung wird auf andere Fahrzeuge mit höherer Schutzklasse verteilt.« Wie erklärt man eigentlich jenen Fahrern und

Beifahrern, dass sie im Unterschied zu ihren Kameraden relativ ungeschützt durch ein Kriegsgebiet fahren müssen und dabei unnötig in Gefahr geraten, der Gefahr, Schaden am eigenen Leben zu nehmen, und dass diese Fahrzeuge minderer Sicherheitsklasse an den Feind verloren gehen können? Weist man sie auf die Kosten für die Anschaffung einer ausreichend großen Zahl von geschützten Fahrzeugen der höchsten Güteklasse hin, die der militärischen Führung als zu hoch erschienen?

Mindestens genauso haarsträubend ist eine weitere Ausrüstungswunde der Bundeswehr: Da Soldaten auch nachts unterwegs sind, sind

Nachtsichtgeräte

von zentraler Bedeutung. Die Bundeswehr hat dafür die Nachtsichtbrille *Lucie* angeschafft. Dass diese nicht in ausreichender Zahl vorhanden ist, verwundert nach den bereits angeführten Beispielen kaum mehr. Sollten also durch Defekt oder durch Beschuss eines Fahrzeugs, in dem sich der Vorrat an Nachtsichtbrillen einer Einheit befindet, diese wichtigen Geräte zerstört sein, müssen die Soldaten ohne *Lucie* ihrem nächtlichen Auftrag weiter nachgehen. »Ein Tauschvorrat ist nach wie vor nicht vorhanden«, wie der Wehrbeauftragte zum wiederholten Mal feststellt. Doch die Misere ist ausbaufähig: Es gab nämlich keine Sehhilfeeinsätze für Brillenträger bei der Nachtsichtbrille *Lucie*. Die Notwendigkeit einer solchen Vorrichtung wurde im März 2009 festgestellt. Bis zur Bereitstellung von Haushaltsmitteln, um den Mangel abzustellen, dauerte es bis Anfang August. »Warum braucht es einen Zeitraum von vier Monaten von der Feststellung der Einsatznotwendigkeit bis zur Freigabe der Haushaltsmittel trotz anerkannter Dringlichkeit?«, fragt zu Recht entnervt der Wehrbeauftragte in seinem Bericht. Sogenannte Experten benötigten in diesem Fall mehr als hundert Tage, um die Dringlichkeit zu erkennen, dass ein Brillenträger in einer Gefechtssituation auch nachts auf sein Sehvermögen angewiesen ist. Hundert Tage, in denen Hunderte von Soldaten unnötigen Gefahren für Leib und Leben ausgesetzt wurden.

Zum Abschluss noch ein Beispiel aus dem Bereich **Kommunikation**.

Gerade, weil sich Soldaten auf Auslandseinsätzen in einer ständigen emotionalen Mangelsituation befinden, was die Häufigkeit und Intensität ihrer Kontakte zur eigenen Familie und zu Freunden betrifft, müsste ihr Auftraggeber beziehungsweise ihr Arbeitgeber, also die Bundeswehrführung, dafür Sorge tragen, dass die unterschiedlichsten Kommunikationswege zwischen den Einsatzgebieten und Deutschland problemlos und permanent genutzt werden können. Als der Wehrbeauftragte zum wiederholten Male das Bundesministerium der Verteidigung darauf hinwies, dass hier gravierende Mängel bestünden, wurde ihm mit Schreiben vom 25. September 2009 von dort mitgeteilt: »... dass aufgrund der berechtigten Beanstandungen und der gestiegenen Erwartungshaltung ein neues Ausschreibungsverfahren eingeleitet worden sei, das am Jahresende allerdings noch nicht abgeschlossen war.«

Warum geht eigentlich niemand aus dem Ministerium einfach auf die zu beauftragenden Firmen zu und fragt an, ob die Soldaten mit den Mitteln der jeweiligen Firma auch gesichert weltweit telefonieren könnten? In der Regel kann es dazu nur zwei ziemlich unkomplizierte Antworten geben: ja oder nein. Die Neinsager wären schnell aussortiert, und nun müssten nur noch die Preise der Jasager verglichen werden. Wieso vom Zeitpunkt des Schreibens (Anfang September) bis Ende des Jahres – also insgesamt mehr als drei Monate, da die Ausschreibung ja wohl schon länger läuft – noch immer keine Lösung absehbar sein soll, müssen die Verfasser dieser Aussage erklären. Das Vorgehen hat sehr den Anschein einer Problembewältigung durch Langsamkeit.

Eventuell könnte diese Langsamkeit aber mit den Geschäftsbeziehungen der Bundeswehr zu einer Firma namens KB Impuls in Zusammenhang stehen. Diese stellt an vielen Einsatzorten die Telefon- und Internetverbindungen für Bundeswehrangehörige bereit und hat wahrscheinlich einen langfristigen Vertrag, der nur schwer zugunsten einer anderen Firma gekündigt werden kann. In einem solchen Fall wäre dieses Beispiel nur ein weiterer Beleg dafür, dass bei der Bundeswehr grundsätzlich Wirtschaftsinteressen vor den Bedürfnissen der Armee stehen, denn letztere werden im Bericht 2009 eindeutig formuliert: »Die Kommunikation in die Heimat ist unter dem Aspekt der Vereinbarkeit von Familie und Dienst von großer Bedeutung und war immer wieder ein zentrales Thema in den Gesprächsrunden mit dem Wehrbeauftragten.«

5.3 Lebensgefährliche Ausbildungsversäumnisse

Es ist ein Skandal, mit welchen Ausrüstungsmängeln die Soldaten von ihrer Führung in einen Waffengang geschickt werden. Die überwiegend jungen Soldaten spürten darüber hinaus auch schon bei ihrer
Ausbildung vor dem Einsatz
so gravierende Defizite, dass sie deswegen beim Wehrbeauftragten vorstellig wurden, der die Klagen sehr kurz und sehr klar zu begründen wusste: »Eine gründliche Vorausbildung kann für die Bundeswehrsoldaten im Einsatz überlebenswichtig sein«, und der die ihm zu Ohren gekommenen Mängel in seinem Bericht detailliert benannte: »… dass nicht genügend geschützte Fahrzeuge in Deutschland zur Vorausbildung für Soldaten, die in einen Einsatz gehen, zur Verfügung stehen, um dort mit ihnen zu üben. Gleiches gilt für die Ausbildung an Kommunikationsmitteln, die die Soldaten letztendlich bedienen müssen, wenn sie im Einsatzgebiet sind. Die Soldaten müssen im Ernstfall wissen, was zu tun ist und wie. Sie sollen schnell

und richtig reagieren können ... Weiterhin wurde seitens der Soldaten gewünscht, die Einsatzvorausbildung realitätsnaher zu gestalten. Geriete man im Einsatzland in einen Hinterhalt, sei die tatsächliche Anzahl der Angreifer weitaus höher als in den zuvor geübten Szenarien.«

Längst gibt es auch in Deutschland verschiedene Firmen, die eine »realitätsnahe Einsatzvorausbildung« anbieten und dafür auch über erfahrenes Ausbildungspersonal verfügen. In anderen Ländern ist es Standard, dass man für die Ausbildung im Vorfeld von Einsätzen mit solchen Privatfirmen zusammenarbeitet, deren Ausbilder nutzt und sogar mit Unterstützung der Bevölkerung am Ort jene Menschenmassen simuliert, wie sie bei späteren realen Einsätzen den Soldaten gegenüberstehen werden. Wenn es schon Ziel ist, deutsche Firmen mit Aufträgen zu versorgen, dann wäre die Einsatzvorbereitung dafür sehr geeignet – und sie käme, was noch viel wichtiger ist, den Wünschen der Soldaten nach besserer Ausbildung entgegen. Denn im Augenblick stellt sich die Situation, wie der Wehrbeauftragte zusammenfasst, folgendermaßen dar: »... um Defizite in der Vorausbildung im Inland auszugleichen, wurde die Konvoi- und Geländeausbildung teilweise in das Einsatzland verlegt. Dabei kam es aufgrund fehlender Fahrpraxis zu Unfällen, die auch den Tod deutscher Soldaten zur Folge hatten.« Bei solchen Zuständen verwundert es kaum, wenn Soldaten ihre persönlichen Konsequenzen ziehen: »... zwei Soldaten, die als Militärkraftfahrer für den Einsatz in Afghanistan vorgesehen waren, teilten mir in ihren Eingaben mit, dass sie unter Hinweis auf die unzureichende Ausbildung ihre freiwillige Bewerbung für einen Einsatz zurückgezogen hätten.«

Als weiteren Klagepunkt listet der Wehrbeauftragte **Mängel bei der Waffenausbildung** auf: »Sanitätssoldaten sprachen sich dafür aus, in ihrem Fall auch mehr Wert auf die Schießausbildung zu legen. Auch sie müssen selbstverständlich Sicherheit im Umgang mit ihrer Handwaffe erlangen, um für ihren eigenen Schutz sorgen zu können, wenn es notwendig wird. Ansonsten besteht die Gefahr, dass sie zu einer zusätzlichen Belastung für ihre im Gefecht stehenden Kameraden werden.« Zweifellos ist das häufigste Arbeitsgerät eines Soldaten seine Waffe. Und so ist es schon grotesk, dass Soldaten den Wehrbeauftragten des Deutschen Bundestages anschreiben und fast betteln müssen, an ihren Waffen ausgebildet zu werden: »Oftmals, nach Aussage der Soldaten, beschränke sich die Ausbildung auf eine Einweisung in die Handhabung der Waffe und ein kurzes Schießen, wenn eine solche Ausbildung in Deutschland überhaupt stattfinde ... So berichtete beispielsweise ein in Kundus eingesetzter Arzt, zuletzt während seiner Grundausbildung im Jahr 1998 mit einer Handfeuerwaffe geschossen zu haben.« Dem Urteil des Wehrbeauftragten zu diesen unfassbaren Zuständen kann man nur vorbehaltlos zustimmen: »Derartige Ausbildungsdefizite sind aus meiner Sicht nicht hinnehmbar.« Doch was mag der Grund sein für diese nicht zum ersten Mal vorgebrachten Beschwerden? Werden vielleicht die Ausbilder selbst falsch oder nicht genügend ausgebildet, bevor man sie als militärisches Führungspersonal einsetzt? Ein solches Urteil liegt nahe, denn wenn man sich die aktuellen Schulungsvorgaben genau ansieht, erklären sich die

Ausbildungsdefizite beim Führungspersonal

von selbst. Vor nicht allzu langer Zeit musste man noch, um militärisch führen zu dürfen, verschiedene Ausbildungsabschnitte durchlaufen. Nur wer diese Ausbildungsabschnitte bestanden hatte, wurde mit Untergebenen konfrontiert. Die Abschlussprüfungen für die einzelnen Abschnitte nahmen einige Zeit in Anspruch, und so hatte man nach Durchlaufen dieser Ausbildung die Zeit der Jugend schon ein Stück hinter sich gelassen. Ein möglicher und durchaus erwünschter Nebeneffekt war, dass bei manchem militärischen Vorgesetzten während dieser Schulungen auch ein Stück Lebenserfahrung dazugekommen war.

Die Wende für diese durchaus sinnvolle Art der Ausbildung kam mit der sinkenden Geburtenrate und dem steigenden Desinteresse an einem längerfristigen Engagement bei der Bundeswehr. Plötzlich mussten elementare Lehrgänge nicht mehr mit einer Prüfung bestanden werden. Es genügte, dass man teilnahm. Der Bundeswehr begannen die militärischen Führer abhandenzukommen, also wurden lieber schlecht ausgebildete und manchmal sogar ungeeignete Personen rekrutiert, um die sogenannte »Kopfzahl«, das heißt die Planzahl innerhalb einer vorher theoretisch festgelegten Struktur, zu erreichen. Planerfüllung wurde wichtiger als Qualität der Ausbildung und Charakterstärke beim Führen von Menschen. Bedingt durch die drastische Senkung des Durchschnittsalters von militärischen Vorgesetzten, kamen immer häufiger Klagen von Soldaten, sie hätten während des Einsatzes von heute auf morgen einen Zugführer bekommen, der frisch vom Studium kam, oder einen Gruppenführer direkt von einem Laufbahnlehrgang. Solche Vorgesetzten müssen in Gefahrensituationen versagen, sie können gar nicht anders, vor allem, wenn sie noch nicht einmal das richtige Vorgehen mit ihren Männern vorher trainieren konnten.

Die schlimme Erkenntnis, welch fatale Folgen diese veränderte Form der Ausbildung zumindest begünstigt, kristallisierte sich in den letzten zwei bis drei Jahren in Afghanistan heraus. Dort trat zutage, dass viele militärische Führer, egal, welcher Dienstgradgruppe, aufgrund ihrer Ausbildung nicht in der Lage waren, adäquate Entscheidungen zu treffen, und deswegen Menschen unnötig zu Schaden kamen. Doch statt diese Entwicklung zu stoppen und zum Beispiel wieder zu richtigen Prüfungen am Ende von Lehrgängen zurückzukehren, ging man noch einen Schritt weiter in die falsche Richtung: Auf die neue Möglichkeit, einen

Kurs mit »Bestanden durch Anwesenheit« abzuschließen, folgte das »Bestehen durch Handauflegen«. Diese zunächst etwas flapsig und unverständlich anmutende Formel besagt nichts anderes, als dass nun gewisse Speziallehrgänge erfolgreich abgeschlossen werden können, indem das Erreichen des Ausbildungsziels bereits durch einfaches Handauflegen auf den Kursteilnehmer erklärt wird. Ein Beispiel: Werden bei einem Spezialverband zum Erreichen der Einsatzfähigkeit zehn Kraftfahrer, zehn Funker und zehn Sanitäter benötigt – man hat sie aber kurz vor einem bereits beschlossenen Einsatz nicht oder nicht in ausreichender Anzahl –, so werden den ausgewählten Personen die benötigten Lehrgänge durch Handauflegen in direkter Folge genehmigt, durchgeführt und als bestanden erklärt. Für einen Soldaten, der das Fahren unter Gefechtsbedingungen auf diese Weise erlernt hatte und infolge des so bestandenen Kurses als einsatztauglich galt, endete der Einsatz in Afghanistan mit dem eigenen Tod und dem anderer Wageninsassen. Unerfahrenheit, ungenügende Ausbildung, feindlicher Beschuss und das daraus resultierende menschliche Fehlverhalten führten zu dieser Tragödie. Beileibe kein Einzelfall, denn unter dem Stichwort »Ausbildung vor dem Einsatz« wurde am Anfang dieses Kapitels bereits die Beschwerde aus dem Bericht des Wehrbeauftragten zitiert, dass Soldaten an ihrem Heimatort nicht mit jenen Fahrzeugen trainieren konnten, die ihnen während ihres Afghanistaneinsatzes zur Verfügung stehen würden. Erst am Einsatzort hatte man sie auf die neuen Fahrzeuge eingewiesen und direkt danach auf Patrouillenfahrt im Kriegsgebiet geschickt. Ein kurzer Vergleich macht den Irrsinn dieser Vorgehensweise deutlich: Wer würde sich, nachdem er erst vor einer Woche den Führerschein auf einem Smart bestanden hat, bei der Rallye Paris–Dakar hinter das Steuer eines hochgezüchteten Boliden setzen? Zugegeben, Vergleiche hinken und natürlich auch dieser – denn bei jener Rallye stehen die Fahrer *nicht* noch zusätzlich unter Beschuss.

Zurück zu weiteren Ausbildungsdefiziten, die gerade deshalb, weil die Bundeswehr sich in einem internationalen Konflikt befindet, dringend abgestellt werden müssen. Manche dieser Mängel mögen auf den ersten Blick nicht besonders bedeutend erscheinen, doch spätestens dann, wenn man sich die Konsequenzen überlegt, wird klar, zu welch großem Problem sich jeder Mangel unter den Bedingungen einer Gefechtssituation auswächst. Die

ungenügende Sprachkompetenz
bei der Bundeswehr ist ein solches Ausbildungsdefizit, das erst beim zweiten Blick seine erschreckenden Folgen offenbart. Spätestens seit dem Afghanistaneinsatz wird der politischen und militärischen Führung der Bundeswehr klar, dass sich Deutschland auf einen internationalen Kriegsschauplatz begeben hat. International bedeutet im Fall Afghanistan: Deutsche Soldaten sind am Einsatzort mit verschiedenen Ethnien, verschiedenen Religionen, verschiedenen Rechtssystemen und vor allem verschiedenen Sprachen konfrontiert. Zwar sind in all diesen Bereichen enorme Probleme zwischen Einheimischen und Deutschen die Folge, doch hier soll es erst einmal nur um das Problem der unterschiedlichen Sprachen gehen.

Ist es schon während eines Friedensdienstes im Auslandseinsatz oder bei gemeinsamen Manövern innerhalb der NATO wesentlich, eine gemeinsame Sprache zu sprechen, so ist im Falle eines Kampfeinsatzes diese Fähigkeit unabdingbar. Da nicht nur in der Zivilgesellschaft, sondern auch beim Militär die englische Sprache zur *lingua franca* erhoben wurde und die meisten Partner Deutschlands diese auch sprechen und verstehen, ist die Beherrschung des Englischen für die militärischen Belange von zentraler Bedeutung. Zusätzlich wäre wünschenswert, dass die Soldaten zumindest Grundkenntnisse in jener Sprache erwerben – bevor sie in einen Einsatz geschickt werden –, die die Bevölkerung am Einsatzort mehrheitlich spricht.

Die Sprachförderung ist bei der Bundeswehr folgendermaßen geregelt: Wer sich fort- oder ausbilden lassen möchte, muss zunächst einen Grundlagentest bestehen. In solchen jährlichen Tests, »SLP – Sprachleistungsprofil« genannt, wird das Sprachvermögen von Berufs- und Zeitsoldaten überprüft, wenn sie bestimmte Ausbildungen zu durchlaufen beabsichtigen. Diese internationalen Lehrgänge wurden lange Zeit nur in englischer Sprache abgehalten, schon allein weil sie in den meisten Fällen von erfahrenen ausländischen Ausbildern geleitet wurden. Damit war die Beherrschung des Englischen für jeden Soldaten erstrebenswert, der in der Bundeswehrhierarchie weiterkommen wollte. Allerdings kostet eine Schulung in Englisch für jeden Soldaten, der daran teilnimmt, sehr viel Geld, ganz abgesehen von der Zeit, die er dann nicht für andere Tätigkeiten eingesetzt werden kann. Deswegen wurde so viel Wert darauf gelegt, durch permanente SLPs den aktuellen Kenntnisstand der Kursteilnehmer abzufragen, um sie dann in die richtigen weiterführenden Kurse schicken zu können. Hier liegt aber genau das Problem: Diese Sprachtests beurteilen die Beherrschung des sogenannten Oxfordenglisch, also einer festgelegten Norm, die sich von der tatsächlichen Alltagssprache und vom militärischen Spezialjargon in vielen Punkten unterscheidet. Englische Muttersprachler würden jedem Verwender des Oxfordenglisch, selbst wenn er ein Ausländer wäre, mit Skepsis und Distanz begegnen, da es sich um hochgestochenes Englisch handelt – nicht gerade förderlich für ein Gespräch in Soldatenkreisen. Auch andersherum wird die Reduktion auf das normierte Oxfordenglisch für manche Soldaten zum Stolperstein: Viele haben ihre Sprachkenntnisse gerade im praktischen Umgang mit Engländern und Amerikanern erworben und sprechen so ein zwar nicht perfektes, aber leidliches Umgangsenglisch. In den SLPs, deren Bestehen Grundlage für das Weiterkommen innerhalb der militärischen Hierarchie ist, fallen sie durch, weil dort nicht die

Beherrschung des Umgangsenglisch, sondern des Oxfordenglisch abgefragt wird. Ein Teufelskreis. Einem Funker, beispielsweise, der vor diesem Hintergrund bei einem SLP durchfällt, wird nicht erlaubt, einen Kurs zu besuchen, der die englischen Spezialbegriffe zum Thema hat, die für die Koordinierung eines Luftschlages im internationalen Verbund benötigt werden. Er wird nicht einmal jenen Kurs besuchen können, der ihm die notwendigen Vokabeln beibringt, um Luftfahrzeuge ausländischer Partner beim Landeanflug einzuweisen. Kommt schließlich noch der Stress hinzu, der bei militärischen Aktionen immer dazugehört, und besagter Funker muss für seine Einheit einen internationalen Notruf absetzen, wird er selbst sein Umgangsenglisch stressbedingt kaum anwenden können. Da er aber die normierten Formulierungen eines Notrufs in englischer Sprache nicht erlernen durfte, steht schnell nicht nur sein Leben, sondern auch das seiner Kameraden auf dem Spiel. Ein Paradebeispiel, welch fatale Konsequenzen Sparen am falschen Ende – also die reduzierte Förderung der Sprachausbildung – und ein Festhalten an alten Ausbildungsplänen – also die falsche Konzentration auf eine Kunstsprache wie das Oxfordenglisch – haben kann.

Da stets das Leben die besten Geschichten schreibt, soll hier kurz eine Anekdote aus meiner eigenen Einsatzzeit in Afghanistan erzählt werden, die jene Tragik schildert, die in einer Kampfsituation aus ungenügender Sprachkenntnis entstehen kann, die aber zusätzlich (leider) einer gewissen Komik nicht entbehrt. In meiner Einheit war ich neben einem in den USA geborenen Kameraden 2004 der einzige Soldat, der Englisch sprach. Es oblag also stets mir, mit den Koalitionspartnern zu kommunizieren, wenn er nicht verfügbar war. Eines Tages geriet unsere Einheit in eine Notlage, die wir nur mithilfe von US-Streitkräften bereinigen konnten. Leider war in diesem

Moment keiner von uns beiden verfügbar, und ein anderer Kamerad musste notgedrungen den Funkverkehr mit den Koalitionsstreitkräften aufrechterhalten. Die Lage eskalierte, und der Kamerad am Funkgerät konnte auf die Frage, worum es gehe, nur antworten: »Help me!« Als man ihn daraufhin fragte, wo denn Hilfe benötigt werde, kam die lapidare Erwiderung: »In the middle of Afghanistan.« Ich kann mich noch gut erinnern, wie wir damals, als wir das erfuhren, zwar in Lachen ausbrachen, wie uns aber auch das Lachen im Halse steckenblieb, sobald wir an die Gefährlichkeit dieser Situation zurückdachten.

Egal, in welchem Bereich – ob an der Waffe, bei der Führung von Menschen, beim Erlernen einer Sprache, beim Steuern eines Fahrzeugs oder beim Beherrschen des soldatischen Handwerks insgesamt –, Ausbildung *muss* sehr fordernd sein. Oft wird ihr Wert erst viel später klar, und man wundert sich, weshalb man gewisse Ausbildungsziele für weit hergeholt oder gar überflüssig halten konnte. Als ich während meiner Ausbildung mit Unterbrechungen etwa zwei Jahre lang im Gebirge ausgebildet wurde, fragte ich mich oft: Warum? Als ich immer wieder Häuser stürmen musste, fragte ich mich: Warum? Als ich eine Orientierungsübung nach der anderen machen musste: Warum? Und speziell, als ich körperliche Gewalt über mich ergehen lassen musste, die vor jedem Gericht ein für mich positives Urteil zur Folge gehabt hätte, fragte ich mich: Warum? Dann musste ich in Afghanistan über 5700 Meter hohe Berge erklimmen, wie ein Lastesel Gepäck über weite Distanzen schleppen, mich häufig in völlig unbekanntem Gelände zurechtfinden, Gebäude stürmen und Verhörsituationen bestehen, die mich noch heute nachts aus dem Schlaf reißen. Dies alles konnte ich nur durchhalten, weil ich eine hervorragende Ausbildung genossen hatte. Allerdings stellte sich mir dann die entscheidende Frage: Würde auch in der heutigen Zeit noch so viel Geld, so viel Sorgfalt und so viel Geduld in meine Ausbildung investiert werden, damit ich meinen Auftrag mit gewissen Erfolgsaussichten erfüllen kann? Und die Antwort war eindeutig, ernüchternd und erschreckend zugleich. Diese Form der Ausbildung gehört wohl dauerhaft der Vergangenheit an. Weder ist genug Geld dafür vorhanden, eine solche Ausbildung einer nennenswerten Anzahl von Soldaten zugutekommen zu lassen, noch existiert die Bereitschaft, den Bundeswehrhaushalt so auszugestalten, dass die nötige Zahl von Rekruten eine gute Ausbildung durchlaufen kann.

Welche Alternative bleibt?

Erstens: Es ist zwingend notwendig, das Ausbildungskonzept umzustellen und Soldaten erst nach tatsächlich bestandenen Prüfungen in einen Einsatz zu schicken.

Zweitens: Es muss Schluss sein mit der Vorspiegelung der falschen Tatsache, die Bundeswehr sei einsatzfähig. Sie ist in Einsätze geschickt worden, was aber noch lange nicht bedeutet, dass sie dazu auch befähigt ist.

Drittens: Gebraucht werden kleinere und strikt erfolgsorientiert ausgebildete Verbände. Die Professionalität einer Armee aus Bürgern in Uniform ist – erst recht im Kriegsfall – eine Illusion, die im Augenblick Soldaten während ihres Einsatzes das Leben kostet.

Ein erster und richtiger Schritt in diese Richtung ist die sofortige Abschaffung der Wehrpflicht. Allerdings bedeutet abschaffen nicht aussetzen. Das Aussetzen der Wehrpflicht, wie es nun beschlossen ist, ist nur ein Alibi, um an unzeitgemäßen Traditionen, die die Öffentlichkeit für wichtig erachtet, festzuhalten. Dazu mehr im übernächsten Kapitel. Ein Wehrpflichtiger kostet zu viel Geld, er bindet zu viele an anderer Stelle wesentlich wichtigere Kräfte, und deswegen wird der Soldat einer Armee aus Wehrpflichtigen auch nie seine Einsatzfähigkeit erreichen. Es ist die Wahrheit und nichts als die Wahrheit, dass die Bundeswehr zum jetzigen Zeitpunkt eine Einsatzarmee ist und sich in weitere Einsätze begeben wird – obwohl sie in ihrem aktuellen Zustand keinesfalls in einen Einsatz geschickt werden dürfte, denn sie ist nicht einmal ansatzweise dafür ausgestattet, ausgerüstet oder ausgebildet.

5.4 Eklatante Fürsorgemängel

»Der Bund hat im Rahmen des Dienst- und Treueverhältnisses für das Wohl des Berufssoldaten und des Soldaten auf Zeit sowie ihrer Familien, auch für die Zeit nach Beendigung des Dienstverhältnisses, zu sorgen. Er hat auch für das Wohl des Soldaten zu sorgen, der aufgrund der Wehrpflicht Wehrdienst leistet; die Fürsorge für die Familie des Soldaten während des Wehrdienstes und seine Eingliederung in das Berufsleben nach dem Ausscheiden aus dem Wehrdienst werden gesetzlich geregelt.«

So steht es im Gesetz. Genauer: im Fürsorgegesetz. Zu finden im § 31 des Soldatengesetzes, das am 1. April 1956 unter dem Titel »Gesetz über die Versorgung für die ehemaligen Soldaten der Bundeswehr und ihre Hinterbliebenen« in Kraft getreten ist. Die Schwierigkeit besteht darin, dass der Bund seiner Verantwortung in mannigfacher Weise nicht nachkommt. Beileibe können hier nicht alle diesbezüglichen Versäumnisse beschrieben werden, über die eklatantesten muss in der gebotenen Deutlichkeit gesprochen werden. Da sind zunächst die
Fürsorgemängel während eines Einsatzes.
Es wird wohl jedem einleuchten, dass jemand, der sich an seinem Arbeitsplatz tagtäglich großen Gefahren aussetzt – vor allem, wenn dieser Arbeitsplatz auch noch weit entfernt im Ausland liegt –, mehr Gehalt für seine Tätigkeit erhält, als wenn die Arbeit unter sicheren Verhältnissen und in großer Nähe zur eigenen Familie erledigt werden kann. Einen solchen Gehaltszuschlag gibt es bei der Bundeswehr, genannt »Auslandsverwendungszuschlag – AVZ«. Dieser AVZ wurde immer zum Anfang eines Monats im Voraus bezahlt. Nun hat die Bundeswehr aber

festgestellt, dass etwa eine Verwundung im Gefecht mit notwendiger Verlegung ins Heimatland Konsequenzen in Hinsicht auf den AVZ hat. Im Bericht des Wehrbeauftragten heißt es dazu: »Bezüglich der im Einsatz zum Teil Schwerstverwundeten und zur weiteren medizinischen Behandlung nach Deutschland ausgeflogenen Kameraden, zeigten sich die Soldatinnen und Soldaten darüber bestürzt, dass der bereits für den gesamten Monat im Voraus gezahlte AVZ nach der geltenden Rechtslage vom Tage nach Verlassen des Einsatzlandes zurückzufordern ist.«

Man muss sich in die Gefühlslage eines Schwerverwundeten und seiner Familie hineinversetzen, der beispielsweise am 15. eines Monats in ein Lazarett in Deutschland gebracht wird und mit dem Tod ringt, schließlich knapp überlebt – und im Folgemonat ein Schreiben erhält, das die Hälfte des im letzten Monat ausbezahlten AVZ zurückfordert. Das sind beispielsweise für Afghanistan 1500 Euro weniger Wehrsold, die ihm und seiner Familie dann zum Leben fehlen. Nicht viel, zugegeben, aber unnötige zusätzliche Sorgen in einer sowieso schon schlimmen Lage. Die Bundeswehr hat die Problematik dieser Fälle erkannt und für Abhilfe gesorgt: »... zur grundsätzlichen Vermeidung von für die betroffenen Soldatinnen und Soldaten unerfreulichen AVZ-Überzahlungen wird der AVZ ab 1. Mai 2010 nicht mehr im Voraus sondern monatlich nachträglich ausgezahlt.« So weit – so gut. Wäre da nicht die Erfahrung, die schon viele im Leben, nicht nur bei der Bundeswehr, machen mussten, dass nämlich nachzufordernde Gelder meist besonderer Hartnäckigkeit bedürfen und oft erst nach unerfreulich langer Wartezeit auf dem Konto des Anspruchsberechtigten eingehen. So verwundert es nicht, wenn in Soldatenkreisen der flapsige und reichlich makabre Spruch umgeht: »Wenn es dich erwischt, dann möglichst am Anfang oder am Ende eines Monats, alles dazwischen bringt nur finanzielle Probleme.«

Doch immerhin, es ist nur Geld, um das hier gekämpft werden muss. Viel schlimmer sind der Verlust der Gesundheit, auch der psychischen, und das Weiterleben mit einer soldatenspezifischen Berufskrankheit, deren Fachbegriff lautet:
Posttraumatische Belastungsstörung – PTBS.
Andere Armeen der Welt müssen schon seit Jahrzehnten mit dieser Erkrankung umgehen, da sie sich länger als die Bundeswehr im Krieg befinden. Und in einem Krieg erleben Menschen Dinge, die so entsetzlich sind, dass keiner sie unbeschädigt übersteht. Dinge, auf die man sich nicht vorbereiten kann. Dinge, die für die Bevölkerung eines Landes, auf dessen Territorium keine Kämpfe stattfinden, schlicht unbegreiflich sind. Soldaten in einer Kriegssituation werden jedoch mit ziemlicher Sicherheit Zeuge von Gräueln, die man sein Leben lang nicht vergisst und auch nicht vergessen kann. Ich erspare es mir – und dem Leser –, hier Beispiele anzuführen, denn den verabscheuungswürdigen Voyeurismus, welche Grausamkeiten sich Menschen gegenseitig antun können, befriedigen Computerkriegsspiele bereits im Übermaß – und das sind lediglich Fiktionen, keine realen Erlebnisse, die direkt neben einem stattfinden. Wenn solche Erfahrungen zu einer Belastungsstörung geführt haben, dauert die Behandlung oft ein Leben lang. Viele sind in den Tod gegangen, weil sie, aus der Bahn geworfen, nicht mehr mit dem Leben klarkamen. Zuvor hatten diese Menschen oft alles verloren oder auch alles das nicht mehr als erstrebenswert empfunden, was einem psychisch Gesunden wichtig ist und ihm Halt gibt: die Freunde, den Arbeitsplatz, die familiären Beziehungen. Ihr Wesen hat sich durch diese Krankheit von Grund auf verändert, ihnen nahestehenden Menschen gelang es nicht mehr, zu ihnen »durchzudringen«. Hier zeigt sich uns ein schreckliches Bild aller kriegerischen Einsätze. Der Wehrbeauftragte bemerkt dazu: »Die Anzahl der an PTBS erkrankten Soldatinnen und Soldaten hat sich seit Beginn der

Auslandseinsätze der Bundeswehr kontinuierlich erhöht. 2009 sind insgesamt 466 Soldatinnen und Soldaten mit der Diagnose PTBS behandelt worden, damit hat sich die Anzahl der PTBS-Erkrankten gegenüber 2008 in 245 Fällen nochmals deutlich fast verdoppelt. Fast neunzig Prozent der PTBS-Fälle (418) entfallen auf Soldaten des ISAF-Kontingentes. Für den Anstieg gibt es zwei wesentliche Gründe: Zum einen die erhöhte Zahl der Soldaten im Einsatz, zum anderen die Zunahme der Einsatzintensität und die kriegsähnlichen Verhältnisse in Afghanistan, insbesondere im Raum Kundus. Nach wie vor ungeklärt ist die Dunkelziffer psychisch erkrankter Soldaten, da die Betroffenen aus Angst vor persönlichen Nachteilen sich nicht offenbaren.«

Meist zeigt sich eine solche Belastungsstörung nicht sofort nach den Ereignissen, die sie auslösen. Die Krankheit kommt schleichend, sie macht aus früher besonnenen und ruhigen Charakteren aggressive, von extremen Stimmungsschwankungen hin und her geworfene Persönlichkeiten, die sich unverstanden fühlen, die nicht selten dem Alkohol, Tabletten und anderen Drogen verfallen, denen häusliche Gewalt nichts Fremdes mehr ist – und die durch all diese neuen Wesenszüge, die meist erst nach dem Einsatzende zutage treten, vereinsamen und zu Einzelgängern werden. Bedingt durch diese Wesensveränderungen sind die Kranken auch für die Bundeswehr nicht länger tragbar, und obwohl sie in den meisten Fällen den Dienst nicht freiwillig quittieren, scheuen sie sich doch, Hilfe therapeutischer oder finanzieller Art in Anspruch zu nehmen. Und das hat einen nicht von der Hand zu weisenden Grund: Sie fürchten einen Eintrag in ihre Personalakte, der ihnen auf alle Fälle eine Zukunft bei der Bundeswehr verbauen, mit hoher Wahrscheinlichkeit aber auch im zivilen Leben zu diversen Nachteilen führen würde. Also verstecken sie die Symptome ihrer Krankheit und nehmen sich auf eigene Kosten einen Psychologen, der von den Gegebenheiten eines Krieges und von den Besonderheiten dieser Krankheit verständlicherweise keine Ahnung hat. Er wird ihnen nicht wirklich helfen können. Helfen müsste, auch aufgrund der gesetzlich festgeschriebenen Fürsorgepflicht, die Bundeswehr, denn zweifellos stand der Auslöser der Krankheit in direktem Zusammenhang mit der Tätigkeit im Einsatzgebiet. Außerdem sollte man annehmen, dass bei fast 500 erkannten Erkrankungen innerhalb der Bundeswehr medizinisch-psychologische Spezialisten zur Verfügung stehen, die für solche Krankheitsbilder ausgebildet wurden. Dass dies nicht der Fall ist, beschreibt der Wehrbeauftragte beim Thema **Sanitätsdienst und Militärseelsorge**.

»Von den zurzeit 38 besetzbaren Dienstposten Sanitätsstabsoffizier-Psychiater sind nur 22 besetzt. Die Personalengpässe haben bereits zur vorübergehenden Schließung einer Ambulanz und einer Bettenstation in den Abteilungen für Psychiatrie zweier Bundeswehrkrankenhäuser geführt. Im Afghanistaneinsatz steht für rund 4500 Soldaten gerade mal ein Psychiater zur Verfügung.«

Trotz einer sich jährlich verdoppelnden Zahl von Krankheitsfällen hat es die militärische Führung der Bundeswehr bis heute verabsäumt, medizinisches Fachpersonal in ausreichender Anzahl auszubilden und anzustellen, das den an PTBS erkrankten Soldaten helfen könnte. 4500 Soldaten in einem Kriegseinsatz teilen sich gerade mal einen Psychiater – ein Skandal der besonderen Art.

Zum Glück gibt es in der Bundeswehr die Militärseelsorger, die im Heimatland und im Einsatz immer wieder den Aufgabenbereich der Psychologen übernehmen. Sie tun dies freiwillig, und für ihre Arbeit kann man ihnen gar nicht oft genug Dank sagen – dennoch: Es gibt keine Entschuldigung dafür, dass die Militärseelsorge den Lückenbüßer für unzureichende psychologische Betreuung der Soldaten machen muss. Die Regelung dieser Aufgabe obliegt der Führung der Bundeswehr, und bei Verstößen trifft auch allein sie eine Schuld.

Noch blamabler für die Militärführung wird bei diesem Thema jedoch ein Umstand, der sich einem erst erschließt, wenn man den Bericht des Wehrbeauftragten sehr genau liest: »Auf die Bedeutung der Militärseelsorge im Hinblick auf den Beistand und die seelsorgerische Begleitung und Betreuung der Soldatinnen und Soldaten insbesondere vor dem Hintergrund der Auslandseinsätze habe ich in meinen Jahresberichten regelmäßig hingewiesen. Ich kann dies an dieser Stelle nur noch einmal eindringlich unterstreichen. Bei meinen zahlreichen Gesprächen sowohl in den Einsatzgebieten als auch an den Inlandsstandorten bestätigen mir Soldatinnen und Soldaten unabhängig von ihrer konfessionellen Bindung immer wieder, wie wichtig und wertvoll ihnen der Beistand und die Gespräche mit Militärgeistlichen sind. In einer besonderen Verantwortung sind die Militärgeistlichen gerade deshalb von großer Bedeutung, weil sie das ›Innenleben‹ der Streitkräfte aus der seelsorgerischen Perspektive betrachten. Ihre Unabhängigkeit von der militärischen Befehlskette und die aus dem Status des Seelsorgers resultierende besondere Vertrauenswürdigkeit bilden für die Militärgeistlichen die Basis für ihre Arbeit in der Truppe.«

Sollte die Formulierung, dass sich Soldaten bei Problemen vorrangig an Personen wenden, die »unabhängig von der militärischen Befehlskette« agieren, nicht eine dringende Aufforderung an die Vorgesetzten in der Bundeswehr sein, sich einmal Gedanken über jenes Vertrauensverhältnis zu machen, das zwischen ihnen und den Soldaten herrscht – oder eben nicht herrscht?

Bei der
medizinischen Versorgung
sieht es kaum besser aus. Jährlich kündigt eine große Zahl von Ärzten ihren Dienst bei der Bundeswehr. Die hohe körperliche

und seelische Belastung ist einer der Gründe, warum schon seit Jahren die zu vergebenden Dienstposten nicht alle besetzt werden können. Am schlimmsten zeigt sich der Mangel in den Einsatzländern, wie der Wehrbeauftragte deutlich macht: »Probleme gab es auch bei der Gestellung von Fachpersonal. So konnte in Kundus der Dienstposten des Truppenarztes über mehrere Monate mangels geeigneten Personals nicht besetzt werden, obwohl die Besetzung nach Einschätzung des Einsatzführungskommandos der Bundeswehr zwingend geboten war. Die Tätigkeit musste in Zweitfunktion durch andere Ärzte wahrgenommen werden.« Nachzuvollziehen ist, dass gerade die Ärzte an den Einsatzorten hochgradig überlastet sind und deswegen den Dienst verlassen oder gar nicht erst antreten. Nicht nachzuvollziehen ist, dass diese Mängel bekannt sind und Soldaten damit rechnen müssen, selbst während eines Einsatzes nur mangelhaft medizinisch versorgt zu werden. In diesem Punkt eine ausreichende Fürsorge sicherzustellen, dazu bedürfte es keiner Geistesblitze: Experten müssen gut bezahlt werden, dann tun sie auch unter Belastung ihren Dienst. Mit einer Aufstockung der finanziellen Mittel könnten die medizinische und auch die psychologische Versorgung der Truppe innerhalb kürzester Frist spürbar verbessert werden. Wären nicht diese Mittel, siehe Kapitel 3, längst für andere Dinge ausgegeben, verplant, gebunden oder zugesagt. Es ist also zu erwarten, dass die Bundeswehr ihrer Fürsorgeverpflichtung gegenüber den Soldaten im Einsatz auf absehbare Zeit nicht gerecht werden wird.

Und wie ist es um die Lage des Soldaten nach seiner Dienstzeit bestellt? Niemand wird verwundert sein, dass die
Fürsorgemängel nach dem Einsatz
weitergehen. Im Fürsorgegesetz ist klar formuliert, dass die Verpflichtung dazu nicht einige Jahre nach dem Ausscheiden aus dem Dienstverhältnis endet. Sie besteht sogar noch dreißig oder vierzig Jahre später. Nur: Es wird nicht danach gehandelt.

Ein seit Jahrzehnten heftig diskutiertes Beispiel ist die sogenannte
Radarstrahlenproblematik.
Von Mitte der fünfziger bis Mitte der achtziger Jahre wurden Soldaten der Bundeswehr aufgrund fehlender Schutzmechanismen durch die von Radargeräten ausgehende Strahlung im Dienst verstrahlt, mit zum Teil lebensbedrohlichen Folgen für ihre Gesundheit. Bis sich die Folgen der Verstrahlung zeigen, dauert es oft länger als bei PTBS. Viele Verstrahlte leben inzwischen nicht mehr, und die Überlebenden kämpfen oft noch heute vor Gericht um die Anerkennung ihrer Schadenersatzansprüche. Obwohl die Krankheit inzwischen medizinisch anerkannt ist, bleibt in vielen Fällen strittig, welche Krankheiten Folgen der Verstrahlung im Dienst und damit schadenersatzpflichtig sind.

Nun sollte in einem Land wie Deutschland, in dem von der Bürokratie Recht und Gesetz in hohem Maße respektiert werden, eigentlich davon auszugehen sein, dass Gelder für eine Entschädigungszahlung der Opfer zur Verfügung stehen. Dies scheint aber nicht der Fall, denn sonst würden sich nicht noch immer Geschädigte an den Wehrbeauftragten wenden müssen, die selbst im Jahr 2009, als der vorletzte Bericht verfasst wurde, keine Einigung mit den zuständigen Stellen erreicht hatten.

»Ein Radarstrahlenbetroffener hatte sich im Juni 2000 an das Amt des Wehrbeauftragten gewandt. Nach Ablehnung seines Antrages auf eine Entschädigungsleistung durch die Bundeswehrverwaltung klagte er vor dem Verwaltungsgericht. Seine Klage hatte vor dem Oberverwaltungsgericht Erfolg. Der Bund wurde verpflichtet, die Erkrankung des Klägers als Berufskrankheit anzuerkennen und Entschädigung zu leisten. Trotz der Anregung des Wehrbeauftragten, das Verfahren nach neun Jahren im Interesse des Betroffenen zu beenden, legte das Ministerium

wegen der möglichen Präzedenzwirkung noch zusätzliche Rechtsmittel ein. Das Verhalten ist für den Wehrbeauftragten im Hinblick auf das persönliche Schicksal des Betroffenen nicht nachvollziehbar. Er appelliert in den wenigen noch offenen Fällen, die Betroffenen endlich angemessen zu entschädigen.«
Unterschwellig bekommt man den Eindruck, dass solche Verfahren von der Bundeswehr in die Länge gezogen werden, bis es die »wenigen noch offenen Fälle« nicht mehr gibt. Ein Spiel auf Zeit – und auf Kosten der Fürsorgepflicht. Nur: Wer wagt es, mit welcher Aussicht auf Erfolg, diese Fürsorgepflicht vor Gericht einzuklagen, die Verantwortlichen bei ihrer Verantwortung zu packen und so einem Gesetz zu seiner Durchsetzung zu verhelfen? Sollte es in einer Demokratie nicht selbstverständlich sein, dass der Staat seiner Fürsorgepflicht nachkommt?

Wenn also noch nicht einmal der Staat selbst für die Anwendung eines von ihm erlassenen Gesetzes wie dem Fürsorgegesetz den nötigen Verfolgungsdruck ausübt, dann hat der Soldat zumindest als Privatmann die Möglichkeit, für Krisenlagen Versicherungen abzuschließen, um im Ernstfall an Entschädigungsleistungen zu kommen. Aber es geht hier gerade nicht um private Lebens-, Berufsunfähigkeits- oder Unfallversicherungen, die kann jeder Soldat – natürlich aus eigener Kasse – jederzeit abschließen. Die hier interessierende Frage lautet: Hat der Staat dafür gesorgt? Denn es gehört zur Fürsorgepflicht, dass Soldaten und ihre Familien versorgt sind. Und sind die Versicherungen in solchen Fällen überhaupt bereit zu zahlen? Auf welche Hindernisse ein Soldat stößt, der sich mit dieser
Versicherungsproblematik
auseinandersetzen muss, soll ein Beispiel aus dem Bereich der Fallschirmjäger deutlich machen. Es ist übertragbar auf viele andere Schadensfälle, die bei der Ausübung des Militärdienstes auftreten. Vor allem beim Landen und beim nachfolgenden Marsch zum Zielgebiet lernt jeder Fallschirmjäger gutes Schuh-

werk zu schätzen. Da (auch) in diesem Punkt die Ausstattung mit den Mitteln der Bundeswehr zu wünschen übrig lässt (um es milde auszudrücken), haben sich viele Soldaten selbst vernünftige Stiefel angeschafft.

Zu diesem Punkt fällt mir ein selbst erlebtes Beispiel ein, das sich während eines Einsatzes meiner alten Einheit ereignet hat. Fallschirmspringen war ein Schwerpunkt unseres Einsatzszenarios. Wir mussten oft aus großer Höhe abspringen, irgendwo landen und dann lange Strecken zu unserem Zielobjekt marschieren, wo unser Auftrag erfüllt werden sollte. Eines der wichtigsten Kleidungsstücke war also ausgezeichnetes Schuhwerk, damit wir ohne Fußverletzungen ausdauernd laufen konnten. Bei besagtem Einsatz war wieder einmal vorauszusehen, dass wir nach der Landung einen längeren Fußmarsch vor uns haben würden, also trugen fast alle von uns die privat gekauften Stiefel. Nach dem Absprung, als sich die Schirme über uns geöffnet hatten, spürten wir die erste Erleichterung jedes Fallschirmspringers: alles nach Plan. Im Endanflug auf den Landeplatz geschah es dann: Alle mussten deutlich mehr arbeiten, da es in Bodennähe windiger war als erwartet. Einer meiner Kameraden bekam bei der Landung Schwierigkeiten mit dem Wind, und so kam es zum Schlimmsten. Er schlug gegen ein sehr stabiles Hindernis und verletzte sich dabei schwer, sehr schwer. Zwar wurde er sofort medizinisch versorgt, aber man konnte nichts mehr für ihn tun, und er starb kurze Zeit später.

Das Entsetzen bei uns allen brauche ich nicht zu beschreiben, aber es begann sofort die Fehlersuche. Er war ein sehr erfahrener Fallschirmspringer gewesen, und auch bei seinem letzten Sprung gab es nichts, was auf mangelnde Professionalität hätte schließen lassen. Ein wie auch immer geartetes Selbstverschulden oder auch nur eine Mitschuld war also auszuschließen. So kamen wir zum Punkt »dienstlich gelieferte Ausrüstung und Bekleidung« ... Jeder ahnt nun schon, was folgt: Der Soldat ist nur versichert, solange er genau diese trägt. Was aber immer noch nicht sicherstellt, dass der Staat Entschädigung bezahlt, denn die Dienstbekleidung ist nur einer der Punkte auf einer langen Liste von Voraussetzungen, die zur Gänze erfüllt sein müssen und mit der immer wieder versucht wird, den Soldaten eine Mitschuld bei einem Vorfall nachzuweisen. Ist auch nur einer der Punkte auf dieser Liste nicht den Vorschriften entsprechend, so erfolgt keine Zahlung – und es findet sich fast immer ein Punkt, mit dem die Kosten der Entschädigung vermieden werden können. Jeder Soldat plagt sich also vorschriftsgetreu, aber im Widerspruch zu seinen eigenen Sicherheitsinteressen mit veralteter und unzweckmäßiger Ausrüstung herum, damit für eine Entschädigung alle Paragrafen erfüllt sind, falls ihm in Ausübung seines Dienstes etwas zustoßen sollte. Es wird nicht etwa die jedem sofort einleuchtende Frage gestellt: Hätte der Unfall vermieden werden können, wenn der Soldat die Bundeswehrschuhe getragen hätte? Die Antwort darauf würde in wahrscheinlich 95 Prozent aller Fälle »Nein« lauten und so für die Verweigerung einer Entschädigung nicht mehr als Begründung taugen. Aber es geht eben nicht um Vernunft, sondern um Vermeidung von Kosten durch Nachweis einer Schuld beim sowieso schon Geschädigten.

Solche Fälle waren übrigens der Anlass, dass Soldaten zusätzlich bei einem zivilen Versicherungsunternehmen eine Versicherung abgeschlossen haben. Sie kamen vom Regen in die Traufe: Vor der Unterschrift unter den Versicherungsvertrag wurde ihnen in Länge und Breite erklärt, in welchen Fällen die Versicherung greifen würde. Nach der Unterschrift wurden sie auf das Kleingedruckte hingewiesen und mussten feststellen, dass der Versicherungsschutz Krisenregionen nicht abdeckt. Diese sogenannte »Kriegsklausel« gibt es seit Jahrzehnten in allen Lebens- und Unfallversicherungen. In ihr wird klar definiert, dass der Versicherte bei einem Aufenthalt in Gebieten mit unmittelbarer oder auch nur mittelbarer Gefahr von kriegs- oder bürgerkriegsähnlichen Ereignissen seinen Versicherungsschutz verliert.

Der Wehrbeauftragte zu dieser Problematik: »Ein Versicherungsschutz für das ›aktive Kriegsrisiko‹, das heißt die aktive Teilnahme an Kampfhandlungen, ist bislang – wenn überhaupt – nur in begrenztem Umfang und gegen hohe Prämien zu erreichen.«

In letzter Konsequenz bedeuten diese Fakten: Jeder Soldat kann sich versichern, wie er will, bei wem er will, zu welchem Preis auch immer und mit welchem Spezialvertrag auch immer. Er wird im Schadensfall keine Gegenleistung erhalten, kein Gericht wird ihm aufgrund der »Kriegsklausel« bei einer Klage recht geben.

Es stimmt einen schon sehr nachdenklich, dass weder eine Versicherung, ja noch nicht einmal ein Staat es schaffen, ein bezahlbares Angebot dafür zu erstellen, dass Soldaten zumindest versichert sind, wenn sie:

- einen Auftrag ausführen, den dieser Staat angeordnet hat,
- sich in ein Land begeben, in das er sie befohlen hat,
- mit einer Ausstattung und Ausrüstung, die er ausgesucht hat,
- und nach einer Ausbildung, die er zu verantworten hat.

Ist das Ausweis einer ernst genommenen Fürsorgepflicht?

»Bedingt abwehrbereit«, lautete die Headline des *Spiegel*-Artikels über die Fehlentscheidungen und undurchsichtigen Vorgänge bei der Beschaffung des Kampfjets *Starfighter*, die zum Rücktritt des damaligen Verteidigungsministers Franz Josef Strauß führten. Nach Kenntnis all der Defizite, Mängel und Fehlgriffe, die nach den Erlebnissen zahlreicher Soldaten, dem Urteil vieler Experten und dem Bericht des Wehrbeauftragten die gesamte Bundeswehr seit Jahren kennzeichnen – ohne dass Änderungen oder Abhilfe in Sicht wären –, müsste auf der Basis solchen Wissens nicht heute getitelt werden: »Keinesfalls einsatzbereit«?

6. Die Bundeswehr und ihre Strippenzieher

Wer führt da eigentlich?

Alle dienen sie dem Wohl unserer Soldaten und der gesamten Bundeswehr: der Generalinspekteur, der Verteidigungsausschuss, der Wehrbeauftragte. Nicht anders die politisch Zuständigen: die Staatssekretäre und der Verteidigungsminister – auch auf ihren Fahnen steht ganz groß und für alle sichtbar das Wohl unserer Armee. In Dutzenden von Bundeswehrplänen, Weißbüchern und Berichten von Wehrbeauftragten steht zu lesen, was falsch läuft und wie die Mängel angegangen werden könnten. Warum, diese Frage muss erlaubt sein, scheitern sie dann alle immer wieder, sobald sie sich zu einem Urteil über die zentralen Probleme der Bundeswehr hinreißen lassen? Ein Mangel an Gesprächskreisen, Verantwortlichen, Verbänden oder Institutionen kann wohl kaum der Grund dafür sein, dass es stets anders kommt, als geplant und gewollt.

Es liegt – und das war Thema der vorausgehenden Kapitel – im Wesentlichen an einem, allerdings gravierenden »Webfehler« zwischen diesen Zuständigen und Verantwortlichen: Das Scheitern bezeugt jedes Mal von Neuem die Unfähigkeit zur Kooperation zwischen Militär und Politik. Deutschland befindet sich im Krieg, auch innerhalb seiner Landesgrenzen, und das seit Jahrzehnten. Es ist der Krieg, der in den Büros der Verantwortlichen gegeneinander ausgefochten wird, und er wird geführt um die Macht der eigenen Person, der eigenen Partei, der eigenen Lobbygruppe. Was und wer sich diesen

Machtansprüchen nicht unterordnet, sich nicht mit dem Ziel von Machtgewinn für eine dieser Gruppen funktionalisieren lässt, sondern diese Logik anzweifelt, weil sie den berechtigten Interessen der einzelnen Soldaten zuwiderläuft, wird – oft mit übelsten und unrechtmäßigen Mitteln – niedergebügelt, bis jeder noch so gut gemeinte und sachlich richtige Vorschlag im Sande verlaufen ist. Im Krieg der »Big Player« hatte er sowieso nie eine wirkliche Chance. Da gibt es »Schattenminister«, die Zuständigkeiten und Verantwortlichkeiten noch weiter ad absurdum führen, als es sowieso schon der Fall ist, da werden geheime Arbeitsgruppen eingerichtet, um die Öffentlichkeit, die Medien und das Parlament mit gezielten Fehlinformationen in die gewünschte Richtung zu lenken.

Selbst die bedeutendste und renommierteste Vereinigung für das Wohl deutscher Soldaten ist gegen solche Machenschaften nicht gefeit und muss stets von Neuem auf der Hut sein, sich nicht zum Spielball in diesem Krieg der Mächtigen machen zu lassen, wie sich im Folgenden zeigen wird.

6.1 Soldaten ohne Lobby

Der Bundeswehrverband ist die zentrale Interessenvertretung aller aktiven und ehemaligen Soldaten sowie ihrer Familienangehörigen und Hinterbliebenen. Er hat momentan über 200 000 Mitglieder, freiwillige Mitglieder, das kann nicht oft genug betont werden, und ist sowohl politisch wie materiell unabhängig, da er ausschließlich von seinen Mitgliedern finanziert wird. Dieser Verband vertritt seine Mitglieder in den Fragen des Dienst- und Versorgungsrechts, was gerade in der heutigen Zeit (Arbeitsprozesse, Rechtsbeistand, Versorgungsstreitigkeiten) für jeden einzelnen Soldaten große Bedeutung erlangt hat. In Oberst Kirsch hat der Verband einen äußerst kompetenten, verlässlichen und auch menschlich sehr angenehmen Vorsitzenden.

Gerade Personen, die der Bundeswehr aus Sorge um sie und die ihr Anbefohlenen kritisch gegenüberstehen, können hier bei drohenden Repressalien, bei Mobbing- oder Prozessrisiko Hilfe erwarten, sollten sie die von ihnen erkannten Missstände öffentlich machen wollen oder bereits gemacht haben. Da es für den Einzelnen stets gefährlich ist, auch durch wohlgemeinte und sachlich richtige Kritik an einem bestehenden System zu rütteln, ist schon allein die Existenz des Bundeswehrverbandes eine gute Sache. Dort kommen Menschen mit ähnlichen Problemen und Absichten zusammen und keiner muss sich den Mächtigen schutzlos ausgeliefert fühlen.

Der Verband hat seit seiner Gründung im Jahr 1956 viel erreicht. Er kann seine Forderungen zwar nicht wie Gewerkschaften durch Streiks durchsetzen, da Soldaten kein Streikrecht haben, aber er findet inzwischen auf allen Ebenen Gehör. Bundestag und bisweilen auch die Bundesregierung beteiligen ihn, wenn es um Gesetze geht, die die Belange von Soldaten berühren. Er hat beispielsweise das schon erwähnte Einsatzversorgungsgesetz auf die politische Agenda gesetzt und die Gleichstellung von Frauen in der Bundeswehr sehr unterstützt, indem er sich im Januar 2000 beim Europäischen Gerichtshof für die Entscheidung, Frauen in der Bundeswehr alle Laufbahnen zu öffnen, starkmachte. Es wurde beschlossen, dass die bis dahin praktizierten Beschränkungen auf Sanitätsdienst und Heeresmusikcorps dem Gleichheitsgrundsatz bei der Berufswahl widersprachen und abgeschafft werden mussten.

Der Bundeswehrverband hat auch das Recht, innerhalb von Kasernen Versammlungen abzuhalten, allerdings wurde dieses Recht schon bei seiner Gründung vom Verteidigungsministerium eingeschränkt: Versammlungen dürfen nur abgehalten werden, soweit »politische Fragen in keiner Form behandelt werden«. So schwierig eine Entscheidung darüber auch sein mag, welche Themen politisch und welche nicht politisch sind, so ist der Verband bis heute bestrebt, sich an diesen Grundsatz zu halten. Das Engagement für die Soldaten ist in dieser Institution nach wie vor sehr groß, soziale Anliegen jedweder Art werden unterstützt und, wie die schon erwähnte Trennungsentschädigung für Ehepartner zeigt, auch durchgesetzt.

Die verschiedenen Verteidigungsminister haben dem Bundeswehrverband seit seiner Gründung Respekt gezollt, dennoch ist er in politischen Kreisen nicht unbedingt beliebt. Durch seine Mitgliederstärke gelingt es ihm immer wieder, schon vor einer Präsentation für die Öffentlichkeit an interessante Informationen zu gelangen. Das macht ihn zu einer der wenigen Institutionen, die über Planungen und Projekte innerhalb der Bundeswehr äußerst kompetent Auskunft geben kann. Dazu kommt, dass diese Aussagen – ähnlich dem Bericht des Wehrbeauftragten – aus der Mitte seiner Mitglieder, den Soldaten, kommen, die wohl am besten übersehen können, wie es um die aktuelle Einsatztauglichkeit der Streitkräfte bestellt ist – eine kritische Kompetenz, wie sie in politischen Kreisen und speziell im Verteidigungsministerium nicht immer gerne gesehen wird. Gerade in jüngster Zeit gab es mit dem ehemaligen Verteidigungsminister Jung hier einige Probleme, dazu in Kürze ein Beispiel.

Vorab noch einige Informationen zu den Ansprechpartnern des Bundeswehrverbandes, denn schließlich soll er als Interessenvertretung ja seine Anliegen auch durchsetzen. An vorderster Stelle steht natürlich der Verteidigungsminister, denn dieser kann viele Dinge in seinem Verantwortungsbereich durch einfache Erlasse und Vorschriften regeln. Neben ihm ist der Innenminister von zentraler Bedeutung, sobald es um die Besoldung, also um das Gehalt der Soldaten geht. Sowohl die diesen Ministern nachgeordneten Staatssekretäre und Ausschüsse (Verteidigungs- und Innenausschuss) wie auch der Haushaltsausschuss kommen als wichtige Ansprechpartner dazu. Im Haushaltsausschuss wird die finanzielle Ausstattung der Bundeswehr geplant, und nur mit einem ausreichenden Budget kann eine zeitgemäße Ausrüstung und Bewaffnung beschafft und unterhalten werden.

In einer Radiosendung des Bayerischen Rundfunks vom 9. September 1999 stand der damalige Vorsitzende des Deutschen Bundeswehrverbandes, Bernhard Gertz, Rede und Antwort, auch zum Thema Einsparungen. Kurzfristig keimte damals die Hoffnung auf, man könne das durch eine massive Personalreduktion bei der Bundeswehr eingesparte Geld in die materielle Ausstattung investieren. Doch die verantwortlichen Militärs mussten sehr schnell feststellen, dass die frei gewordenen Mittel nicht der Truppe an anderer Stelle wieder zur Verfügung standen. Wie Oberst Gertz in jener Sendung bestätigte: »Diese Operation misslang, denn das Geld, das wir beim Personal einsparten, kam bei den Investitionen nicht an, da sich die Misere der öffentlichen Haushalte – insbesondere des Bundeshaushaltes – fortsetzte und der Bundesfinanzminister keine Spielräume sah, dem System Bundeswehr dieses ersparte Geld bei den Investitionen zu gewähren.« Sie wurden im Handumdrehen dem allgemeinen Bundeshaushalt zugeschlagen, obwohl der Bundeswehrverband seit Jahren Klage führt, dass es dringenden Investitionsbedarf bei der technologischen Ausstattung gibt. Ohne Verbesserung auf diesem Gebiet sei die Bundeswehr zu manchen Militäroperationen, speziell im Verbund mit den Alliierten, nicht mehr in der Lage.

Der Begriff »Gesprächspartner« umreißt allzu deutlich das große Handicap des Bundeswehrverbandes: Kein Gesprächspartner ist verpflichtet, irgendeinen Vorschlag des Verbandes umzusetzen. Er mag noch so fundiert in der Sache sein, da er von kompetenten Personen in einer kompetenten Organisation auf der Grundlage kompetenter Information entwickelt wurde – die Politik hat stets die Macht, alles abzuschmettern, was der Bundeswehrverband für richtig hält.

Dazu ein bezeichnendes Beispiel. Nach dem Vorbild nahezu aller Armeen dieser Welt und sicher auch für den Großteil der deutschen Bevölkerung absolut einleuchtend, schlug der Bundeswehrverband im Januar 2008 vor, einen Generalstab als oberste Militärführung und Bindeglied zwischen Politik und Militär zu installieren. »Ich glaube, wir sind so ziemlich die einzige Armee auf der Welt, die nicht über den sogenannten Großen Generalstab verfügt«, mit diesen Worten begründete Oberst Bernhard Gertz, der damalige Vorsitzende des Bundeswehrverbandes, seine Initiative. Speziell ausgebildete Generalstabsoffiziere sollten als höchste Kommando-Ebene der Bundeswehr die Aufträge der politischen Führung in militärische Maßnahmen umsetzen: Streitkräfteplanung, Mobil- und Aufmarschplanung, Einsatzplanung, Einsatzführung, Logistik, Ausbildung und Personalplanung. Die Vorteile eines solchen Generalstabs sind sofort für jeden ersichtlich: die Ausschaltung unnötiger Zwischenstationen in der Befehlskette, schnelle, effektive und umfassende Entwicklung einer Vorgehensstrategie, die in kleinem Kreis der Politik zur Entscheidung vorgelegt werden kann. Speziell für alle Auslandseinsätze erscheint die bisherige Führung innerhalb der Truppe und durch das Verteidigungsministerium als viel zu kompliziert. Dazu nochmals Oberst Gertz: »Wir brauchen auf jeden Fall eine stärkere Bündelung der militärischen Fähigkeiten an der Spitze der obersten Bundesbehörde. Die klassische Ministerialgliederung mit dem Konsensprinzip zwischen Bedarfsträgern und Bedarfsdeckern und sehr vielen Referaten, die funktioniert für die Einsatzführung nicht wirklich.«

Als dieser Vorschlag auf den Tisch kam, war noch der ehemalige Verteidigungsminister Jung im Amt, doch aus ihren Hinterzimmern gaben diejenigen den Ton an, die sich schon immer einer modernen Armee widersetzten, weil eine solche Veränderung ihren Einfluss beschneiden würde. Und so war die Reaktion von Minister Jung für Informierte keine Überraschung: »Das Bundesverteidigungsministerium weist die Forderung von Oberst Gertz zurück.«

Da aber der Bundeswehrverband und speziell ihr damaliger Vorsitzender sich durch den Gegenwind nicht beeindrucken ließen, ging die Geschichte in die nächste Runde. Und so ist nun von einem Lehrstück zu berichten, das zeigt, wie wenig kritische Kompetenz in politischen Kreisen und speziell im Verteidigungsministerium ernst genommen, sondern auf höchster Ebene mundtot gemacht wird, selbst unter Verwendung von abstrusen Unterstellungen und mit Duldung eines amtierenden Bundesministers der Verteidigung. Es folgt das schon angekündigte Beispiel für die Probleme zwischen Bundeswehrverband und dem ehemaligen Verteidigungsminister Franz Josef Jung.

6.2 Wenn Generäle endlich reden

Verteidigungsminister Jung setzte eine Kommission ein, gemäß dem Motto »Willst du Ruhe in der Stubbe, gründe eine Arbeitsgruppe«, in die er ehemalige Generäle der Bundeswehr berief. Zunächst einmal muss man sich fragen, warum sich hochrangige Mitglieder der Truppe erst nach Ausscheiden aus dem Dienstverhältnis kritisch äußern, statt während ihrer aktiven Zeit Verbesserungen auf den Weg zu bringen. Auf unteren Ebenen mag das ja noch verständlich sein, denn dort steht zu befürchten, dass Kritik massive Karrierenachteile mit sich bringt, doch den hochdekorierten Herrschaften mit ihren besternten Epauletten hätte man gern etwas mehr Courage statt Karrieredenken und etwas stärker ausgeprägten Gestaltungswillen statt Kadavergehorsam schon während ihres aktiven Dienstes unterstellt.

Sei's drum, die Rechnung von Minister Jung ging trotz dieser eigens gegründeten Kommission von Ex-Generälen nicht auf.

Ihr Bericht, bekannt geworden unter dem Namen *van-Heyst-Bericht* und veröffentlicht im Jahr 2007, spricht detaillierte Empfehlungen zur Reform der Führungsstruktur während der Auslandseinsätze der Bundeswehr aus und unterstützt darüber hinaus die Positionen des Bundeswehrverbandes – bis hin zum Vorschlag der Einsetzung eines Generalstabs:

- »... die Steuerungsverantwortung des Befehlshabers eines Kontingentes für die Kontingentvorbereitung muss gestärkt werden. Es muss ihm ein Besuchs- und Informationsrecht bei den ihm zu unterstellenden Kontingentanteilen eingeräumt werden, damit er ein stets aktuelles Bild von der Einsatzbereitschaft gewinnen kann.«

Sollte man nicht eigentlich voraussetzen können, dass derjenige, der mit den ihm unterstellten Soldaten in ein Krisengebiet ausrückt, seine Truppen kennt, mit denen er unter erschwerten Bedingungen wird zusammenarbeiten müssen? Die im Bericht ausgesprochene Empfehlung verrät eher, dass dies zum damaligen Zeitpunkt nicht der Fall war.

- »... die Kontingente ausschließlich fähigkeitsbezogen zusammenzustellen und ausbilden zu lassen ...«

Auch das scheint bis dahin nicht so gehandhabt worden zu sein, weswegen unter einfachen Soldaten seit Langem folgende Erkenntnis herrscht: »Wir haben zu viele Häuptlinge und zu wenige Indianer.« Vor Ort trieben sich nach dem Urteil der Kommission demnach zu viele Personen herum, die gar keinen Auftrag hatten – und zu wenige, die zu viele Aufträge zu erfüllen hatten. Es ist längst kein Geheimnis mehr, dass in Afghanistan hohe Offiziere auf Dienstposten sitzen, für die sie gar nicht ausgebildet sind. Aber ein Krieg unterscheidet sich von

Olympischen Spielen! Hier reicht es nicht, einfach nur dabei zu sein, weil für Olympioniken allein diese Tatsache schon ein Leistungsnachweis ist. In jedem Krieg sind bestens ausgebildete Fachleute im Führungskader unabdinglich.

- »... Organisationsbereiche für die fachliche Beratung und Unterstützung einzurichten, die ihre Befehlshaber mit umfassenden und verzugsarmen Informationen aus den Einsatzgebieten versorgen können... bei Einsätzen im Ausland stets taktische Führungskommandos unter der Führung eines Fachmanns einzusetzen...«

Aber wir hören doch landauf, landab, die Bundeswehr verfüge über kompetentes Personal und genügend Experten in den Führungsetagen. Warum müssen diese dann erst »eingesetzt« und »eingerichtet« werden? Bereits jetzt sind die Stabsabteilungen in den Einsätzen total überfüllt, bisweilen kommen vier Personen auf einen verfügbaren Posten. Für die Kommission ein Grund, diese Entwicklung zurückdrehen zu wollen.

- »Auf dieser Grundlage sind die Stäbe auf ein Minimum zu reduzieren.«

Mehr Indianer, weniger Häuptlinge – statt eine Kommission einzurichten, hätte eine Nachfrage beim Bundeswehrverband genügt, um zu dieser Erkenntnis zu gelangen.

Es berührt einigermaßen seltsam, wenn diese Kommission zum Thema Sicherheit für Leib und Leben jedes einzelnen Soldaten folgende Empfehlung zu Papier bringt: »Die Arbeitsgruppe empfiehlt, Abläufe und Verfahren zur Behebung erkannter Mängel dahingehend zu ändern, dass sie der Priorität der Einsätze mit der unbedingten Verpflichtung zum Schutz von Leib und Leben der Soldatinnen und Soldaten gerecht werden... Auch Risiken von Fehlinvestitionen müssen dabei in Kauf genommen werden, um schnelle Abhilfe zu ermöglichen.«

Ein Eingeständnis, dass nach wie vor zu wenig für diesen Schutz getan wird – und die Empfehlung, dass dringende Investitionen erfolgen müssen, um zumindest übergangsweise für Schutz zu sorgen, dabei nicht auf Produkte, die irgendwann einmal bestellt wurden, zu warten, oder sich gar mit Zwischenlösungen zufriedenzugeben, bis endlich das fehlerfreie Produkt geliefert werden kann, wenn dadurch weiterhin Menschenleben aufs Spiel gesetzt werden müssen. Fazit: Lieber Fehlinvestitionen als Gefährdung von Soldaten.

Waren diese Nachweise von Versäumnissen durch den *van-Heyst-Bericht* schon ein Schlag ins Gesicht des Verteidigungsministeriums, so sollte es, was die Führungsfähigkeit der obersten militärischen Leitung anbelangt, noch härter kommen.

»Es ist die feste Überzeugung der Arbeitsgruppe, dass der gordische Knoten des Bürokratismus nur durchschlagen wird, wenn das Prinzip ›Führen im Auftrag‹ konsequent genutzt und eingehalten wird. Für die oberen Führungsebenen heißt dies, auf unmittelbaren Zugriff für eine umfassende Detailinformation und auf einen direkten Einfluss vor Ort grundsätzlich zu verzichten.«

Ohne Zweifel eine Aufforderung, sich aus dem Tagesgeschäft der Truppe herauszuhalten, statt wie bisher alles dadurch noch schlimmer zu machen, dass mit diesen Einmischungen nicht mehr Effizienz sondern, ganz im Gegenteil, mehr Bürokratie entsteht.

Der ehemalige Verteidigungsminister hatte mit dem Abschlussbericht der *van-Heyst-Kommission* das genaue Gegenteil von dem erhalten, was er mit ihrer Einsetzung eigentlich bezweckt hatte. War diese Führungskritik aus dem Munde ehemaliger Generäle schon – gelinde gesagt – ein Schuss vor den

Bug, so ist die Befürwortung eines Generalstabs so etwas wie das *Worst-Case*-Szenario des *van-Heyst-Berichts*.

Es wird empfohlen: »Bei Einsätzen im Ausland stets taktische Führungskommandos unter der Führung eines Fachmannes der jeweiligen Teilstreitkraft vorzusehen.« Also die kompetentesten Generäle in einem Stab zusammenzufassen – ein Generalstab eben.

Wir haben hier ein Paradebeispiel dafür, wie ein Minister sich selbst diskreditiert. Hätte der ehemalige Verteidigungsminister Jung vorab die Informationen gehabt, die ihm seine Ex-Generäle im *van-Heyst-Bericht* offenbaren würden, und die richtigen Schlüsse daraus gezogen, so hätte er diese Kommission mit Sicherheit nicht ins Leben gerufen. Zu Recht mag man an dieser Stelle argumentieren, es sei aber doch gerade Sinn und Zweck einer Kommission herauszufinden, welche Lösungen für erkannte Probleme am sinnvollsten sind. Ein treffender Einwand – wenn man sich denn auch an die Lösungsvorschläge hält. Doch das tat Verteidigungsminister Jung im Nachgang mitnichten. Ein weiteres Indiz, dass er die Kommission nur berufen hatte, um zu dem von ihm favorisierten Ergebnis zu kommen. Nach Ablieferung des Berichts schien nur noch das Totschlagargument zu helfen, dessen sich deutsche Politik oft bedient, wenn die Entwicklung der Dinge den eigenen Plänen zuwiderläuft und kein Mittel in Sicht ist, die ungeliebte Entwicklung auf elegantere Weise zu stoppen: der Rückgriff auf die braune Vergangenheit.

»Eine solche Institution ist im Hinblick auf die Willfährigkeit der Wehrmacht bei der Planung der Angriffskriege Hitlers ideologisch verbrannt«, erwiderte im Januar 2008 Verteidigungsminister Jung auf die Forderung von Oberst Gertz nach einem Generalstab.

Letztendlich hat dieses Argument den Generalstab verhindert, ja, es hat sogar verhindert, dass seither in politischen und militärischen Kreisen eine solche in sämtlichen Armeen der Welt installierte Führungsebene mit ihren Vor- und Nachteilen überhaupt weiter in Erwägung gezogen, diskutiert und in ihrer Umsetzbarkeit für die Bundeswehr analysiert wurde. Wohl noch nie ist der Begriff »Totschlag-Argument« beispielhafter illustriert worden.

Doch nehmen wir einmal an, Franz Josef Jung hätte die Informationen und Einschätzungen des Berichts haben können, bevor er sich auf die Gründung der Kommission einließ, und diese Informationen wären ihm – vorsätzlich – nicht zugänglich gemacht worden, um ihn politisch zu beschädigen, wer könnte für eine solche Unterschlagung infrage kommen?

6.3 Die im Schatten sieht man nicht

Beim Blick hinter die Kulissen eines Ministeriums fällt nicht selten auf, dass andere Personen das Sagen haben als jene, die für die Öffentlichkeit vorne auf der Bühne stehen. Unter politischen Insidern spricht man natürlich nur hinter vorgehaltener Hand von diesen sogenannten Schattenministern, denn es soll ja niemand wissen, wer bei allen wichtigen Vorhaben des Ministeriums eigentlich die Feder führt.

Nicht anders war es im Verteidigungsministerium, auf jeden Fall solange der Staatssekretär Dr. Peter Wichert das Heft in der Hand hielt. Um dies genauer zu beleuchten, soll hier noch einmal kurz auf die Kundus-Affäre eingegangen werden, obwohl sie an anderem Ort schon ausführlich behandelt wurde.

Am 9. September 2009 wurde im Verteidigungsministerium die sogenannte Gruppe 85 installiert. Federführend bei ihrer Gründung war jener Staatssekretär Dr. Peter Wichert, der vor dem Untersuchungsausschuss am 18. März 2010 auf die Frage, wozu denn diese Gruppe eingerichtet wurde, antwortete: Es sollte damit verhindert werden, dass »eine einseitige Untersuchung der NATO in die Welt gesetzt wird, der wir dann hinterhergelaufen wären«.

Im Klartext: Durch gezielte Streuung von Informationen sollte ein Untersuchungsbericht der NATO, also der eigenen Verbündeten, so manipuliert werden, dass darin nur jenes Ergebnis zu lesen sein würde, das man selbst auf die Bahn gebracht hatte und von dem man keine unliebsamen Überraschungen zu befürchten hatte.

Zum Problem wurde, dass parallel zur Gründung der Gruppe 85 Dokumente an die Öffentlichkeit gelangt waren, aus denen hervorging, welcher Grund tatsächlich hinter der Existenz dieser Gruppe steckte: der Vorsatz, die Einschätzung der NATO, der ermittelnden Staatsanwälte, des deutschen Parlaments, der Medien und der deutschen Öffentlichkeit durch gezielte Fehlinformationen dahingehend zu beeinflussen, dass der Zwischenfall in Kundus, genauer, der Befehl zur Bombardierung, »ermessensfehlerfrei« zustande gekommen sei.

Das war auch der Hintergrund, warum Dr. Wichert dem Presse- und Informationsstab des Bundesministeriums der Verteidigung nahegelegt hatte, eine Information von zentraler Wichtigkeit für die Beurteilung der Sachlage »zunächst wegzulassen«, nämlich dass die geraubten Tanklaster zum Zeitpunkt des Bombardements seit Stunden auf jener Sandbank im Flussbett feststeckten und damit keine wirkliche Gefahr mehr von ihnen selbst ausgehen konnte.

Kurz darauf folgte die zweite Aufforderung, Informationen zu unterdrücken: die Empfehlung an den damaligen Verteidigungsminister Jung, den Bericht der NATO über denselben Zwischenfall dem Deutschen Bundestag nicht zugänglich zu machen. Ein Aufschrei der Empörung wäre spätestens jetzt vom damaligen Verteidigungsminister und seinen anderen Staatssekretären das Mindeste an Reaktion gewesen, was man hätte erwarten können. Um diesen Vorgang noch einmal klar und unmissverständlich zusammenzufassen: Da wurde in einem Ministerium gezielt eine Arbeitsgruppe gebildet, um die Öffentlichkeit und auch die Abgeordneten des Deutschen Bundestages mit Fehlinformationen zu füttern oder die Wahrheit zu unterdrücken, wie man es sonst lediglich aus Unrechtsstaaten kennt.

Doch ist es nicht allein dieser Fall von vorsätzlicher Umgehung der Gesetze und Missachtung demokratischer Regeln, der einen so erschrecken lässt, es ist die Vermutung, die nicht von der Hand zu weisen ist, dass es solche Schattenminister und Strippenzieher wie die Gruppe 85 in vielen Regierungsinstitutionen gibt – nur dass sie dort noch nicht enttarnt sind. Im Verteidigungsministerium wurde jedenfalls der Schattenminister sofort nach Amtsantritt von Karl-Theodor zu Guttenberg aus dem Dienst entfernt und die Gruppe 85 aufgelöst. Und dennoch, auch hier wird in Zukunft die Unterstellung immer im Raum stehen, im Hintergrund zögen weiterhin andere Personen die Strippen als die ins Amt gewählten eigentlichen Verantwortlichen.

Beflügelt wird dieses tiefe Misstrauen durch ein persönliches Erlebnis. Ich selbst wurde schon einmal Opfer solcher Informationsunterschlagungen und Wahrheitsvertuschungen. Unmittelbar nach Erscheinen meines ersten kritischen Buches zum Thema Bundeswehr publizierte das Verteidigungsministerium ein Schriftstück, das mir vorwarf, ich sei »in Sach- und Fachfragen absolut inkompetent«, eine Kritik an der Bundeswehr auszusprechen. Diese Stellungnahme vom 16. Januar 2008, gefordert in der 70. Sitzung des Verteidigungsausschusses und erstellt und vorgetragen von Staatssekretär Dr. Peter Wichert, sollte schnellstens eine Argumentationslinie gegen das sich anbahnende Medieninteresse am Buch aufbauen, um staatsmännisch gelassen auf jegliche Kritik reagieren zu können. Vor allem wurde versucht, meine Person zu diskreditieren, indem man in meiner früheren Einheit eine Befragung über mich durchführte. Ein Kamerad von damals schilderte mir die Vorgehensweise.

»Nahezu jeder Soldat wurde befragt, ob er dich kenne, dieses bejahten die meisten. Dann wurden sie gefragt, ob sie etwas Negatives über dich berichten könnten, das verneinten nahezu alle. Daraufhin sagten sehr viele, sie könnten viel Positives über dich berichten. Ihnen wurde gesagt, uns interessieren keine positiven Dinge, wir wollen nur die negativen wissen.«

Ein klares Beispiel, wie Kritik durch Desavouierung der Kritiker zu unterdrücken versucht wird, und dafür eigens Institutionen eingerichtet und Personen abgestellt werden, die solche Schmutzkampagnen aus dem Boden stampfen. In meinem Fall ging dies so weit, dass damals an sämtlichen Standorten der Bundeswehr ein Aushang am Schwarzen Brett zu lesen war, der vor dem Buch und meinen Berichten warnte, jenen Soldaten, die trotz dieser Warnung wagten, das Buch zu lesen, brachte dies zusätzliche Sonderdienste ein, wie mir Soldaten mitteilten. Zuerst wurde der Überbringer der kritischen Nachrichten diskreditiert, und dann wurden diejenigen bestraft, die sich über diese Kritik an ihrem Arbeitsumfeld informieren wollten. Auf die Idee, sich einmal mit den kritischen Aussagen direkt auseinanderzusetzen, verfiel niemand.

Unkontrollierter Informationsfluss erscheint solchen Strippenziehern stets ungebührlich und höchst gefährlich – nicht etwa, weil die Kritik berechtigt sein könnte und öffentlich wird, sondern einfach, weil ihre Machenschaften nicht mehr so reibungslos in den Hinterzimmern der Macht umgesetzt werden können. Illegal sind solche Steuerungen und Einflussnahmen natürlich nicht – sonst wären ja alle Lobbyisten längst arbeitslos –, sie machen nur deutlich, wie Politik häufig funktioniert, auch in einer parlamentarischen Demokratie und selbst im hochsensiblen Bereich der Wehrpolitik, in dem es um nichts Geringeres geht als um die Sicherheit unseres Landes.

6.4 Die Wahrheit ist nicht gewollt

Auch zum Thema Öffentlichkeitsarbeit nimmt der *van-Heyst-Bericht* eine klare Position ein, die bei den Verantwortlichen im Verteidigungsministerium für ziemliche Aufregung gesorgt haben muss. Würden die Empfehlungen umgesetzt, wäre die Vertuschung der Wahrheit schwieriger, das gezeichnete Bild der Bundeswehr realistischer und der Rechtfertigungszwang der obersten Militärs vor der Öffentlichkeit größer.

Der Bericht schlägt vor:

»... offensiver gezielt Befehlshaber und Kontingentführer oder deren Sprecher für die Informations- und Pressearbeit zur Verfügung zu stellen, um militärische Lageeinschätzungen der Öffentlichkeit mit Kompetenz aus erster Hand zu vermitteln.«

Eine auch vom Bundeswehrverband schon seit Langem geäußerte Überlegung, damit endlich die Kommunikation zwischen Bundeswehr, Politik, Staatsbürgern und auch Medien besser wird: Gebt dem Führer vor Ort die Möglichkeit, die Öffentlichkeit ehrlich zu informieren, nichts hilft mehr als eine realistische Lagebeschreibung, damit die Bürger die Anliegen der Bundeswehr verstehen und respektieren.

Doch genau das scheint nicht wirklich gewollt zu sein, selbst die Soldaten, die für die Medienabteilung der Bundeswehr arbeiten, beklagen, dass sie in vielen Fällen nur eingeschränkt berichten dürfen. Als Beleg soll ein Auszug aus dem Bericht des Wehrbeauftragten Reinhold Robbe dienen, der genau diese Zensur der Wirklichkeit zum Thema hat. »Die Soldaten klagen hinsichtlich der Presse- und Informationsarbeit der Bundeswehr, so sei beispielsweise das Zusammenwirken mit einigen Presse- und Informationszentren mitunter recht schwierig und unkooperativ. Andererseits beklagten aber auch gestandene Presseoffiziere, dass die Pressepolitik deutlich rigider gehandhabt werde, als dies früher der Fall war, und ihre Spielräume vor

Ort immer kleiner würden. Zudem fühlen sich einige Presseoffiziere auch nicht gut genug ausgebildet, überfordert oder klagten über personell unterbesetzte Informationszentren. Redakteure der Bundeswehrmedien sagten mir auch, dass ihnen daran gelegen sei, dass ihren Gesprächspartnern – häufig Mannschaften, Unteroffiziere und Feldwebel – aus deren Aussagen und Berichten über ihre Situation keine Probleme entstehen. Dies sei jedoch zunehmend schwierig, auch weil teilweise Kommandeure versuchten, Einfluss auf die Berichterstattung zu nehmen und es für die Bundeswehr keine festgeschriebenen Grundlinien der Pressearbeit gebe.«

Da haben wir es wieder: Viele Presseoffiziere spüren, wie wichtig es wäre, ein ehrliches Bild der Bundeswehr zu kommunizieren. Da ohnehin niemand die Realität auf Dauer verbergen kann, sie aber immer wieder gezwungen werden, nur die halbe Wahrheit zu berichten, werden sie von Mal zu Mal unglaubwürdiger, nicht nur in politischen Kreisen, sondern selbst beim interessierten Staatsbürger. Zudem wird in diesem Zitat verklausuliert zugegeben, dass kritische Aussagen zu persönlichen Nachteilen führen. Und es geht so weit, dass die Pressefreiheit, die innerhalb der Bundeswehr ja nicht außer Kraft gesetzt ist, durch Kommandeure eingeschränkt wird.

Diese von vielen Institutionen und Verantwortlichen (Bundeswehrverband, *van-Heyst-Bericht*, Wehrbeauftragter, um nur einige Beispiele zu nennen) geteilte Ansicht bestätigt die Richtigkeit des Gesamturteils über die Öffentlichkeitsarbeit der Bundeswehr: Sie ist in ihrer Gesamtheit ein hervorragend organisierter Apparat zur Vertuschung und Verschleierung unliebsamer Fakten.

Doch wie kam es zu dieser Fehlentwicklung, und, vor allem, warum ändert kein Verantwortlicher etwas daran? Antwort gibt ein Blick auf das Führungsverhalten an der Spitze der Bundeswehr.

6.5 Der Fisch stinkt immer vom Kopf her

Auch hierzu erst einmal ein Statement aus dem *van-Heyst-Bericht*:

»Es wird empfohlen, der ›Führungskultur‹ in der Bundeswehr in Ausbildung und Erziehung der Führer und Unterführer verstärkt Aufmerksamkeit zu widmen.«

Im Klartext: Ohne vernünftig ausgebildete militärische Führer auf allen Ebenen ist nicht viel zu erreichen – und die, die vorhanden sind, müssen dringend besser ausgebildet werden. Denn oftmals gehen fragwürdige Entscheidungen vom Führungspersonal selbst aus.

Hier zwei besonders krasse Belege für diese Tatsache, eines über das Führungsverhalten von Vorgesetzten im Einsatz und eines über beklagenswertes Führungsverhalten am Heimatort.

Beide Beispiele sind dem Bericht des ehemaligen Wehrbeauftragten Reinhold Robbe entnommen, und folgende Zitate sind wörtliche Übernahmen aus diesem Dokument.

»Soldaten müssen darauf vertrauen können, dass ihre Vorgesetzten sie nicht unnötig Gefahren aussetzen, nur dann werden sie auch in kritischen Situationen folgen. Leider genügten im Berichtsjahr selbst höhere Vorgesetzte nicht immer diesen Ansprüchen ... So erklärte ein Kommandeur im Dienstgrad Oberst im Rahmen einer Besprechung zur Planung eines Landmarsches von Kabul nach Baiman, er werde im ersten Fahrzeug sitzen, um eine ›bessere Aussicht‹ zu haben und weil bei Überfällen in der Regel nicht das erste, sondern das zweite oder dritte Fahrzeug angesprengt werde. Als während des Marsches eines der Fahrzeuge ausfiel, entschied der Stabsoffizier entgegen der bestehenden Befehlslage, die Besatzung des ausgefallenen Kraftfahrzeuges mit einem angemieteten zivilen, nicht geschützten Minibus, von einem unbekannten einheimischen Fahrer bei unbekannter Routenführung in einer mehrstündigen Fahrt getrennt vom Konvoi nach Kabul fahren zu lassen, obwohl in Bagram bei rechtzeitiger Auftragserteilung eine Task Force mit geschützten Fahrzeugen zeitgerecht bereitgestanden hätte.«

Ein Vorgesetzter mit Vorbildfunktion hat hier bewusst und öffentlich die ihm anvertrauten Soldaten großer Gefahr ausgesetzt. Gerade in brisanten Situationen ist ein derartiges Verhalten für die Vertrauensbildung zwischen Abhängigen und Führung verheerend. Die Tatsache, dass hier Soldaten in einer Gefahrensituation in unbekanntem Gelände und unbekannter Begleitung ungeschützt zurückgelassen wurden, ist eigentlich bereits Grund genug, diese Führungsperson aus dem Vorgesetztenverhältnis zu entlassen. Als einfacher Soldat verliert man verständlicherweise nicht nur jedes Vertrauen in die Führungsfähigkeiten der Vorgesetzten, wenn einem so etwas zu Ohren kommt, sondern man beginnt auch, »den Feind in den eigenen Reihen« zu suchen.

Doch nicht nur in einem Einsatzland geschehen solch unfassbare Dinge, auch mancher Vorgesetzte zu Hause zeigt in Verbindung mit einem Einsatz seiner Soldaten im Ausland ein äußerst fragwürdiges Führungsverhalten, wie der folgende Beleg aus dem Bericht des Wehrbeauftragten zeigt.

»Ein Hauptmann reagierte auf die Meldung, dass zwei seiner Soldaten aus psychischen Gründen aus Kundus nach Deutschland zurückgeführt werden müssten, mit den Worten: ›Was glauben die denn, wo wir hier sind? Bei einer Kaffeefahrt oder auf dem Ponyhof? Infanteristen sind in letzter Konsequenz dazu da, zu töten oder getötet zu werden‹.«

Solche Vorgesetzten sollten sich fragen, ob sie nicht vielleicht ihren Beruf verfehlt haben; doch – das zeigt die Analyse solchen Verhaltens in größeren Zusammenhängen – derartige Führungsfehler kommen vor allem bei Personen vor, die nicht erlebt haben, was die ihnen unterstellten Soldaten tagtäglich über sich ergehen lassen müssen, will sagen, diese Führer sind meist ohne Einsatzerfahrung, direkt aus dem Ausbildungskurs und ausgestattet mit menschenverachtenden Charakterzügen.

In Zukunft könnte noch ein weiterer Grund für fehlerhaftes Führungsverhalten dazukommen: die Nachwuchsgewinnung. Dazu mehr im Kapitel 7, das sich mit dem Personal der Bundeswehr beschäftigt; zurückverwiesen sei noch auf Kapitel 3 und Kapitel 5, dort finden sich weitere Beispiele zum falschen Führungsverhalten und dessen Ursachen.

Das Schlusswort soll ein Zitat aus dem Bericht des ehemaligen Wehrbeauftragten liefern, der wiederum die Aussage eines Bataillonskommandeurs zitiert: »... unerfahrene Ausbilder müssen erst lernen, mit der ihnen übertragenen Machtfülle vernünftig umzugehen ... gerügt wird die fachliche Inkompetenz einzelner Ausbilder und die Neigung insbesondere junger Offiziersanwärter, ihre Unfähigkeit und Unerfahrenheit durch flotte Sprüche und überzogene Härte, aber auch durch ungerechtes Verhalten und Beleidigungen zu überspielen.«

Wer sich mit dem Führungsverhalten bei der Bundeswehr beschäftigt, den wird diese Kritik nicht wundern. »Der Fisch stinkt immer vom Kopf her«, sagt der Volksmund – und wo Schattenminister, Geheimgruppen, Informationsmanipulationen und Führungsverhalten nach Gutsherrenart keine Ausnahme sind, trifft diese Aussage zweifellos einen wesentlichen Kern. Eine Armee, die zum Schutz eines demokratischen Gemeinwesens eingerichtet wurde, in dem Meinungsfreiheit, Freiheit des Wortes und freier Gedankenaustausch zu den höchsten Gütern gehören, sollte nicht aus dem Zwielicht der Hinterzimmer heraus regiert werden. Eine diesen Idealen verpflichtete Armee kann keine abweichende Rolle spielen, sie muss transparent, ehrlich und fair agieren. Wo vertuscht und falsch informiert wird, fällt ein Schatten auf die Bundeswehr, ein Schatten des Misstrauens gegenüber dieser Institution, die sich über festgelegte Abmachungen, die freiheitlich-demokratische Grundordnung und bisweilen über bestehende Gesetzte hinwegsetzen zu können meint. Eine Armee aber, die ihre Pläne und Probleme zur Diskussion stellt, um die jeweils besten Lösungen herauszufinden, wird sich ganz anders in die Gesellschaft integrieren, als wir das heute erleben. Ein wenig mehr an Glasnost und Perestroika täte unseren Streitkräften zweifellos gut. Ausgehen kann eine solche Entwicklung nur von oben, beginnend bei den politischen Entscheidungsträgern und den führenden Militärs.

7. Die Bundeswehr und ihre Soldaten

Wer kämpft da eigentlich?

Das letzte Kapitel zeigte, wie mangelhafte Auswahl und Ausbildung, fehlende Einsatz- und Lebenserfahrung des Führungspersonals – und nicht selten dessen charakterliche Defizite – die Ursachen gravierender Führungsfehler sind, die wiederum der einfache Soldat, als letztes Glied der Befehlskette, auszuhalten und auch auszubaden hat. Was diese Soldaten über sich ergehen lassen müssen – oft in der hochgefährlichen Situation eines Kriegseinsatzes – zieht psychische, bisweilen psychosomatische Reaktionen nach sich, die Thema dieses Kapitels sind.

Wie geht man als Soldat mit dieser Gemengelage um? Wie wirkt sich ein Alltag unter solchen Bedingungen auf das Selbstwertgefühl, auf die Rechtfertigung des eigenen Tuns aus? In diesem Punkt zeigen Soldaten trotz ihrer wesentlich gefährlicheren Lebenssituation im Vergleich zum Alltagsleben im Frieden keine ungewöhnlichen Reaktionsmuster: Sie leiden an mangelndem Selbstwertgefühl und fehlender Wertschätzung durch andere bis hin zu daraus resultierenden Erkrankungen – oder sie kompensieren die Mängel durch ein übersteigertes Selbstwertgefühl bis hin zu Rücksichtslosigkeit, Heldenwahn und Führerkult. Oder sie verdrängen und arrangieren sich mit einer als ungenügend empfundenen Situation, anstatt gegen sie aufzubegehren und so den inneren Konflikt für eine Veränderung zu nutzen.

7.1 Hehre Ziele: Wölfe und Schafe

Psychische und psychosomatische Erkrankungen treten in der Bundeswehr und nach Dienstende überdurchschnittlich häufig auf. Studien gehen davon aus, dass beispielsweise Depressionen und Autoimmunkrankheiten, um je ein Beispiel aus dem psychischen und psychosomatischen Bereich zu nehmen, bei Bundeswehrangehörigen und Ex-Soldaten häufiger vorkommen als in der Normalbevölkerung. Ohne Zweifel ist diese Tatsache einem Kriegseinsatz und den dabei erlebten Gräueln und Gewalttaten geschuldet; allerdings kommen weitere Faktoren hinzu, die das Ausbrechen solcher Erkrankungen begünstigen, wenn nicht gar auslösen.

Mangelnde Selbstachtung und Wertschätzung
haben den Boden meist schon bereitet, auf dem dann die Saat einer Katastrophe von außen erst gedeihen kann. Natürlich gibt es auch im Zivilleben schicksalhafte Einschnitte wie Scheidung, plötzliche Todesfälle in der Familie oder sozialen Absturz, die die seelische Gesundheit des Einzelnen aus dem Gleichgewicht bringen können; doch bei der Bundeswehr und speziell bei einem Kriegseinsatz sind solche Wendepunkte tagtäglich im Bereich des Möglichen und keine unerwarteten Schicksalsschläge. Gerade jene Soldaten, die besonders darunter leiden, dass ihr Einsatz nicht gewürdigt wird, dass Zweifel am eigenen Tun stets präsent sind und sie Rechtfertigungsprobleme quälen, sind einem permanenten Mangel an Selbstachtung ausgesetzt. Diese Empfindungen tragen den Keim einer seelischen Krankheit bereits in sich, bevor ein äußeres Ereignis sie tatsächlich akut auslöst. Tiefe innere Konflikte in Kombination mit einem Leben inmitten von Grausamkeit bilden den hochgefährlichen Nährboden für psychische Zusammenbrüche.

Am deutlichsten kann dies an einem Krankheitsbild veranschaulicht werden, das seit dem Afghanistan-Einsatz immer wieder anhand spektakulärer Fälle durch die Presse geht: der Posttraumatischen Belastungsstörung, kurz PTBS genannt. Die PTBS-Problematik muss in einem *Schwarzbuch Bundeswehr* angesprochen werden, nicht nur, weil die seelische Gesundheit von Soldaten im Dienst beeinträchtigt wurde – das lässt sich bei einem so gefährlichen Job gar nicht vermeiden –, sondern auch, weil die Bundeswehr nach einen Ausbruch von PTBS die Geschädigten vielfach allein und ohne Therapiemöglichkeiten lässt. Das Problem wird seit vielen Jahren einfach unter den Tisch gekehrt (Näheres dazu in Kapitel 5). Verschärft wird die Situation dadurch, und dies ist von entscheidender Bedeutung, dass das volle Krankheitsbild in den meisten Fällen erst nach dem Ausscheiden aus der Bundeswehr ausbricht. Also werden sowohl die Therapiekosten als auch der gesamte Schaden, den die Erkrankten in der Zivilgesellschaft verursachen, der Allgemeinheit aufgebürdet, obwohl beides Folgekosten einer in der Bundeswehr erworbenen Krankheit sind.

In der Nacht zum 9. August 2007 ereignete sich in Berlin-Neukölln ein Zwischenfall, der die Öffentlichkeit kurzzeitig aufhorchen ließ und das die Posttraumatische Belastungsstörung von Soldaten, die aus dem Auslandseinsatz der Bundeswehr zurückkehren und in der Heimat nicht mehr zurechtkommen, zum Thema machte.

Der damals zweiundzwanzigjährige Sebastian H. hatte wie viele Soldaten seine Erlebnisse in Afghanistan nicht verkraftet. Sebastian hatte vier Jahre gedient und war von Juli 2003 bis Januar 2004 in Kabul im Afghanistan-Einsatz.

Ein Freund von ihm meinte: »Was er da erlebt hat, hat er psychisch nie verarbeitet.« Ihm gegenüber hatte Sebastian immer wieder geäußert: »In Kabul ist ein Kind in meinen Armen verblutet.« Dieses Kind sei auf eine Mine getreten und vor dem deutschen Feldlager abgelegt worden. Das ist durchaus gängige Praxis in Afghanistan, denn es hat sich herumgesprochen, dass bei den Deutschen die für afghanische Verhältnisse beste Medizin zu haben ist.

In jener Nacht zum 9. August 2007 endete ein tragischer Krankheitsverlauf, der von der Bundeswehr schon wesentlich früher hätte erkannt werden müssen. Nach einem seelischen Martyrium und mehreren Selbstmordversuchen, begleitet vom Absinken in die Obdachlosigkeit, überfiel Sebastian in dieser Nacht einen Mann, raubte ihm ein leeres Portemonnaie und eine halbe Schachtel Zigaretten. Die Polizei war schnell auf seiner Fährte. Die Beamten riefen ihm zu, stehen zu bleiben, der junge Mann drehte sich um und hatte eine defekte Gaspistole in der Hand. Daraufhin feuerten die Polizisten, trafen ihn in Arm und Brust. Er war auf der Stelle tot. Freunde meinten später, Sebastian wollte erschossen werden.

Der ehemalige Chefpsychologe des Bundeswehrkrankenhauses in Berlin, Norbert Kröger, sagte dazu: »Jedes Jahr kommen Dutzende deutscher Soldaten mit einer kranken Seele nach Hause zurück. Wenn das nicht erkannt und richtig behandelt wird, können Tragödien wie diese passieren.« Posttraumatische Belastungsstörung, kurz PTBS, wird das Leiden genannt. Typische Symptome sind: Schlafstörungen, emotionale Kälte, Konzentrationsschwäche, Depressionen, Aggressionen gegen sich und andere.

Kröger fügte hinzu: »Traumatische Reaktionen zu haben und zu zeigen, ist normal. Wer das nicht tut, ist ein emotionaler Vollidiot und schädigt sich nur selbst.«

Wie konnte es bei Sebastian so weit kommen?

Seine Eltern trennten sich, und bereits mit siebzehn verpflichtete er sich mit Einwilligung der Mutter bei der Bundeswehr. Wie bei vielen jungen Männern, gerade aus dem Osten Deutschlands, lockten das Geld und die Sicherheit. Was die Bundeswehr damals nach dem tragischen Ereignis in Berlin nicht erwähnte, war die Tatsache, dass Sebastian schon vor seinem Einsatz in Afghanistan auffällig gewesen war. Er hatte im Suff das Auto eines Kameraden zu Schrott gefahren und wurde wegen Alkoholmissbrauchs und Fahrens ohne Führerschein polizeilich verwarnt.

Die Presseoffiziere der Bundeswehr betonten immer wieder nur den altbekannten Satz: Es werde nur »geeignetes Personal« ins Ausland geschickt. Aber in Wahrheit wurden schon damals die Soldaten immer jünger, und nicht wenige hatten eine fragwürdige Vorgeschichte.

Die Bundeswehr stellt dazu klar, es gebe »keine formalen Kriterien bei der Beurteilung der Persönlichkeit. Wir prüfen immer den Einzelfall. Auch im Fall Sebastian H. war diese Entscheidung offenbar richtig, denn er hat seine Sache im Einsatz gut gemacht«.

Richtig ist, dass Sebastians Verhalten in Kabul tadellos war. Doch als er zurück in seine Heimatkaserne nach Baden-Württemberg kommt, nimmt die Katastrophe ihren Lauf. Er schläft häufig schlecht, hat Albträume, muss immer wieder an das schwer verletzte Mädchen denken. Die Kameraden wissen keinen besseren Rat als: »Komm, trink noch ein Bier.«

Alles scheinbar keine große Sache – bis zu seinem ersten Selbstmordversuch. Er schneidet sich die Pulsadern auf und kommt ins Bundeswehrkrankenhaus nach Berlin. Dort sagen ihm die Ärzte, seine Beschwerden hätten nichts mit seinem Einsatz, sondern mit seinem Elternhaus zu tun.

Um PTBS auszulösen, reicht manchmal ein einziges Ereignis aus. Es kann die Erfahrung von Gewalt sein oder unmittelbare Todesangst. Kommen dann noch seelische Wunden aus dem früheren Leben oder andere Begleitumstände dazu, wird das Krankheitsrisiko extrem verstärkt. Erst recht, wenn der Soldat selbst fast noch ein Jugendlicher ist. US-Studien haben ergeben, dass junge Soldaten fünfmal häufiger erkranken als ältere.

Der schon erwähnte Chefpsychologe der Bundeswehr Kröger erklärt, dass diese seelische Störung in der Fachliteratur auch

»Siegfriedphänomen« genannt wird. Jeder Mensch hat – dem Lindenblatt des Nibelungenhelden vergleichbar – einen wunden Punkt. Kröger betont, dass man fast alle an PTBS Erkrankten heilen könne – wenn die Krankheit frühzeitig diagnostiziert wird. Doch für diese Diagnose fehlte der Bundeswehr schon in Sebastians Fall das Personal.

Ende Juni 2006 endete seine Dienstzeit. Er bekam von der Bundeswehr 5000 Euro Abfindung plus Übergangsgeld. Zu diesem Zeitpunkt war gerade Fußballweltmeisterschaft, und Sebastian, der als gutgläubig bekannt war, brachte bis zum Finale mit angeblichen Freunden das gesamte Geld durch. Dann fiel er in ein tiefes Loch – kein Geld, kein Job und die Freunde ebenfalls weg. Er hatte keinen festen Wohnsitz mehr, übernachtete bei wechselnden Bekannten, manchmal auch unter freiem Himmel. Als ihn am 9. Januar 2007 die Polizei in Hennigsdorf bei Berlin total unterkühlt am Ufer eines Kanals findet, hat er sich gerade wieder einmal die Pulsadern aufgeschnitten. Doch jetzt ist er Zivilist und kommt daher in die psychiatrische Abteilung der örtlichen Klinik, ihm wird ein amtlicher Betreuer zugewiesen. Dieser hatte nach Sebastians Entlassung aus dem Krankenhaus die Aufgabe, ihn bei Behördengängen und in Geldangelegenheiten zu unterstützen; nach seiner Aussage konnte er keine schwerwiegenden Verhaltensstörungen feststellen. Doch Sebastian zieht es in die Großstadt zurück. In Berlin lebt er von 700 Euro Arbeitslosengeld, denn das bekommt er als Ex-Soldat. Er kommt in einer Obdachlosenunterkunft unter und wird dort als sehr schweigsam und stets sauber charakterisiert, als eine Person, die niemals Ärger macht.

Auf die Bundeswehr angesprochen, sagt er immer das Gleiche: »Die geilste Zeit in meinem Leben.« In Berlin gewinnt er sogar neue Freunde, äußert ihnen gegenüber einmal bei einem Abendessen: »Ihr habt es gut, ihr habt euch. Das hatte ich nie.«

Für den Bundeswehrpsychologen Kröger ist Sebastians Beziehung zu seinen Eltern dessen »Lindenblatt«: »Das verblutende Mädchen in Afghanistan hat ihn an sich selbst erinnert. Plötzlich war er das Kind, das seine Eltern verbluten ließen.«

Die Freunde sagten zu Sebastian nur: »Wir können für dich da sein, helfen muss dir ein Fachmann.«

Der ehemalige Kommandeur des Panzergrenadierbataillons 294, in dem Sebastian gedient hat, sagte nur: »Jeder Soldat kann in einer belastenden Situation auf seinen Vorgesetzen, Truppenpsychologen oder Militärseelsorger zugehen.« Sehr viele Bundeswehrvertreter teilen diese Ansicht, gemeint ist, der Soldat müsse sich schon selber melden. Nach Einschätzung der Bundeswehr werden Soldaten im Einsatz und danach »gut betreut«. Diese Nachbetreuung findet in einem drei Tage dauernden Nachbereitungsseminar statt. Während dieses Nachbereitungsseminars sprechen die Soldaten nicht direkt mit Psychologen; dort versucht nur ein Moderator, mit der Gruppe über die Erlebnisse ins Gespräch zu kommen. Oftmals redet nur der Moderator, und die Gruppe hört zu, danach gehen die Soldaten zusammen Bier trinken.

Ein Freund Sebastians erklärte die Tragödie so: »Der Basti, der wollte erschossen werden.« Sebastians Mutter meinte dazu: »Man kann doch nicht einen so jungen Mann in den Einsatz schicken und mit Waffen hantieren lassen.« Und ein Presseoffizier der Bundeswehr erklärte: »Wir können nichts dafür, wenn ein ausscheidender Soldat nicht für seine Zukunft vorsorgt.«

Im Jahr 2010 wurden 729 Soldaten mit einer PTBS-Erkrankung und 368 Soldaten mit anderen einsatzbedingten psychischen Erkrankungen bei der Bundeswehr behandelt. Gleichzeitig erhöhte sich die Zahl genehmigter Präventivkuren in 2010 auf 3099. Diese Kuren, die drei Wochen dauern, dienen überlasteten Soldatinnen und Soldaten ohne Anzeichen einer therapiepflichtigen Erkrankung zur Regeneration. Diese wichtige Möglichkeit der Vorbeugung existiert seit 1999. Die Kuren umfassen neben psychotherapeutischen Gruppensitzungen unter anderem auch das Training der psychischen und sozialen Kompetenz sowie Einzelberatungen, Entspannungstherapie, autogenes Training und Ruhe-/Erholungsphasen.

Von 1995 bis 2010 wurde eine Posttraumatische Belastungsstörung bei 267 Soldatinnen und Soldaten als Wehrdienstbeschädigung anerkannt. 260 Anträge wurden in demselben Zeitraum abgelehnt. Es wurde also nur jeder zweite Fall anerkannt. Die Zahl der Behandlungsfälle stieg im vergangenen Jahr um ein Vielfaches an. Allein im Zeitraum Januar bis November 2010 wurden bereits 655 Soldatinnen und Soldaten in Bundeswehrkrankenhäusern wegen PTBS therapiert. Nach Angaben des Verteidigungsministeriums dauert es im Schnitt fünfzehn Monate, bis ein Trauma von der Bundeswehr offiziell anerkannt wird. Das zentrale Hindernis bei der Anerkennung ist, dass der schädigende Sachverhalt vom Antragsteller selbst nachgewiesen werden muss. Oftmals gestaltet sich der Nachweis des traumatisierenden Ereignisses jedoch als sehr schwierig. Denn wenn zum Beispiel ein Attentat oder ein Beschuss nicht aktenkundig ist, muss eine fachärztliche Untersuchung durchgeführt werden. Und genau dies nimmt wegen des hohen Personalmangels bei den Bundeswehrpsychologen sehr viel Zeit in Anspruch. Weiter erschwert wird die Situation für die Betroffenen, wenn aufgrund des Personalmangels Gutachter von außen hinzugezogen werden. Diese Gutachter sind oftmals überhaupt nicht in der Lage, die Situation eines Soldaten zu beurteilen, da sie sich nicht im Entferntesten jene Gräueltaten vorstellen können, die zu begutachtende Soldatinnen und Soldaten miterlebt haben.

Der verteidigungspolitische Sprecher der SPD-Bundestagsfraktion, Rainer Arnold, äußerte mit Blick auf diese überaus zähe Anerkennungsprozedur laute Kritik: »Die Bearbeitungszeit ist schon lange inakzeptabel.« Darüber hinaus habe er »die Sorge, dass zuungunsten der Antragssteller gerichtet wird, obwohl es eigentlich umgekehrt sein müsste: im Zweifel zugunsten der Antragsteller«. Nach seiner Ansicht sei hier eine teilweise schon »reflexhafte Bürokratie« am Werke, einzig und allein darauf getrimmt, die finanziellen Interessen der Bundeswehr zu vertreten.

Andreas Timmermann-Levanas, Vorsitzender des Bundes deutscher Veteranen, äußerte sich dazu genauso unmissverständlich. Zumindest unter dem alten Verteidigungsminister, Franz Josef Jung (CDU), habe die Devise geherrscht: »Wir sind nicht im Krieg. Und wenn wir nicht im Krieg sind, kann es auch keine Traumatisierungen geben.« Da sich die Krankheit, so Timmermann-Levanas weiter, oft erst dann einstelle, wenn die Soldaten die Bundeswehr bereits verlassen hätten, stünden sie ohne Anerkennung ihrer Berufskrankheit häufig vor dem finanziellen Ruin und dem damit einhergehenden sozialen Abstieg.

Bei Sebastian endete dieser persönliche und soziale Abstieg mit dem Tod durch Erschießen.

Im Unterschied zur Bundeswehr wird Polizeibeamten, die geschossen haben, sofort das zur Verfügung gestellt, was Sebastian dringend gebraucht hätte: eine intensive mehrwöchige Betreuung. Bei Polizeibeamten fürchtet man eine Posttraumatische Belastungsstörung, bei Soldaten anscheinend weniger.

Zumindest gegen das schon besprochene Fürsorgegesetz wurde im Fall von Sebastian erheblich verstoßen. Denn wir erinnern uns, Fürsorgepflicht gilt auch »nach der Dienstzeit«.

Für betroffene Soldaten spielt es natürlich erst einmal keine Rolle, ob ihre psychischen und psychosomatischen Leiden durch ein Ereignis während ihres Kriegseinsatzes ausgelöst wurden. Für sie spielt auch keine Rolle, ob die wahre Ursache tiefer liegt und solche Krankheiten erst auf dem Nährboden einer bereits vorher existierenden psychischen Instabilität, etwa Problemen mit mangelndem Selbstwertgefühl, gedeihen können. Mit der Selbstachtung der Soldaten steht es eben vielfach nicht zum

Besten, wie sollte es auch, bei dermaßen geringer Anerkennung und fehlender Unterstützung, die ihnen vonseiten Bevölkerung, Medien und politischer Öffentlichkeit entgegengebracht werden. So könnte man mit gewisser Berechtigung folgende Ursachenkette für jene Soldaten formulieren: Probleme mit dem Selbstwertgefühl – mangelnde Selbstachtung – Selbstzweifel – Depressionen – Traumatisierungen – psychosomatische Krankheiten – PTBS.

Ein anderer Teil der Soldaten wiederum, die Minderheit, das muss betont werden, reagieren nicht mit Selbstzweifeln, Minderwertigkeitsgefühlen oder gar Mangel an Selbstachtung; im Gegenteil: Sie überschätzen sich, sie fühlen sich als etwas Besseres im Vergleich zu denen, die nicht ihrer Gruppe angehören. Doch letztendlich kompensieren auch sie nur Minderwertigkeitsgefühle durch eine demonstrativ zur Schau gestellte Überheblichkeit – mit nicht weniger gravierenden Folgen für die psychische Gesundheit und das soziale Umfeld.

Selbstüberschätzung und Herrenmentalität
Wie mangelnde Selbstachtung ist auch die übersteigerte Ichbezogenheit lediglich ein anderes Reaktionsmuster auf die gleiche psychische Grundsituation: Der Betroffene ist nicht in der Lage, dem fehlenden Respekt von anderen, von außen, von denen, die das Sagen haben, etwas entgegenzusetzen; er kann weder innere Stärke noch Selbstbewusstsein mobilisieren, was speziell bei einem Kriegseinsatz das Leben als Soldat erträglicher machen und die eigenen Handlungen gerechtfertigt erscheinen lassen könnte.

In einer Welt, die durch Hierarchien strukturiert ist und in der es fast etwas Heiliges zu sein scheint, wenn man in die nächsthöhere Ebene aufgenommen wird, funktioniert das Prinzip von Führern und Geführten, von Befehl und Gehorsam nach dem immer gleichen Muster: Der Selbstwert steigt allein dadurch, dass man den vermeintlich »besseren Kreisen« angehört; dabei zu sein reicht als Ziel, dazuzugehören als Motivation. Weder wird die Frage nach dem Sinn gestellt, – warum sind Aufstieg und Dazugehören eigentlich per se erstrebenswert? –, noch werden Zweifel zugelassen an Werten und Normen, die man mit den neuen Freunden und Kameraden wird hochhalten müssen, – und schon gar nicht an Initiationsritualen, die einem zugemutet werden, nur um auf der Hierarchieleiter eine Sprosse höher zu dürfen.

Auf genau dieser Grundlage gedeihen jene »Ekelrituale«, von denen die Presse in Abständen zu berichten weiß, ohne dass in den Artikeln auf die psychologischen Grundkonstanten eingegangen würde, die solche Rituale erst möglich machen und die dazu führen, dass »normale« Menschen diese willentlich und widerspruchslos über sich ergehen lassen.

Da gibt es beispielsweise die Überreichungszeremonie des bordeauxfarbenen Fallschirmjägerbaretts, das man sich während seiner Grundausbildung durch verschiedene, erfolgreich absolvierte militärische Ausbildungsprüfungen verdienen muss. Nach dem letzten Tag der Grundausbildung muss sich der Soldat abends an einem möglichst abgelegenen Ort einfinden, in dem zu beschreibenden Fall war dies ein Flussufer in der Nähe von Oldenburg. Schon von Weitem sah man die zahlreichen Fackeln, deren Feuer vom Wasser und von den umliegenden Bäumen zurückgeworfen wurde. In der Mitte dieses Platzes stand ein ziemlich großer Tisch, dahinter der Kompaniefeldwebel, der auf die einzelnen Soldatenzüge, die aus jeweils 30 Mann bestehen, wartete. Auf dem Tisch lagen Stapel der bordeauxfarbenen Barette, die an jene verteilt werden sollten, die an diesem Tag ihre Grundausbildung abgeschlossen hatten. Nicht allen an den Ort des Geschehens Beorderten würde diese Ehre zuteilwerden, denn die »Durchfaller« mussten sich beschämt den Spott der anderen anhören, die ihr Barett ausgehändigt bekommen würden. Ihre Barette blieben für alle sichtbar auf der

Tischoberfläche liegen. Als alle angetreten waren, meldeten die Zugführer dem Kompaniefeldwebel die Namen der neu Aufzunehmenden. Die Namen derer, die es zu diesem Zeitpunkt nicht geschafft hatten, blieben unausgesprochen. Jetzt wurden die »Neuen« aufgerufen, worauf sie vor den Tisch traten und aus der bereitgestellten Flasche Jägermeister ein kleines Glas eingeschenkt bekamen. Die Wahl der Alkoholsorte erfolgte mit Bedacht, denn bei den Fallschirmjägern ist der niedrigste Dienstgrad der eines »Jägers«. Nun überreichte der Kompaniefeldwebel das Glas Schnaps mit folgenden Worten: »Jäger Schmidt, nach bestandener Grundausbildung und mit diesem Jägermeister gehören Sie nun zur Fallschirmjägertruppe, denn nun sind Sie der Meister der Jäger.« Im gleichen Augenblick griff er nach dem Barett dieses Soldaten und warf es hinterrücks in weitem Bogen in den Fluss. »Meisterjäger« Schmidt musste ins Wasser, um sich das nun ihm gehörende Barett zurückzuholen. Erst nach dem Sprung in die Fluten war er berechtigt, es als Ausweis seiner Zugehörigkeit zu tragen.

Nicht wenige sind bei diesem Ritual schon von einer Strömung erfasst worden und trieben beim Schwimmen in voller Kampfmontur hilflos flussabwärts. Dafür hatte man vorgesorgt: Rettungsschwimmer standen am Ufer bereit, um die Verunglückten schnell wieder aus dem eiskalten Wasser zu fischen. Vor Kälte zitternd, aber sichtlich stolz präsentierten die Aufgenommenen vor ihrem Zugführer nun das Barett. Sie hatten ihr erstes und noch relativ harmloses Aufnahmeritual erfolgreich hinter sich gebracht.

Bei der Verleihung des Fallschirmspringerabzeichens geht es schon handfester zur Sache. Die Zeremonie findet nach bestandenem Fallschirmspringerlehrgang an der Luftlandeschule statt, die sich in Altenstadt in Bayern befindet. Alle erfolgreichen Absolventen versammeln sich auf einem großen Platz, der Schulkommandeur hält eine Ansprache, danach gehen die Ausbilder mit den Springerabzeichen aus Metall auf jeden einzelnen Soldaten zu. Es hat die Form zweier Flügel mit einem Fallschirm in der Mitte und wird in mehreren Abstufungen verliehen. Auf der untersten Stufe besteht das Abzeichen aus Bronze, die Soldaten befestigen es an ihrer Ausgehuniform, indem sie zwei Schrauben auf seiner Rückseite entfernen und die etwa 1,5 cm langen Dorne durch den Stoff drücken. Dann dreht man als Sicherheitsmaßnahme beide Schrauben wieder an den Dornen fest, damit das Abzeichen stets an seinem Platz bleibt – und damit man sich an den spitzen Enden der Dorne nicht verletzt.

Nun stehen sich Ausbilder und Ausgebildeter Auge in Auge gegenüber, und es folgt die entscheidende Frage: »Bloody wings, yes or no?« Auf Deutsch: »Blutige Schwingen, ja oder nein?«

»Nein« würde bedeuten, der Ausbilder hebt den dünnen Stoff etwas an und durchsticht ihn vorsichtig mit den zwei Dornen – »ja« hatte zur Folge, dass einem der Begriff »bloody wings« nicht mehr erklärt werden musste: Die Dorne bohrten sich, verstärkt durch einen Faustschlag des Ausbilders auf das Abzeichen, durch Stoff und Haut zentimetertief in den Brustmuskel des Soldaten. Erhält man nach einer Ausbildung im Ausland sein Springerabzeichen dort verliehen, können die Dorne auch mal länger als 2 cm sein. Soldaten, die auf die blutigen Schwingen verzichteten, waren nicht gerade wenig Hohn und Spott ausgesetzt.

Spätestens hier wird sich mancher fragen, wie dumm man sein muss, um sich bei vollem Bewusstsein und aus freien Stücken zwei Nägel in die Brust rammen zu lassen. Doch erinnern wir uns an Sprüche, die es auch außerhalb der Bundeswehr gibt und die angeblich einen Mann erst zu einem wirklichen Mann machen: »Ein Indianer kennt keinen Schmerz«, oder auch in der Werbesprache: »Ist er zu stark, bist du zu schwach«. Machismo in Reinkultur wird hier praktiziert, auch wenn man von

Tradition, Zeremonie oder Ritual spricht. Man stellt sich auf einen Sockel, um auf die herabzusehen, die es nicht geschafft haben oder sich gar weigerten, so »ausgezeichnet« zu werden. Auch die Schimpfwörter, die für solche Personen schnell bei der Hand sind, disqualifizieren sich von selbst: Heulsuse, Versager, Loser, Memme, Schwuchtel, Mimose, ohne Eier, Weichei, Tunte – Begriffe aus dem Wörterbuch des Unmenschen oder aus dem Sprachschatz des Herrenmenschen.

Natürlich lösen solche Dinge bei Bekanntwerden – es gibt weit ekelerregendere Beispiele als die genannten – immer wieder Erschrecken und Entsetzen aus, wobei Soldaten, die daran teilnahmen, die Geschichten nicht annähernd so schlimm finden wie die Berichterstattung darüber. Besonders aufschlussreich bei solchen Vorkommnissen ist, dass Vorgesetzte fast jedes Mal behaupten, nichts davon gewusst zu haben und schon gar nicht daran beteiligt gewesen zu sein. Gemäß den Vorschriften sind diese Veranstaltungen jedoch ausnahmslos dienstlicher Natur, müssen also auf einem Dienstplan oder Zusatzdienstplan vermerkt und dadurch bekannt gemacht werden. Zudem besteht die Pflicht, dass ein disziplinarischer Vorgesetzter oder einer seiner Vertreter anwesend zu sein hat. Von den Vorgesetzten wird außerdem verlangt, diese Dienstpläne stets beim Bataillon einzureichen und in Kopie an die Brigade weiterzuleiten. Diese strikten Vorgaben lassen die Ausrede, nichts gewusst zu haben, in den meisten Fällen schnell zusammenbrechen. Trotzdem, solches Verhalten ist bei der Bundeswehr nach wie vor keine Ausnahme und wird, mit zugekniffenen Augen und auf dem Rücken verschränkten Armen, von den Vorgesetzten geduldet. Wird schon niemand etwas merken, ist die Devise. Doch in den meisten Fällen wird »etwas gemerkt«, und dann ist wegen der vorsätzlichen Vertuschung Geschrei und Unverständnis erst recht groß. Wenn das, was bei solchen Anlässen stattfindet, in Ordnung wäre, müsste man es ja nicht geheim halten, kontern die Gegner bei jedem neu bekannt gewordenen Vorfall. Und doch kann man den Kritikern nur bedingt recht geben. Das Ärgernis besteht doch nicht darin, dass eine Gruppe von Menschen beschlossen hat, etwas nicht an die große Glocke zu hängen, da es nur sie selbst angeht und keine Auswirkungen auf Außenstehende hat. Das Ärgernis besteht auch nicht darin, dass Handlungen, mögen sie auch noch so eklig, unverständlich und mit gewissen Risiken behaftet sein, vollzogen wurden, schließlich wurde keiner gewaltsam zur Teilnahme gezwungen, sondern alle taten dies im Vollbesitz ihrer geistigen Kräfte freiwillig – in anderen Zusammenhängen würde man von »consenting adults« sprechen. Das Ärgernis, über das gesprochen werden müsste, liegt unter solchen Oberflächlichkeiten: Es sind die charakterlichen Defizite, die sich hier zeigen, die sich eines Elitedenkens bedienen und sich in der Machtausübung gegenüber anderen ausleben. Es wäre dringend an der Zeit, sich einzugestehen, warum es diese Fehlentwicklungen gibt, woher sie stammen und wie man sie aus der Welt schaffen könnte. Mitmachen und Wegschauen haben dieselben Wurzeln: das kritiklos übernommene Weltbild von Befehl und Gehorsam, von oben und unten, von Wölfen und Schafen, von Auserwählten und nützlichen Idioten. Daran gilt es zu arbeiten, anstatt sich ein ums andere Mal über dessen Symptome zu echauffieren.

Gänzlich unverantwortlich wird es allerdings, wenn bei solchen Gelegenheiten körperliche oder auch nur psychische Gewalt ins Spiel kommt. Dann wird selbst das Prinzip der gleichrangigen »consenting adults« außer Kraft gesetzt; eine solche »Veranstaltung« verkommt zur unentschuldbaren Straftat gegen das Recht auf Unversehrtheit und gegen die Gleichrangigkeit jedes Individuums in einer freien Gesellschaft. Schon aus diesem Grund wäre die Bundeswehr gut beraten – will sie doch eine republikanische Armee sein, also eine Armee freier und gleicher Bürger –, sie würde sich in Bezug auf solche

»Traditionen« eine grundsätzliche Frage stellen: Wozu brauchen wir in einer demokratischen Armee solche Rituale, deren Weltbild noch dem Ständestaat der Adelsherrschaft und dem Denken des Mittelalters verhaftet ist?

Moderner, doch deswegen nicht besser sind jene »Traditionen«, die einer Zeit entstammen, von der wir uns angewöhnt haben, sie als die »dunkle« zu bezeichnen, jene tausend Jahre, aus denen dann, dem Himmel sei Dank, nur ein Dutzend wurden. Wenn Soldaten in dieser Hinsicht auffällig werden, dann muss sowohl dienst- als auch strafrechtlich gegen sie vorgegangen werden. Verhaltensweisen und Vorkommnisse, die einen Verdacht auf rassistische oder fremdenfeindliche Beweggründe nahelegen, entspringen genau jenem Weltbild, das sich auf Herrenmentalität, natürliche Überlegenheit und angeblich berechtigte Machtansprüche beruft. Die Selbstüberschätzung gründet sich hier auf einem Ideal, das nicht nur innerhalb der Grenzen der Bundeswehr existiert, sondern auch in großen Teilen der Gesellschaft hochgehalten wird – obwohl ein derartiger Herrschaftsanspruch nur den Minderwertigkeitskomplexen seiner Befürworter geschuldet ist.

In den vergangenen fünf Jahren gab es innerhalb der Bundeswehr durchschnittlich 133 Vorkommnisse pro Jahr, die auf solche Denkweisen hindeuteten. Bei einem Viertel erwies sich nach Ermittlungen der anfängliche Verdacht als falsch. Gegen etwa 500 Soldaten, also rund 100 pro Jahr, wurde in diesem Zeitraum disziplinarisch und strafrechtlich ermittelt. Die Untersuchungen betrafen zu 58 Prozent Grundwehrdienstleistende beziehungsweise freiwillig länger Wehrdienstleistende, zu 39 Prozent Zeitsoldaten, zu 1 Prozent Reservisten und zu 2 Prozent Berufssoldaten. Bezogen auf Dienstgrade, handelte es sich zu 80 Prozent um Mannschaftssoldaten, zu 18 Prozent um Unteroffiziere und zu 2 Prozent um Offiziere. Während der gesamten fünf Jahre wurden keine Gewaltdelikte mit rassistischem, nationalsozialistischem oder fremdenfeindlichem Hintergrund bekannt, ermittelt wurde wegen folgender Anschuldigungen: Besitz und Konsum verbotener Musik, Hitlergruß, Sieg-Heil-Rufe, Beleidigung unter Verwendung rassistischen Vokabulars, Wandschmierereien mit braunen Parolen. Gegen alle überführten Täter wurden Strafen verhängt.

Ein Beispiel aus den Kreisen der Mannschaftsdienstgrade: Ein Gefreiter zeigte auf der Stube den Hitlergruß und ließ sich dabei fotografieren. Er versuchte, seine Tat als »dummer Jungenstreich« zu entschuldigen. Gegen ihn wurde ein Disziplinararrest verhängt. Der Fotograf erhielt eine Disziplinarbuße.

Ein Beispiel aus den Kreisen der Unteroffiziersdienstgrade: Ein Oberfeldwebel beschimpfte seine Untergebenen auf dem Biwakplatz mit den Worten: »Ihr seht aus wie Juden, die nach Auschwitz deportiert werden.« Und nochmals am Abend in der Truppenunterkunft: »Ihr seht aus wie Juden, die aus dem KZ Auschwitz entlassen wurden.« Er legte bei der Vernehmung ein Teilgeständnis ab und gab an, sich für seine Aussagen zu schämen, weswegen er sich schon vor Ermittlungsbeginn bei seinen Soldaten entschuldigt habe. Er wurde von seinen Aufgaben als stellvertretender Zugführer entbunden und in den Innendienst ohne Führungsfunktion versetzt. Außerdem hatte er einen Disziplinararrest zu verbüßen.

Ein Beispiel aus den Kreisen der Offiziere: Im Jahr 2007 gab es an beiden Bundeswehruniversitäten eine repräsentative Befragung von 2300 Studenten im Auftrag des Verteidigungsministeriums. Interessantes Detail: Der Wehrbeauftragte erhielt das Ergebnis erst im Februar 2010, obwohl die Medien bereits im Oktober 2009 aus dem Untersuchungsbericht zitieren konnten. Das Ministerium hat immer wieder versichert, den Forschungsbericht stets unter Verschluss gehalten zu haben. Eventuell war aber das Ergebnis der Befragung so spektakulär, dass jemand doch geplaudert hatte. Das Ergebnis lautete: 13 Prozent der Befragten, also fast 300 Studenten, bekannten sich ganz offen zu den politischen Zielen der »Neuen Rechten«.

Die Definition des Begriffs aus dem Verfassungsschutzbericht des Innenministeriums aus dem Jahr 2006, zitiert nach dem Untersuchungsbericht jener Studentenbefragung, lautet: »Bei der Neuen Rechten handelt es sich um eine in den 70er-Jahren in Frankreich aufgekommene geistige Strömung, die sich um eine Intellektualisierung des Rechtsextremismus bemüht. Sie beruft sich unter anderem auf antidemokratische Denker, die bereits zur Zeit der Weimarer Republik unter der Bezeichnung ›Konservative Revolution‹ aktiv waren. Die Aktivisten der Neuen Rechten beabsichtigen die Beseitigung oder zumindest die Beeinträchtigung des demokratischen Verfassungsstaates und versuchen, zunächst einen bestimmten Einfluss auf den kulturellen Bereich zu erlangen, um letztlich den demokratischen Verfassungsstaat zu delegitimieren und das politische System grundlegend zu verändern.«

Im Bericht über die Studentenbefragung werden der »Neuen Rechten« folgende Politikziele zugeordnet: Stärkung der nationalen Identität; deutsche Interessen gegenüber dem Ausland hart und energisch durchsetzen; dafür sorgen, dass Deutschland wieder von einer starken Elite geführt wird; die Zuwanderung von Ausländern nach Deutschland stoppen; dafür sorgen, dass sich in Politik und Gesellschaft immer der Stärkere behauptet; den Einfluss der Parlamente einschränken. Klare antidemokratische Ziele ohne Ausnahme.

Nur, wie passen diese Überzeugungen zu dem Eid, den alle befragten Studenten der Bundeswehruniversitäten geleistet haben und in dem sie versprechen, »der Bundesrepublik Deutschland treu zu dienen und durch das gesamte Verhalten für die freiheitlich-demokratische Grundordnung im Sinne des Grundgesetzes einzutreten«?

Der Kommentar des damaligen Wehrbeauftragten zum Untersuchungsergebnis zeichnete sich nicht gerade durch Klarheit und Eindeutigkeit aus: »Von Offizieren beziehungsweise angehenden Offizieren, die Führungsaufgaben übernehmen sollen, ist mehr zu erwarten. Das Anforderungsprofil verlangt gerade bei Offizieren, dass sie Analysefähigkeiten besitzen, die über rein militärische Gesichtspunkte hinausgehen.« Zum Ersten: Was meint denn genau »mehr zu erwarten«?

Zum Zweiten: Analysefähigkeiten schützen noch lange nicht vor falschen Schlussfolgerungen, das ist Erstsemesterwissen im Studienfach »Logische Propädeutik«.

Zum Dritten: Genau das taten sie ja, die Ansichten der Studenten. Sie gingen über rein militärische Gesichtspunkte hinaus; er hätte also zufrieden sein können.

Das Verteidigungsministerium wiederum erklärte die Befragung von immerhin 2300 Offizieren und Offiziersanwärtern flugs zu »Einzelfällen« ohne repräsentative Aussagekraft. Ein ziemlich durchschaubarer Fluchtversuch, denn verantwortliches Handeln hätte bedeutet, der Sache durch eine neue, dann hoffentlich »repräsentativere« Untersuchung auf den Grund zu gehen, die alte Befragung durch neue Zahlen, Daten und Fakten zu entkräften – oder auch feststellen zu müssen, dass die ersten Ergebnisse zutreffend waren. Auf belastbare Ergebnisse oder auch nur den Beginn einer erneuten Befragung warten die Öffentlichkeit und die Bundeswehr bis heute. So stehen die durchaus nachdenklich stimmenden Ergebnisse der Studentenbefragung im Raum.

Selbst wenn die Zahl bekannt gewordener rassistischer, nationalsozialistischer, fremdenfeindlicher oder dem Umfeld der »Neuen Rechten« zuzuordnender Straftaten bei der Bundeswehr unter 1 Prozent liegt – und dem soll hier gar nicht widersprochen werden –, so ist nachstehende Ursachenkette für Teile der Bundeswehr nicht von der Hand zu weisen: Probleme mit dem Selbstwertgefühl – übersteigerte Selbsteinschätzung –

Elitedünkel – Initiationsrituale – Herrenmenschentum – Selbstbeweihräucherung – Verachtung von »Schwächeren« – Fremdenfeindlichkeit – Rassismus – Geistesverwandtschaft mit der »Neuen Rechten«.

Und spätestens wenn man sich in Erinnerung ruft (und noch einmal das zweite Kapitel dieses Buches liest), wie in großem Maßstab unsere Verfassung, unsere gesetzliche Ordnung und auch das Völkerrecht permanent unterlaufen werden, müsste einem klar sein, warum die befragten Offiziere und Offiziersanwärter, sollte die Untersuchung richtige Ergebnisse zutage gefördert haben, so nonchalant mit ihrem geleisteten Eid umgehen und so geradeheraus ungesetzliche und antidemokratische Überzeugungen von sich geben. »Ich kann doch nicht ständig mit dem Grundgesetz unter dem Arm herumlaufen«, erklärte ein früherer CSU-Abgeordneter – er war selbst Jurist und Richter und brachte es bis zum Innenminister – und grinste süffisant über sein häufig zitiertes, doch deswegen nicht weniger demokratiefeindliches Bonmot.

Fatalismus und verdrängte Selbstachtung

Der weitaus größte Teil der Bundeswehrsoldaten leidet nicht wirklich an den Zuständen, die den Alltag in unserer Truppe ausmachen. Sowohl mangelnde Selbstachtung und die daraus resultierenden Krankheiten wie auch übersteigertes Selbstwertgefühl und die von ihm ausgehende Anfälligkeit für das Gedankengut der »Neuen Rechten« sind in der Truppe Minderheitenprobleme. Die Mehrzahl der Soldaten tut einfach ihren Dienst, versucht Ausbildungsgänge zu durchlaufen, die im späteren Zivilleben nützlich sein können, und hofft, um Auslandseinsätze herumzukommen. Manchmal ärgern sie sich zwar, vielleicht über schlechte Planung oder mangelhafte Ausstattung oder unverständliche Entscheidungen, doch mit dem Argument »Das gibt es überall« ist der Friede schnell wieder eingekehrt. Man hat sich mit und in den Verhältnissen arrangiert. Aufregen lohnt nicht. In der Ruhe liegt die Kraft. Der Krieg, schlimm natürlich, aber der gehört zum Soldatenleben doch dazu – und die Entscheidung, ihn zu führen und die Einsätze anzuordnen, das ging nun wirklich nicht von Soldaten aus. Wenn man sie gefragt hätte, wenn es nach ihnen ginge ... Aber sie fragt ja keiner, nach ihnen geht es doch nie. Und so funktionieren sie, führen die Befehle aus – und hoffen auf ein baldiges Ende der ungeliebten Angelegenheit und der im Grunde verschenkten Zeit. Feten, Alkohol, der sichere Sold an jedem Monatsende und im besten Fall so etwas wie Freundschaften und Kameradschaften, das ist doch gar nicht so schlecht. Im Zivilleben wäre man wahrscheinlich schlechter dran, keinesfalls besser. Und die »großen Fragen«, mit denen sollen sich doch bitte die »großen Tiere« herumschlagen, das bringt einem einfachen Soldaten doch eh nur Ärger ein, auf jeden Fall schläft man schlechter, und auch das Leben wird ungemütlicher.

So weit die eine Seite dieser Medaille. Aber auch sie hat eine zweite: Zynismus angesichts der Sorgen anderer, innere Emigration, Wurstigkeit, fehlendes Engagement, Fatalismus und tief reichende Unmotiviertheit. In den 70er-Jahren hatte die Bundeswehr den Spitznamen »Gammeltruppe«, der dieses Phänomen ganz gut auf den Begriff bringt. Aber woraus resultiert diese Haltung, was liegt unter dieser Oberfläche scheinbarer psychischer Ausgeglichenheit? Es ist die dritte Variante, mit einem angeschlagenen Selbstwertgefühl zurande zu kommen: Man behauptet einfach, sich mit Fragen der Selbstachtung zu beschäftigen, bringe nichts oder nur Unangenehmes, und deswegen halte man besser den weitestmöglichen Abstand zu dieser Thematik oder, richtiger, Problematik. Enttäuschung, Angst, Schmerz werden verdrängt. Die junge Generation unserer Tage wurde schon häufig mit Begriffen wie »Sinn für Realitäten, Pragmatik und Vernunft« in Verbindung gebracht. Mit ihrer Antwort auf die Frage, wie auf eine als ungenügend erkannte Lebenssituation am besten zu reagieren ist, scheinen sich zumindest jene Bundeswehrsoldaten, die innerlich bereits »gekündigt« haben, nicht an diesen Prinzipien zu orientieren. Denn, um es gleich in den Worten der Jugend auszudrücken, »wer sich nicht wehrt, lebt dauerhaft verkehrt«. Wer sich nicht einmischt, mit dem spielen andere das Spiel, und er bleibt eine Figur, die bewegt wird, statt selbst zu bewegen. Vielleicht ziehen Einmischung, Widerspruch und Engagement in eigener Sache nicht gleich eine Verbesserung der Gesamtsituation für die Soldaten der Bundeswehr nach sich, dennoch bleibt es die einzige Chance, erkannte Missstände anzugehen und sie zusammen mit anderen Soldaten, eventuell sogar mit den Vorgesetzten, abzuschaffen. Genau diese Chance wird in weiten Teilen vertan, denn sie würde von den Soldaten echtes Engagement und einen hohen Motivationsgrad erfordern – da ist es einfach bequemer, sich zu arrangieren und in seiner kleinen Welt den Mund nicht aufzumachen.

Selbst aus einer übergeordneten militärischen Perspektive, und nicht der der einfachen Soldaten, wären ein solches Engagement und ein derartiger Einsatz für die Belange der Truppe auf jeden Fall willkommener als die Passivität, das Desinteresse und die kritiklose Angepasstheit des Großteils der aktuellen Soldatengeneration.

Mit dieser Variante des Überspielens eigener Bedürfnisse, der Verdrängung des Bedürfnisses nach Selbstachtung und dem Rückzug in die innere Kündigung, wie man es wohl in einem Wirtschaftsunternehmen bezeichnen würde, ist niemandem gedient. Nicht einmal denen, die sich dieses Verhaltensmuster zugelegt haben. Das muss unmissverständlich und in aller Deutlichkeit gesagt werden. Wenn sie sich nicht wenigstens in eigener Sache engagieren, werden sie aushalten müssen, dass die Ereignisse sie stets von Neuem überrollen – dass immer wieder gegen ihre Bedürfnisse und zu ihrem Nachteil Vorhaben zur

Realisierung anstehen, die den ihnen bereits jetzt zugemuteten Stress, die Gefahren für Leib und Leben und die Nichtbeachtung ihrer Anliegen noch weiter fördern werden.

7.2 Trübe Gegenwart: Tote und Skandale

Die höheren Dienstgrade in der Bundeswehr haben längst erkannt, welche Gefahren sich aus diesem Flächenbrand von inneren Kündigungen ergeben. Hier soll stellvertretend für viele Schreiben und Klagen, die diesbezüglich vorliegen, eine Beobachtung zitiert werden: »Bataillonskommandeure beanstandeten, dass viele junge Unteroffiziere und Offiziere sich nur noch so weit engagierten, wie es unbedingt erforderlich sei. Eigeninitiative und ein Blick über den Tellerrand hinaus sei bei vielen nicht mehr zu erwarten. Andere Kommandeure bezweifelten, ob alle Unteroffizier- und Feldwebelanwärter, die von den Zentren für Nachwuchsgewinnung als fachlich qualifiziert und charakterlich geeignet eingestuft würden, den tatsächlichen Ansprüchen im Truppenalltag gewachsen seien.«

Es ist gut zu erkennen, dass oftmals die Bundeswehr als Auffangbecken fungieren muss, da es im Zivilleben immer noch schlecht um einen geregelten Arbeitsmarkt bestellt ist. Zeitarbeit, Leiharbeit, »Generation Praktikum«, »Aufstocker« sind die wenig verlockende Perspektive, die viele junge Menschen eine Stellung bei der Bundeswehr der Unsicherheit in der Privatwirtschaft vorziehen lassen.

Nachwuchsgewinnung und Ausbildung

Die Auswahlkriterien sowohl für Nachwuchskräfte wie für zukünftige Führungsebenen müssen in der geplanten Berufsarmee (dazu mehr im nächsten Kapitel) völlig neu durchdacht werden. Nur so entkommt die Bundeswehr jenem Teufelskreis, der sich im Lauf der Jahrzehnte bei der Rekrutierung von Wehrpflichtigen herausgebildet hat.

Ein Negativbeispiel aus der bisherigen Praxis: Unser junger Mann von achtzehn Jahren wird eingezogen und leistet seinen Wehrdienst in einer deutschen Kaserne ab. Nach einer dreimonatigen Grundausbildung bei einer Einheit der Unterstützungskräfte bekommt er das Angebot, an einem Auslandseinsatz der Bundeswehr teilzunehmen. Er stimmt zu und wird nun einem Verband zugeteilt, der in Kürze ins Einsatzgebiet verlegt werden soll. Dort unterzieht er sich einer sogenannten Kontingentvorausbildung, die er nach insgesamt vier bis fünf Monaten Bundeswehrzugehörigkeit absolviert. Jetzt schickt man ihn als freiwillig länger Dienender für vier Monate in den Einsatz. Mit Glück kommt er nach fast einem Jahr Dienstzeit körperlich unversehrt zurück nach Deutschland – und baut erst mal seinen Urlaub ab, sofern er noch keinen genommen hatte. Im Falle, dass unser Beispielsoldat ein Grundwehrdienstleistender war, wird er danach aus der Bundeswehr entlassen, mit allen Eindrücken, die er während seines Auslandseinsatzes gewonnen hat. Sollte er ein freiwillig Wehrdienstleistender gewesen sein, muss er nach dem Urlaub zurück in den Dienstalltag mit Eindrücken, die er in seiner verbleibenden Wehrdienstzeit nicht verarbeiten wird, die sich aber nach seiner Entlassung als Wehrpflichtiger schnell zu erkennen geben werden. In beiden Fällen ist die Chance groß, dass die Eltern ihren Sohn nicht mehr wiedererkannten, als sie ihn nach seinem Bundeswehrjahr wieder bei sich hatten. In einer Unzahl von Briefen zu diesem Thema heißt es dann lapidar. »Unser knapp neunzehnjähriger Sohn ist so verstört, dass niemand mehr an ihn herankommt, auch wir nicht.«

Beim Empfänger dieser Briefe stellte sich immer drängender die Frage, ob diese Hilferufe, entgegen allen Beteuerungen und Vorschriften, eine Realität widerspiegeln, in der Grundwehrdienstleistende und auch freiwillig Wehrdienstleistende nach nicht einmal einem halben Jahr Vorbereitung in einen Kriegseinsatz geschickt wurden – und vielleicht noch werden. Eventuell aus dem einzigen Grund, dass die Planzahlen der weltweiten Bundeswehreinsätze gehalten werden können.

Im Rahmen der zukünftigen Berufsarmee werden Klagen über eine solche Praxis hoffentlich zu den absoluten Ausnahmefällen gehören. Sofern auch die Attraktivität für den Beruf eines Soldaten grundlegend verbessert würde. Nur wenn gesichert ist, dass die zukünftigen Soldaten von ihrem Dienstherrn ausreichend versorgt werden – einschließlich im Bedarfsfall der Angehörigen –, werden sich ausreichend qualifizierte Bewerber für eine Karriere bei der Bundeswehr interessieren, und sie wird nicht weiterhin trotz Berufsarmee als Auffangbecken für die »Übriggebliebenen« herhalten müssen.

In der Ausbildungsphase der neuen Rekruten kommt der Bundeswehr die Tatsache zugute, dass in vielen Ländern dieser Erde bereits seit Langem das Modell »Berufsheer« existiert. Was spricht dagegen, von ihnen beim Aufbau der deutschen Berufsarmee zu lernen? Beispielsweise, dass die militärischen Führer bei Bewährung im Dienst aus den eigenen Reihen vorgeschlagen werden. Wie in jeder guten Firma sollte der Personenkreis, der in Führungspositionen arbeiten soll, nach sorgsamer Prüfung bevorzugt aus den bereits im Unternehmen tätigen Personen rekrutiert werden. Auch dort würden Motivation und Engagement für die Firma enorm darunter leiden, wenn eine Person von außen, lediglich aufgrund der Momentaufnahme eines bestandenen Tests, einem Firmenangehörigen gegenüber bevorzugt würde, der sich für denselben Posten bewarb, weil er jahrelang hervorragende Ergebnisse ablieferte, alle Abläufe der Firma bestens kannte und in Theorie und Praxis mit den Erfordernissen der Aufgabe vertraut war. Welche der beiden Möglichkeiten mehr Erfolgsaussichten erwarten lässt, ist in der Privatwirtschaft wohl unbestritten, in der Bundeswehr kommt hinzu, dass es dort bei gravierenden Fehlentscheidungen nicht nur um Material oder Gelder, sondern um das Leben von Menschen geht.

Solche erfahrenen Soldaten würden wahrscheinlich nie mit einem dermaßen schlechten »Bauchgefühl« an einen Auftrag herangehen wie der Hauptfeldwebel, der darüber berichtete und dem in Afghanistan ein Einsatz bevorstand, der sein Leben und das seiner Untergebenen Todesgefahr aussetzen würde. Er schrieb, aufgrund fehlenden Personals sei er den dortigen Kräften als Patrouillenführer zugeteilt worden und müsse aufgrund seines Dienstgrades nun mit den ihm völlig unbekannten Kameraden als Vorgesetzter einer Einheit die zweifellos bevorstehenden Gefechte bestehen. Da er in Deutschland Fahrlehrer sei und bisher keine Gefechtserfahrung habe, könne man ihn in Afghanistan vielleicht als Fahrer einsetzen, aber doch nicht als Kämpfer und schon gar nicht als Anführer seiner ihm unterstellten Soldaten. Einzig sein Dienstgrad und seine Verfügbarkeit für den Einsatz auf diesem Dienstposten seien als Grundlage und Begründung für die getroffene Entscheidung herangezogen worden.

Dies mag als Beispiel für die falsche Auswahl von Führungspersonal eine Ausnahme sein, gängige Praxis ist aber die aktuell völlig ungenügende Einsatzvorbereitung. Folgendes Zitat aus den Empfehlungen der schon häufiger genannten *van-Heyst-Kommission* fasst die Problematik sehr gut zusammen: »Ausbildungsabschnitte für die Einsatzvorbereitung müssen verbessert werden... Weiterhin wird empfohlen, für alle Kontingente, zumindest jedoch Teilkontingente, gemeinsame Abschlussübungen oder Führerseminare obligatorisch einzuführen. Darüber hinaus sollte Engpassmaterial... selbst den Truppenteilen in der Einsatzvorbereitung zugewiesen werden.«

Das heißt nichts anderes, als dass man *vor* einem Einsatz *gemeinsam* mit den Personen, mit denen zusammen man kämpfen wird, üben sollte. Und dass man während dieser Übungen auch schon mit dem Material arbeiten sollte, das einem beim Einsatz zur Verfügung steht. Im Umkehrschluss heißt das aber auch, dass diese Selbstverständlichkeiten in der Bundeswehr von heute nicht oder nur mangelhaft praktiziert werden.

Doch die Misere geht im aktuellen Zustand noch viel weiter: Selbst die für das Handwerk eines Soldaten so zentralen Dinge wie Schießen mit Handwaffen, Schießen zusammen mit anderen Truppengattungen, Fahrtraining auf unterschiedlichen Fahrzeugen werden in der aktuellen Einsatzvorbereitung vernachlässigt oder gar nicht mehr praktiziert.

Beispielsweise zeigten im zweiten Halbjahr 2009 viele Unfälle mit Gefechtsfahrzeugen, dass es mit der Fahrausbildung in der Truppe nicht zum Besten stand. Diese Vorfälle waren Gegenstand einer Untersuchung, die zu dem Schluss kam, sie seien vorwiegend auf drei Ursachen zurückzuführen: erstens mangelnde Fahrpraxis, zweitens Unerfahrenheit des Fahrers mit dem Gelände und drittens unangemessene Führung des Fahrzeugs. Das Problem war nur, dass selbst Fahrzeuglenker, denen schon in Deutschland bei Übungsfahrten alle drei Fehler zusammen attestiert werden mussten, trotzdem im Einsatzgebiet Afghanistan wieder mit dem Job des Fahrers betraut wurden. Schlicht und einfach, weil es dort zu wenige Fahrer gab. Wie soll aber jemand, der es noch nicht einmal unter Friedensbedingungen schafft, ein Fahrzeug richtig zu führen, und der diese Schwäche bei einem Test aktenkundig gemacht hatte, im Stress und unter Lebensgefahr bei einem Kriegseinsatz besser dazu imstande sein? Und was ist mit der Verantwortung für jene, die dort gezwungenermaßen seine Mitfahrer sind? Um nicht missverstanden zu werden: Der Vorwurf geht nie und nimmer an den Fahrzeuglenker, er geht einzig und allein an den Vorgesetzten, der ihn ohne jegliches Verantwortungsbewusstsein auf diesem Posten eingesetzt hat.

Eine ganz spezielle Reaktion auf die sich permanent verschlechternde Einsatzausbildung muss hier noch angesprochen werden. Die Bundeswehr »erfand« durch einen kleinen Trick eine neue Form des Prüfungsabschlusses. Ein Trick mit fatalen Folgen.

Beispielsweise musste man bei den Fallschirmjägern bis vor einigen Jahren und im Besonderen bei den Spezialzügen der »Division spezielle Operationen« Einzelkämpferlehrgänge absolvieren, um überhaupt für Folgelehrgänge zugelassen zu werden. Jeder einzelne dieser Lehrgänge wurde am Ende theoretisch und praktisch abgeprüft, und nur bei Bestehen durfte man den Ausbildungslehrgang insgesamt fortsetzen; wurde auch nur ein Teilbereich nicht bestanden, erfolgte sofort die Ablösung vom Ausbildungsziel. Im Durchschnitt erreichten nur 15 Prozent dieses Ausbildungsziel, oder umgekehrt: Die Durchfallquote lag bei 85 Prozent. Da diese Quote so hoch war, fehlte der Bundeswehr für bestimmte Positionen sehr viel Personal. Und so entwickelte man einen Trick, der nur als ebenso einfach wie genial bezeichnet werden kann: Man schrieb die Lehrgangsziele um. Nicht mehr das Bestehen, sondern nur noch die Teilnahme an den einzelnen Ausbildungsabschnitten war gefordert. Vor dieser Änderung folgte die Ablösung vom gesamten Ausbildungsziel, wenn man auch nur in einem Abschnitt durchgefallen war; nachher führte – gerade in den praktischen Ausbildungsabschnitten – ein Durchfallen nur dazu, dass man die schlechte Note hier mit einer guten aus einem anderen Ausbildungsabschnitt ausgleichen konnte. Hatte man beispielsweise bei einer Orientierungsübung (Umgang mit Karte und Kompass) gut abgeschnitten, setzte aber am Zielort durch eigene Fehlentscheidung seine Untergebenen einer lebensgefährlichen Situation aus, was weiterhin Nichtbestehen der Übung »Führer im Gefecht« zur Folge hatte, so durfte man als »Ausgleicher« trotzdem weiter am Trainingsprogramm teilnehmen. Der erste positive Nebeneffekt: Es gab kaum noch »Durchfaller«. Der zweite positive Nebeneffekt: Es gab wieder ausreichend Köpfe für die Planzahlen des Führungspersonals. Nur hatte man beim alten Zustand zehn auf allen Gebieten gut ausgebildete Vorgesetzte, beim neuen Zustand ebenfalls zehn plus eine große Anzahl anderer, denen man besser keine Menschen in einem Krieg anvertrauen sollte.

Der ehemalige Wehrbeauftragte Reinhold Robbe schrieb dazu 2009 in seinem Bericht: »Die Personalsituation und darüber hinaus auch die Rahmenbedingungen in den Ausbildungseinheiten insgesamt bedürfen dringend einer kritischen Überprüfung.«

Das Ergebnis einer solchen verfehlten Personalpolitik und von zum Himmel schreienden Ausbildungsversäumnissen trifft am schlimmsten die Soldaten, die vor Ort ihr Leben aufs Spiel setzen – und es bisweilen auch verlieren.

Die Toten
Seit 1955 starben über 3000 Bundeswehrangehörige im Dienst. Meist war die Todesursache ein Unfall, meist aufgrund schlechter Ausrüstung, schlechter Ausbildung und ungenügender Vorschriften. Keine Erwähnung finden jene mehr als 3400 Soldaten, die sich im Dienst das Leben nahmen. Hier sind die Gründe sicher vielfältiger Natur, doch einige Selbstmorde gehen unbestreitbar auf das Konto der unerträglichen Zustände bei der Bundeswehr. Auch jene Toten tauchen nicht in der Statistik auf, die Angehörige von Spezialkräften waren, also sogenannten Geheimtruppen angehörten, beziehungsweise geheime Operationen durchführten, und die nur wenigen Personen in den Geheimdiensten, bei der Bundeswehr oder unter den Abgeordneten bekannt sind.

Die Dunkelziffern gefallener Soldaten dürften also um ein Vielfaches höher sein als jene, an die in diesem Buch detaillierter erinnert werden soll und deren Tod eine besondere Mahnung und Aufforderung sein muss, dass sich die Dinge ändern, für die sie mit dem Leben bezahlten. Seit sich die Bundeswehr in

Auslandseinsätzen befindet, sind 95 Soldaten (Stand: 3. März 2011) ums Leben gekommen.

Beendete Einsätze:

Kambodscha (Mai 92–November 93)	UNTAC	1 Soldat
Georgien (Mai 94–Juni 09)	UNOMIG	1 Soldat
Bosnien/Herzgw. (Dez. 95–Dez. 96)	IFOR	1 Soldat
Bosnien/Herzgw. (Dez. 96–Dez. 04)	SFOR	15 Soldaten

Laufende Einsätze:

Bosnien/Herzgw. (seit Dez. 04)	EUFOR	3 Soldaten
Bosnien/Herzgw./Albanien/ Mazedonien/Kosovo (seit Juni 99)	KFOR	27 Soldaten
Afghanistan/Usbekistan (seit Dez. 01)	ISAF	47 Soldaten

Bei 24 der insgesamt 77 Toten der laufenden Einsätze, also über 30 Prozent, sind die Todesumstände nach wie vor ungeklärt. Sowohl dieser unglaubliche Prozentsatz, wie auch die strikte Geheimhaltung, mit der Todesfälle innerhalb der Speziellen Einsatzkommandos oder bei den, jeglicher demokratischen Kontrolle entzogenen, Geheimoperationen unter Verschluss gehalten werden, sind nur erneute Belege dafür, dass die Wahrheit nur unter Druck und scheibchenweise zugeben werden oder die Beispiele von Geheimbündelei in den Hinterzimmern der Macht nicht mehr als Ausnahmen anzusehen sind. Sie sind strukturbestimmend für die Bundeswehr.

Egal, wer gerade Verteidigungsminister ist, egal, welcher politischen Couleur die jeweils Regierenden zugehören, egal, wie die Spitzenämter des Militärs und des Verteidigungsausschusses, der ja die Kontrolle ausüben soll, besetzt sind – in immer kürzeren Abständen jagt ein Skandal den anderen, und immer erfolgt die Aufklärung nach dem Prinzip der drei heiligen Affen: nichts sehen, nichts hören, nichts sagen. Bis man, von den doch irgendwie bekannt gewordenen Tatsachen überrollt, nicht mehr anders kann, als Stellung zu beziehen – und dann folgt selbst in dieser Lage lediglich ein ebenfalls bis zum Überdruss bekanntes Reaktionsmuster: Zuerst einmal wird der einfache Soldat bezichtigt, den ganzen Schlamassel selbst verursacht zu haben, nie war es ein Fehler von Vorgesetzten, ein Fehler ranghoher Militärs oder gar ein Fehler der politischen Führungsmannschaft. Deswegen soll gerade in diesem Kapitel, das ja vom einfachen Soldaten und seinen Nöten handelt, noch einmal vom – vor Erscheinen dieses Buches – aktuellen Aufklärungsstand bei den Skandalen der Bundeswehr gesprochen werden, die jüngst ans Licht der Öffentlichkeit kamen.

Die aktuellen Skandale

Zunächst zum Tod auf der Gorch Fock:

Dienstuntauglich oder genauer »Borddienstverwendungsunfähigkeit« heißt es im vorläufigen Untersuchungsbericht der Marine, der Anfang Dezember 2010 erstellt wurde, über den tödlichen Unfall der Offiziersanwärterin, die am 7. November 2010 auf dem Segelschulschiff der Marine *Gorch Fock* zu Tode kam.

Die Kadettin sei am Unfalltag in einem mangelhaften körperlichen Zustand gewesen. Bei ihrer Körpergröße von 1,58 Meter habe sie 83 kg gewogen.

Im Bericht wird festgestellt: »Weiterhin ist festzuhalten, dass OMT OA S. (Obermaat Offiziersanwärter) aufgrund ihres Körpergewichts am Unfalltag zusätzlich nicht borddienstverwendungsfähig gewesen wäre.«

Was so viel heißt wie: Die Fitness war nicht ausreichend für den Dienst. Weiterhin heißt es: »Die Obduktion ergab ein Körpergewicht, welches in Relation zur Körpergröße eine Borddienstverwendungsfähigkeit ausgeschlossen hätte.«

Trotz dieser scheinbar klar ersichtlichen körperlichen Mängel musste sie an jenem besagten Tag siebenmal in die Takelage der

Gorch Fock hinaufklettern. Bei diesem siebten Mal stürzte sie auf das Deck und erlag später ihren Verletzungen.

Warum sie trotz ihrer geringen Körpergröße auch noch eine Ausnahmegenehmigung für den Einsatz auf der *Gorch Fock* erhalten hatte, bleibt zum jetzigen Zeitpunkt ungeklärt. Warum die massive Zunahme des Gewichts seit ihrer Versetzung auf die *Gorch Fock* nicht erkannt wurde, »kann noch nicht abschließend beantwortet werden«, heißt es im Untersuchungsbericht der Marine.

Genauso bleibt offen, warum der zuständige Offizier an Deck die Einschätzung eines an Bord befindlichen Ausbilders ignorierte. Nach dessen Ansicht war es nicht ratsam, Frau S. nochmals aufentern zu lassen. Nach seinem Dafürhalten hatte sie »Schwierigkeiten und sollte im unteren Bereich bleiben«.

Was der Bericht nicht zutage fördert, ist die Tatsache, dass die tödlich verunglückte Kadettin genauso wie der verantwortliche Unteroffizier erst zwei Tage vor dem tragischen Vorfall an Bord kam. Dieser Unteroffizier sei erst gar nicht in die Aufgabe eingewiesen worden, die für die Überwachung der Segelausbildung in der Takelage vorgesehen ist. »Eine Einweisung in seine Pflichten, Aufgaben, speziell während der Segelvorausbildung in der Takelage, hat nicht stattgefunden, da man der Meinung war, dass er wissen müsste, was er zu tun und zu lassen hat.« Entgegen der vorherigen Äußerungen soll die Kadettin nicht 83 kg, sondern gut 60 kg gewogen haben, das gab jedenfalls der Anwalt an, der die Mutter der Verunglückten vertritt. Sie sei also nicht übergewichtig gewesen.

Und plötzlich wird bekannt, dass die Leiche der Kadettin mit 20 kg Formalin vollgepumpt wurde, um sie für den Transport zur Obduktion in Deutschland zu konservieren, da im Transportflugzeug keine Kühlkammer vorhanden war. Klingt nachvollziehbar, denn dann stimmt es, dass das Opfer nach Aussage von Mutter und Anwalt zuletzt um die 60 kg wog, die im Bericht genannten 83 kg wären dann dem Gewicht des Formalins zuzuschreiben. Allerdings ergeben sich daraus sofort neue Zweifel: Hätten die Tatsache und die Umstände der Konservierung nicht schon der Marine für ihren Untersuchungsbericht im Dezember bekannt sein müssen? Wieso dauert es fast drei Monate, bis ein so wichtiges Detail öffentlich wird? Und sind dann eventuell weder der Bordarzt noch der Unteroffizier mitverantwortlich für das Unglück, da die Kadettin am Unfalltag doch im Vollbesitz ihrer Kräfte war?

Die Untersuchungen zu diesem tödlichen Unfall, der viele Fragen aufwirft, wird voraussichtlich so lange andauern, bis Ende April 2011 die *Gorch Fock* wieder ihren Heimathafen Kiel erreicht hat.

Der suspendierte Kapitän des Schiffes, Norbert Schatz, wird möglicherweise wieder auf ihm eingesetzt, denn erste Befragungen der Besatzung und ehemaliger Kadetten haben »keine Anzeichen für ein disziplinarrechtliches Fehlverhalten« ergeben.

Zum jetzigen Zeitpunkt ist Folgendes festzustellen: Die Vorgesetzten haben ihre Aufsichts- beziehungsweise Fürsorgepflicht vernachlässigt. Speziell der verantwortliche Arzt muss sich diesen Vorwurf gefallen lassen, da er den körperlichen Zustand eines jeden Soldaten vor Antritt eines neuen Lehrganges bescheinigen muss. Dies war augenscheinlich schon allein wegen der Körpergröße der Kadettin nicht der Fall.

Wie beim Tanklasterbombardement in Kundus wachsen auch in Bezug auf das Unglück auf der *Gorch Fock* von Erklärungsversuch zu Erklärungsversuch, von Eingeständnis zu Eingeständnis die Unklarheiten, und am Schluss legt sich ein Nebel von gegensätzlichen Erklärungen, nicht mehr aufzuklärenden Behauptungen und unterschiedlichsten Schuldzuweisungen über das ganze Thema, das nach so langer Zeit nicht einmal mehr die Bundeswehrangehörigen selbst, geschweige denn eine größere Öffentlichkeit interessiert. War aber vielleicht genau das das Ziel? Sollten diese Fälle von Anfang an nicht schnell und umfassend aufgeklärt werden, gab es Interessen und wenn ja, welche, die den Tod von Menschen am liebsten entweder als »Selbstverschulden« oder maximal als Ergebnis unprofessioneller Handhabung auf unteren Ebenen deklarieren und den Fall *ad acta* legen wollten? Die Hoffnung bleibt, dass es klugen Journalisten und der Recherche von unbestechlichen Einzelpersonen gelingen wird, hinter die Nebelwände in Kundus und auf der *Gorch Fock* zu blicken – und die Öffentlichkeit daran teilhaben zu lassen.

Zu weiteren aktuell ungeklärten Todesfällen:
Zwischenfälle wie die folgenden gehen mittlerweile täglich durch die Presse. Todesfälle, die in angeblich friedlicher Umgebung passieren, wie auch der zweier junger Soldaten im Alter von neunzehn und dreiundzwanzig Jahren, der Anfang Februar 2011 für eine kurze Schlagzeile in den Medien sorgte.

Auf dem rheinland-pfälzischen Truppenübungsplatz Baumholder kamen bei einem Unfall mit dem *Mungo* genannten Militärfahrzeug, das auch schon in Kapitel 3 beschrieben wurde, die beiden Soldaten zu Tode, vier weitere wurden zum Teil schwer verletzt. Auch hier laufen die Ermittlungen in alle Richtungen, und die Frage nach fehlerhaftem Material beziehungsweise Fehlverhalten der Soldaten ist zum jetzigen Zeitpunkt offen.

Ebenso das Verhalten des Soldaten in Afghanistan, das möglicherweise einen Kameraden das Leben kostete. Aktueller Stand: ein Fall von Herumspielen mit Waffen. Also wieder einmal angeblich Selbstverschulden, das jedoch innerhalb der Truppe offensichtlich nicht für genügend Abschreckung sorgte, denn Ende Januar 2011 kam es in derselben Einheit zu einem weiteren Zwischenfall, bei dem während einer Patrouille in Nordafghanistan zwei Soldaten in einen Streit gerieten. Daraufhin zog der dienstgradhöhere Soldat eine Waffe und hielt sie dem dienstgradniedrigeren Soldaten an den Kopf. Der bedrohte Soldat soll die Waffe »weggeschlagen« haben und konnte sich so in Sicherheit bringen. Ein Sprecher des Verteidigungsministeriums kommentierte: »Es handelte sich um einen unsachgemäßen Umgang mit der Waffe, der geahndet werden muss.« Zumindest im letzten Fall ist damit zu rechnen, dass der Soldat, der seinen Kameraden bedroht hat, unehrenhaft entlassen wird – und es wäre wünschenswert unter »Wegfall der Geld- und Sachbezüge«.

Und zum Abschluss das Problem mit der geöffneten Feldpost:
Bei Meldungen über tote Soldaten wäre fast die Meldung über geöffnete Feldpost aus Afghanistan in Vergessenheit geraten. Der Leser mag sich erinnern! In Kapitel 1 wurde auf der Basis eines früheren Erkenntnisstandes berichtet. Wir erinnern an die kläglichen Versuche des Verteidigungsministeriums, diese gravierenden Verletzungen des Briefgeheimnisses entweder einem afghanischen Transporteur der Briefe unterzuschieben oder sie gar den Frankiermaschinen anzulasten. Doch erneute Vorfälle geöffneter Feldpost in Afghanistan im Februar 2011 lassen auch dieses Thema in der Öffentlichkeit nicht zur Ruhe kommen, denn nun haben sich Briefschreiber beschwert, deren Post von Deutschland aus in Afghanistan beschädigt oder geöffnet ankam. Das wirft natürlich die offizielle Argumentation ziemlich aus der Bahn. Mitte Februar 2011 teilte die mit den Vorfällen befasste Staatsanwaltschaft Darmstadt mit, »dass der Tatort in den Major-Plagge-Kaserne in Pfungstadt zu suchen ist«. Auch bei diesem Fall bleibt zu hoffen, dass an der Wahrheit interessierte Personen in und außerhalb der Bundeswehr nicht lockerlassen werden, Aufklärung einzufordern und auch Aufklärung selbst zu betreiben. Denn aus all diesen Skandalen ist zu lernen, dass ohne Eigeninitiative und im Vertrauen auf offizielle Stellen nichts passiert, nur neue Nebelkerzen entzündet werden oder bisweilen, siehe Kundus, sogar von dieser Seite alles getan wird, damit Aufklärung unterbleibt.

Täuschen, tricksen, schönfärben – dieses Verhalten durchzieht die Bundeswehr seit Jahren, man kann es inzwischen als charakteristisch für ihren Zustand beschreiben. Und es geht stets auf Kosten der Soldaten, bei denen die Schuld zuerst gesucht wird.

Spätestens an diesem Punkt muss jedem einzelnen Soldaten klar sein, dass ihm in einer solchen Lage weder Selbstanklage noch elitäre Selbstüberschätzung – und auch kein selbstgenügsamer Rückzug ins eigene kleine Glück irgendeine Hilfe bieten werden.

Besserung ist nur dann in Sicht, wenn Soldaten Stellung beziehen, wenn sie die Dinge in die Hand nehmen, wenn sie unbequem werden.

Eine Meuterei hat schon manche Schiffsbesatzung und sogar das Schiff vor dem sicheren Untergang bewahrt. Auch das muss die Bundeswehr noch lernen.

8. Die Bundeswehr und ihre Perspektiven

Wo wird das alles noch hinführen?

Augenscheinlich ist die Bundeswehr nicht einsatztauglich.

Sie ist unterfinanziert, sie ist schlecht ausgebildet, schlecht ausgerüstet und mit ihren Einsätzen überfordert. Sie hat in Pleiteprojekte investiert, nur knapp 7000 einsatzfähige Soldaten, und in den Hinterzimmern der Macht halten weiterhin uneinsichtige militärische und politische Verantwortliche an fragwürdigen Verträgen mit der Rüstungsindustrie fest.

Umstrukturierung, Verkleinerung, mangelnde Ausrüstung, fehlende Qualifikation beim Personal, fehlender Rückhalt in der Gesellschaft, Vertuschung, Unterschlagung von Informationen, Skandale – allesamt Schlagwörter, die zum Thema Bundeswehr immer wieder genannt werden.

Es muss sich also etwas ändern, und zwar möglichst schnell und möglichst umfassend, um die Bundeswehr einsatztauglich zu machen.

Die erste Überlegung in diese Richtung war, zu einer Armee von Berufs- und Zeitsoldaten überzugehen, mit einem sehr geringen Anteil an freiwillig länger dienenden Wehrpflichtigen, um die Bundeswehr kleiner, flexibler und kostengünstiger zu machen.

8.1 Auf dem Weg zur einsatztauglichen Berufsarmee

Die Ausbildung zum Soldaten ist bei einem immer kürzeren Grundwehrdienst innerhalb von sechs Monaten nicht länger möglich. Auch deswegen stellte sich die Frage, ob es Sinn machen würde, die Wehrpflicht komplett abzuschaffen und wie viele andere Länder eine Berufsarmee einzuführen.

Die Vorteile einer Berufsarmee liegen auf der Hand. Man kann ohne Zeitbegrenzungen den Ausbildungsstand der Soldaten optimieren, und eine Ausbildung zum Spezialisten dauert eben oftmals Jahre. Aufgrund der intensiveren Ausbildung würde eine höhere Professionalität erreicht, was gerade im internationalen Verbund außerordentliche Vorteile bietet.

Eine Berufsarmee wäre ständig und schneller verfügbar. Man müsste nicht mehr, wie zum jetzigen Zeitpunkt, händeringend nach Soldaten suchen, um ein Kontingent für einen Einsatz zusammenzubekommen.

Ebenso würde es keine juristischen Gleichberechtigungs- und Gleichbehandlungsprobleme geben, da sowohl Männern als auch Frauen der Zugang zu einer Berufsarmee offensteht. Darüber hinaus würde wegen der reduzierten Truppenstärke die höhere Bewertung jedes einzelnen Berufssoldaten dazu führen, dass er eher in den Genuss einer hochwertigen Ausbildung käme und dass zudem die Versorgung seiner Angehörigen besser gesichert wäre.

Ein nicht zu vernachlässigender Punkt wäre auch, dass man beachtliches Einsparpotenzial freisetzen könnte für Gerät, das für Ausbildungszwecke benötigt wird, denn der zahlenmäßige Regenerationsbedarf einer Berufsarmee hat einen deutlich geringeren Umfang, als es bei der Rekrutenausbildung einer Wehrpflichtarmee zwingend ist. Aus dem gleichen Grund würde man weiter Kosten reduzieren, da man viele Standorte schließen könnte, die für die Ausbildungen von Rekruten und für ihre Unterkunft benötigt werden. Die Folge: eine erhebliche Senkung der Betriebskosten.

Allgemein bekannte Nachteile wären eine vorhandene niedrigere politische Hemmschwelle vor dem Einsatz dieser Armee, da es sich ja »nur« um freiwillige Soldaten handeln würde. Zu bedenken wäre auch, dass sich eine Berufsarmee als Staat im Staate etablieren könnte; »soldatische Tugenden« oder Korpsgeist könnten dazu führen, dass sich eine solche Armee in schwierigen Zeiten verselbstständigt und so der Verlust politischer und gesellschaftlicher Kontrolle zu befürchten wäre.

Die genannten Nachteile sind jedoch von untergeordneter Bedeutung, da gerade in Deutschland aufgrund der Vergangenheit nicht damit zu rechnen ist, dass die Bundeswehr unüberlegt und voreilig eingesetzt wird. Letzten Endes muss der Einsatz welcher Art von Armee auch immer durch den Bundestag legitimiert werden. Und es scheint durchaus denkbar, dass der Einsatz einer Berufsarmee sogar intensiver überprüft würde, da sich keiner der Abgeordneten dem Vorwurf aussetzen möchte, diese Armee vorschnell entsendet zu haben. Von Vorteil wäre auch, dass während einmal beschlossener Einsätze schneller Entscheidungen gefällt würden, um den Einsatz durch mehr Personal und Material zu einem schnelleren Ende zu bringen.

Die Bedenken, dass sich mit einer Berufsarmee ein Staat im Staate etablieren könnte, sind dagegen nicht zu vernachlässigen. Auch wenn das Militär in Deutschland sehr von Disziplin und Gehorsam geprägt ist, gibt es gerade in der obersten militärischen Führung ein nicht zu unterschätzendes Karrieredenken.

Dies muss zwar nicht unbedingt Tendenzen zu einem Putsch Vorschub leisten, also der überraschenden, meist gewaltsamen Aktion einer kleineren Gruppierung, um die Macht im Staat zu übernehmen, aber eine Auflehnung, bei der das Militär seine umfangreiche Macht nutzt, um Einfluss auf Regierungsentscheidungen zu nehmen, ist nicht völlig abwegig.

Eine derartige Aktion ist auf dem Boden großer Unzufriedenheit mit den herrschenden Zuständen weitaus wahrscheinlicher als in demokratischen Gesellschaften, und die Gefahr existiert aus diesem Grund besonders in Ländern, in denen die Bevölkerung äußerst verzweifelt ist.

Ein Beispiel dafür ist in unserer Nachbarschaft zu finden. Wie könnte es in Griechenland in ein paar Jahren aussehen, wenn die Bevölkerung ihrer Unzufriedenheit noch stärker freien Lauf lässt als im Augenblick?

Bisweilen sind es nur Streiks und Demonstrationen, andererseits gehen täglich Meldungen durch die Medien, dass Regierungen, kaum mehr als eine Flugstunde von Griechenland entfernt, abtreten müssen, weil das dortige Volk genug von seinen Machthabern hat. Natürlich kann man sagen, Deutschland sei von solchen Rahmenbedingungen weit entfernt, doch ist es nicht gerade einer der stets hochgehaltenen Vorzüge der Demokratie, dass in ihr das Volk eine Regierung auch abwählen kann? Was aber wäre, wenn die neue, vom Volk gewählte Regierung den Machtinteressen einer von militärischen Karrieristen gelenkten Berufsarmee zuwiderlaufen würde? Was wäre, wenn hohe Militärs mit entsprechenden Machtambitionen auf die Idee kämen, eine Unzufriedenheit in der Bevölkerung lediglich für ihre eigenen Ziele zu nutzen, um die gesamte Staatsmacht an sich zu reißen? Diese Szenarien sind in Deutschland zwar eher abwegig, aber nicht unmöglich. Die Einführung einer Berufsarmee muss deswegen wesentlich kontrollierter vonstattengehen und auf Dauer kritischer überwacht werden, als dies bei einer Armee von Wehrdienstleistenden der Fall ist.

Ein weiterer Nachteil, der immer wieder vorgebracht wird, ist, dass man sich mit einer Berufsarmee im Falle einer Bedrohung des eigenen Staatsgebietes der schnellen Rekrutierungsmöglichkeit einer größeren Anzahl zusätzlicher Soldaten beraubt. Da Kriege heutzutage aber vor allem durch technisch anspruchsvolle Waffen und weniger durch die große Zahl eingesetzter Soldaten gewonnen werden, ist dieses Argument nur von geringer Schlagkraft. Wehrpflichtige können darüber hinaus nicht in großer Zahl im professionellen Umgang mit diesen hochkomplexen Waffensystemen unterrichtet werden. Und Reservisten sind in der Regel bereits nach wenigen Jahren nicht mehr auf dem technischen und strategischen Stand, der einen unmittelbaren Einsatz zuließe.

Der einzige bedenkenswerte Nachteil bei einer Umwandlung in eine Berufsarmee wäre, dass die Bundeswehr dann leichter zu einem Sammelbecken für gescheiterte Existenzen werden könnte. Als schlechtes Beispiel kann die US-Armee herangezogen werden – 40 bis 45 Prozent ihrer Angehörigen sind Analphabeten, kein Wunder bei der zum Teil hochproblematischen Schulsituation und der düsteren sozialen Realität in diesem Land. Eine vergleichbare Entwicklung in Deutschland kann deswegen zumindest für die absehbare Zukunft ausgeschlossen werden.

Nach Abwägung der beschriebenen Vor- und Nachteile, die eine Umwandlung der Bundeswehr in eine Berufsarmee mit sich bringen könnte, ist es kaum verwunderlich, dass die weit überwiegende Mehrzahl der Soldaten in allen Truppenteilen und unter allen Dienstgraden sich eine hochprofessionelle Berufsarmee wünschen, die sich zusammensetzt aus Frauen und Männern aller Dienstgradgruppen, jede und jeder für sich Spezialisten in ihrem Aufgabengebiet. Denn nur so kann eine Armee heutzutage einsatztauglich sein – oder gemacht werden.

Die Wehrpflicht ist nicht länger zeitgemäß, sie wurde zur Belastung unserer Streitkräfte, ihre Abschaffung ist überfällig.

8.2 Kosten-Nutzen-Analyse der makabren Art

Die Pläne des Verteidigungsministers gehen dahin, dass er die Bundeswehr von derzeit knapp 250 000 Soldatinnen und

Soldaten auf circa 156 000 verringern möchte. Formal soll die Wehrpflicht bestehen bleiben, aber sie soll nicht mehr angewendet werden. Was würde das bedeuten?

Der Weg hin zu einer Berufsarmee wäre jedenfalls eingeschlagen. Diese wäre nach entsprechender Ausbildung militärisch wesentlich besser als die Bundeswehr zum jetzigen Zeitpunkt. Allerdings müssten sich bereits im Vorfeld alle darüber im Klaren sein, dass diese Entscheidung in der Startphase nicht weniger, sondern mehr Geld kosten würde, langfristig würde es aber finanziell günstiger.

Der Grund, warum man die Bundeswehr verkleinern will, liegt auf der Hand. Im Juni 2010 wurden beim Wehretat Einsparungen von 8,3 Milliarden Euro beschlossen. Dieses Ziel sollte bis 2014 erreicht werden, wurde aber Anfang 2011 bis 2015 aufgeschoben.

Schon allein diese Tatsache ist ein Paradebeispiel dafür, dass es in erster Linie erneut um Finanzen geht. Würde man die Bundeswehr aus einsatztaktischen Gesichtspunkten verkleinern, hätte man mit diesen Einsparungen ein deutlich sichtbares Zeichen dafür setzen können, dass die Verantwortlichen sich diesmal ernsthaft damit beschäftigen, jenen Maßstab zum Entscheidungskriterium für ihre Planungen zu machen, der dem Wohl unserer Soldatinnen und Soldaten und der Sicherheit der Bevölkerung am dienlichsten ist. So wie es jetzt den Anschein hat, ändert sich nichts – wie seit Jahrzehnten: Es muss einzig und allein gespart werden. Vielleicht ist sogar der von manchen gehegte Verdacht berechtigt, dass man die nicht gerade beliebte Institution Bundeswehr über kurz oder lang wegrationalisieren möchte.

Wie bereits beschrieben wurde, benötigt man gerade in der Startphase einer Umgestaltung eher mehr Geld, um eine neue Struktur durchzusetzen. Das wird von der Politik immer wieder verdrängt und auch vor der Öffentlichkeit verschwiegen. Doch so bleibt man auch den Soldatinnen und Soldaten die Antwort auf dieses Problem schuldig. Alle wissen im Grunde, dass das vorgegebene Sparziel des Kabinetts von 8,3 Milliarden Euro in den nächsten vier Jahren nicht erfüllbar sein wird, und Ex-Verteidigungsminister Karl-Theodor zu Guttenberg plädierte denn auch bereits für eine Kürzung dieser Vorgaben um etwa 4 Milliarden Euro, also dafür, das Sparziel um die Hälfte zu senken. Es bleibt die berechtigte Befürchtung, dass selbst diese enorm reduzierten Sparanstrengungen niemals Realität werden.

Unbestreitbar würden allerdings zwei Möglichkeiten zur Verfügung stehen, um Sparwillen zumindest zu demonstrieren, denn wenn von allen in der Gesellschaft der Gürtel enger geschnallt werden soll, wird sich die Bundeswehr davon nicht ausnehmen können.

Erstens wird man nicht umhinkommen, sich von fragwürdigen Investitionen zu trennen, die in der Vergangenheit in Rüstungsprojekte gesteckt wurden. Auf diesem Gebiet sind nachweislich viel zu häufig und viel zu lange enorme Geldsummen verschleudert worden. Es bleibt nur der Ausweg, Rüstungsgüter zukünftig auf dem internationalen Markt und erst nach harten Preisvergleichen und Verhandlungen einzukaufen – und zwar von der Stange, nicht mehr als Maßanfertigung.

Zweitens sind Standortschließungen trotz zu erwartender Proteste der Lokalpolitik in großer Anzahl durchzusetzen. Das mag für einzelne Regionen bitter sein, aber hier nachzugeben, wäre für das zu erreichende Sparziel hochgradig kontraproduktiv. Eine Armee mit fast halbierter Kopfzahl hat auch nur den halben Bedarf an solchen Ausbildungsstätten. Inoffiziellen Zahlen zufolge ist von achtzig bis hundert Standorten die Rede, die in den nächsten sechs bis acht Jahren dichtgemacht werden könnten. Die Vorteile einer kleineren Armee, nennen wir sie »Berufsarmee«, liegen gerade bei der Standortfrage auf der Hand.

Letzten Endes geht es bei allen Plänen für neue Strukturen und Umsetzungen immer um das gleiche Problem: Es kostet Geld. Geld, das im Falle der Bundeswehr eigentlich vorhanden ist, aber auf anderen Gebieten sinnlos verschwendet wird. Den Beweis für diese Behauptung kann jeder ohne große Mühe nachlesen und nachvollziehen: Im Bericht des Bundesrechnungshofes wird Jahr für Jahr dokumentiert, wie üppig fast sämtliche Ministerien mit ihren Aufgaben zurande kommen könnten, wenn sie sich die dort aufgezeigte Verschwendung öffentlicher Mittel zu Herzen nehmen würden.

Nach Aussagen und Analysen des Bundesrechnungshofes werden aktuell etwa 25 Milliarden Euro jährlich verschwendet, ein nicht geringer Teil davon bei der Bundeswehr. Da wirkte es schon etwas seltsam, als Karl-Theodor zu Guttenberg 1,2 Milliarden Euro verlangte für den Umbau der Bundeswehr. Dieses Geld sei vorgesehen für »attraktivitätssteigernde Maßnahmen«, etwa für Prämien für Freiwillige, und um zusätzliche Kosten abzudecken. Solche Summen müssten doch ohne große Anstrengungen allein durch sorgsameren Umgang mit den zur Verfügung stehenden Mitteln zukünftig aus eigener Kraft aufgebracht werden können. Man wird abwarten müssen, wie der am 3. März 2011 ernannte, neue Verteidigungsminister Thomas de Maizière mit der Situation umgeht.

Ganz kurios und in hohem Maße zynisch wird es aber, wenn sogar der Tod eines jeden Soldaten als Kostenfaktor ins Kalkül genommen wird. Ein toter deutscher Soldat kostet nach tatsächlich existierenden Berechnungen den Steuerzahler 2,3 Millionen Euro. Nachdem Ökonomen den Afghanistan-Einsatz auf 36 Milliarden Euro hochgerechnet haben, ist der Anteil von 2,3 Millionen Euro für jeden zu erwartenden toten deutschen Soldaten als eher gering einzustufen.

Das Verteidigungsministerium selbst hat den Afghanistaneinsatz auf jährlich 1 Milliarde Euro veranschlagt. Das Deutsche

Institut für Wirtschaftsforschung liegt mit seiner Schätzung dreimal höher. Die Differenz liegt darin begründet, dass das Institut die Kosten, die anderen Ministerien durch gefallene und verwundete Soldaten entstehen (zum Beispiel durch Pensionsansprüche), mit einbezieht. Selbst die Zinskosten werden berücksichtigt. Sollte der Einsatz in Afghanistan also ungünstig verlaufen, könnten sich die Ausgaben locker verdoppeln.

Zugegebenermaßen ein makabres Beispiel, aber es gehört in dieses Buch, da endlich ehrlich mit allen Kosten der Bundeswehr umgegangen werden muss. Die Kosten eines Krieges müssen offengelegt werden; nur so kann eine aufgeklärte Debatte darüber entstehen. In anderen Nationen ist dieser »Kosten-Nutzen-Faktor« durchaus üblich. Beispielsweise »kostet« ein gefallener US-Soldat im Irakkrieg 7,2 Millionen Dollar. Der Unterschied zum gefallenen deutschen Soldaten liegt einzig und allein darin, dass US-Gerichte für ein Menschenleben höhere Entschädigungszahlungen festsetzen als europäische Gerichte.

Nicht zuletzt durch die Handhabe der politischen und militärischen Führung der Bundeswehr, die es nicht versteht, Verschwendung abzustellen und die durchaus in großem Maßstab vorhandenen Sparpotenziale zu nutzen, fehlen den Streitkräften der Bundesrepublik Deutschland im Jahre 2011 die Mittel, die ihre Situation verbessern könnten – und die sie bei ihren lebensgefährlichen Einsätzen auch zu Recht einfordern.

Eine Berufsarmee wäre im Vergleich zum aktuellen Zustand auf jeden Fall besser ausgebildet, wünschenswert wäre, dass sie mit dem dafür zur Verfügung stehenden Geld zusätzlich besser ausgerüstet wird. Um sie aber auch einsatztauglich zu machen, wird man darüber hinaus auf einem ganz anderen Gebiet neue Wege beschreiten müssen. Hier kann sich die Bundeswehr von Vorgehensweisen leiten lassen, wie sie auch in zivilen Unternehmen in Krisenzeiten immer wieder zum Einsatz kommen: Man muss auf erfahrenes Personal zurückgreifen und so die gesamte intern verfügbare Erfahrung bei der Umgestaltung nutzen. Empfehlenswert wäre es, innerhalb der Bundeswehr effektive Arbeitsgruppen zu bilden.

Diese sollten ausschließlich aus ehemaligen und aktiven Soldaten aller Truppengattungen beiderlei Geschlechts und mit Einsatzerfahrung bestehen, die die Möglichkeit erhalten, jederzeit weltweit unangemeldet im Auftrag des Ministeriums Liegenschaften der Bundeswehr zu besuchen.

Nur so ergibt sich ein ungeschminktes Bild der Lage vor Ort, eine Zustandsbeschreibung der Mängel und Bedürfnisse der Soldatinnen und Soldaten in Bezug auf Ausbildung, Ausrüstung und Fürsorge.

Diese Arbeitsgruppen würden monatlich einen Bericht mit ihren Erkenntnissen direkt dem Verteidigungsminister übergeben. Die Umsetzung der Ergebnisse dieses Berichtes müsste im Falle einer positiven Bewertung oberste Priorität haben. Einer der Vorteile wäre, dass der Minister Monat für Monat einen aktuellen »Wasserstandsbericht« der Bundeswehr erhalten und er so in die Lage versetzt würde, die erkannten Mängel umgehend abzustellen. Die großen Umwege der Bürokratie wären außer Kraft gesetzt.

Im Klartext: Wo sofort Geld benötigt wird, um lebensnotwendiges Material zur Verfügung zu stellen, muss sofort finanziert werden – wo erkennbar Geld verschwendet wird, muss sofort gegengesteuert werden.

Die Angehörigen dieser Arbeitsgruppen stellen sich sowohl aus aktiven Soldaten aller Dienstgradgruppen als auch aus externen Beratern zusammen, wobei Letztere zwingend den aktiven Dienst bei der Bundeswehr absolviert haben müssten. Vorteil dieser externen Berater wäre es, dass sich in diesem Personenkreis keiner darum Gedanken machen müsste, in der militärischen Hierarchie Nachteile zu erleiden.

Andere Armeen ziehen schon seit Jahren externe erfahrene Berater hinzu.

Denn eines hat sich bei jedem Besuch eines deutschen Abgeordneten bei den Soldaten immer wieder gezeigt: Um die Bedürfnisse von Soldaten zu erkennen, muss man die Sprache der Soldaten sprechen, und das können nur aktive oder ehemalige Soldaten. Gefährliche und lebensbedrohliche Situationen können nur von denen richtig eingeschätzt werden, die selbst solche Situationen schon einmal erlebt haben. Dann wird mit großer Sicherheit auch nicht mehr das passieren, was Soldaten immer wieder von Politkern behaupten: »Die wissen weder, worum es geht, noch wovon sie reden, da sie es selbst nie erlebt haben.«

8.3 Bundeswehrreform, ein Rohrkrepierer?

Ein Arbeitsstab unter der Leitung des Staatssekretärs Walther Otremba befasst sich seit November 2010 mit den Reformplänen der sogenannten »Weise-Kommission«, deren Aufgabe und Ergebnisse im letzten Kapitel bereits auszugsweise wiedergegeben wurden. Walther Otremba und sein Arbeitsstab haben speziell die Aufgabe, den Gremien des Ministeriums Vorschläge zu unterbreiten, wie die Empfehlungen der »Weise-Kommission« umgesetzt werden können.

Die erarbeiteten Vorschläge zur Umsetzung sind noch nicht in vollem Umfang bekannt, und die Reaktionen darauf bleiben abzuwarten. Bereits im Vorfeld der Umsetzung von Reformplänen äußerte sich die Gruppe der Soldaten im Personalrat des Verteidigungsministeriums mit heftiger Kritik. Für viele Soldaten ergebe sich »das Bild einer intransparenten, ressourcenverschwendenden, ungesteuerten Reformarbeit«, nach Aussage dieser Soldaten könnte die gegenwärtige Reform sogar noch hinter die Ergebnisse vorheriger Reformen zurückfallen.

Da diese Kritik von den betroffenen Soldaten selbst kommt,

steht zu befürchten, dass mit dem Bericht der »Weise-Kommission« und mit den Umsetzungsvorschlägen aus dem Arbeitsstab des Verteidigungsministeriums wieder einmal ein Strukturplan präsentiert wurde, der wie schon viele vor ihm durch Realitätsferne, Kompromissformeln und sich widersprechende Zielvorgaben glänzt, deshalb – ebenfalls wie viele vor ihm – schon vor Beginn einer Umsetzung in der Schublade verschwinden wird.

Ein weiteres negatives Beispiel für die mangelnde Struktur und Planung bei Bundeswehrangelegenheiten ist die Aussage des Bundesaußenministers Guido Westerwelle, der am 26. Januar 2010 in Berlin, zwei Tage vor der Afghanistan-Konferenz in London, einen Vier-Säulen-Plan zur neuen Strategie in Afghanistan präsentierte. »Es gibt vier Säulen für diese Strategie. Zum einen möchte die Bundesregierung die Mittel für den zivilen Aufbau des Landes verdoppeln. Zum anderen sollen größere Anstrengungen unternommen werden, um die Polizeiarbeit voranzutreiben. Des Weiteren soll die Ausbildung der afghanischen Armee verbessert werden, und es soll mehr darin investiert werden. Ehemalige Kämpfer und Mitläufer der Taliban sollen in die afghanische Gesellschaft reintegriert werden.«

Nach allem, was über Afghanistan bekannt ist, kann diese neue Afghanistan-Struktur nur als absolute Geldverschwendung bezeichnet werden. Sie ist nichts wirklich Neues, diese Maßnahmen haben schon in den vergangenen Jahren keine Fortschritte gebracht. Alle genannten Finanzmittel würde man also hundertmal besser der Bundeswehr und ihrem Einsatz dort zur Verfügung stellen. Und dazu kommt auch noch: Dieser Vier-Säulen-Plan ist für die deutschen Soldaten lebensgefährlich.

Das zeigt der Zwischenfall, der am 18. Februar 2011 in der Provinz Baghlan drei deutsche Soldaten das Leben kostete und sechs weitere zum Teil schwer verletzt zurückließ.

Soldaten haben seit Beginn des Afghanistan-Einsatzes davor gewarnt: »Wir haben den Afghanen nie vertraut. Wir haben immer gewarnt, dass so etwas passieren würde. Aber auf uns wollte niemand hören«, heißt es in einem der zahlreichen Schreiben zu diesem Thema.

Was war passiert?

Ein afghanischer Soldat, der an einem deutschen Außenposten zum Wachdienst eingeteilt war, hat dort nach Beendigung seines Dienstes ohne Vorwarnung auf deutsche Soldaten geschossen, die gerade dabei waren, an ihrem Schützenpanzer Reparaturen durchzuführen. Bevor der Schütze selbst erschossen wurde, hatte er neun deutsche Soldaten getroffen, drei davon tödlich.

Nach Aussagen der Bundeswehrsoldaten soll der Attentäter regelmäßig Haschisch geraucht und sich mehrfach gegen die Anwesenheit der »Ungläubigen« und »Eindringlinge« ausgesprochen haben.

Bei anderen Nationen gab es solche Zwischenfälle schon öfter. Die Bundeswehr hat diese todbringende Erfahrung an jenem Tag das erste Mal gemacht. Trotz dieser zum Zeitpunkt der Veröffentlichung bereits bekannten Vorfälle bei anderen Nationen wird in dem Vier-Säulen-Plan die Reintegration von ehemaligen Kämpfern der Taliban befürwortet.

Die Tatsache, dass sie sich in den Reihen des afghanischen Militärs bewegen, ist seit Beginn des Afghanistan-Einsatzes bekannt. Hier müssen sich die Verantwortlichen in Regierung und militärischer Führung den Vorwurf gefallen lassen, dass sie die Attentäter und den Tod oder die schwere Verwundung deutscher Soldaten mitfinanziert haben.

Nach diesem Zwischenfall haben sich zahlreiche deutsche Soldaten in jenem Außenposten geweigert, weiterhin mit der afghanischen Armee zusammenzuarbeiten. Das Vertrauen in die afghanischen »Kameraden« ist seit diesem Tag verständlicherweise zerstört.

8.4 Afghanistan und kein Ende

Anhand solcher Beispiele kann man sehr gut den Zustand der Bundeswehr deutlich machen: Fehlurteile und Fehlverhalten der militärischen und politischen Führung, schlechtes oder fehlerhaftes Rüstungsmaterial, charakterliche und körperliche Nichteignung beim Nachwuchs, Vertuschungsversuche bei jedem neuen und stets außerhalb der Bundeswehr bekannt gemachten Skandal, Ermittlungen durch zivile Staatsanwaltschaften, denen aber häufig militärische Sach- und Fachkompetenz fehlen.

Kein Wunder, dass die Öffentlichkeit immer weniger hinter der Bundeswehr steht, ganz besonders, wenn es um Auslandseinsätze geht. Und doch wurde im Deutschen Bundestag am 28. Januar 2011 das Mandat für Afghanistan um ein weiteres Jahr verlängert. Bei dieser Mandatsverlängerung für einen Kriegseinsatz der Bundeswehr waren von 622 Abgeordneten nur 579 zugegen. Wo die fehlenden 43 Abgeordneten zum Abstimmungszeitpunkt waren, war während dieser Sitzung weder Thema noch Anlass zu einer Nachfrage – immerhin ist dies fast die komplette Fraktionsstärke einer der kleineren Bundestagsparteien. Bei der Abstimmung enthielten sich 43 Abgeordnete. Warum sie keine eigene Meinung zu einem Kriegseinsatz der Bundeswehr hatten, muss ebenfalls unbeantwortet bleiben. Mit 420 Stimmen wurde das Mandat verlängert, 116 Abgeordnete haben mit Nein gestimmt. Der Afghanistaneinsatz wurde mit den Stimmen von CDU/CSU/FDP und von Teilen der SPD und der Grünen, also mit fast 70 Prozent, mehr als zwei Dritteln aller deutschen Abgeordneten, verlängert – mit einer solchen Mehrheit könnte selbst die Verfassung umgeschrieben werden. Zumindest beim Abstimmungsverhalten im Deutschen Bundestag kann also keinesfalls von einer nicht ausreichenden Befürwortung des Kriegseinsatzes gesprochen werden. Selbst wenn man die 43 Enthaltungen zu den 116 Neinstimmen zählt, kommt man immer noch auf über 70 Prozent aller abgegebenen Stimmen, die einem Einsatz der Bundeswehr in Afghanistan zustimmen. Und selbst wenn alle abwesenden Parlamentarier mit Nein gestimmt hätten, wäre die Zustimmungsrate noch immer über der für eine Verfassungsänderung notwendigen Zweidrittelmehrheit gewesen.

Wenn die Volksvertreter in solch selten gekannter Einmütigkeit Soldaten in den Krieg schicken, dann fragt sich nur, warum sie sich im gleichen Atemzug darin überbieten, die Soldaten möglichst schnell wieder nach Hause zu holen. Könnte es sein, dass sich dahinter das Wissen um die äußerst magere Zustimmung der Bürger zu diesem Einsatz verbirgt? Könnte es sein, dass es sich bei keiner der anvisierten Abzugsvarianten um einen ernsthaft ins Auge gefassten Plan handelt? Könnten alle genannten Perspektiven nur dem einen Zweck dienen: Opium fürs Volk, eine Beruhigungspille, ein klar kalkuliertes Ablenkungsmanöver?

Ob der Abzug aus Afghanistan im Jahr 2011 beginnen wird, bleibt abzuwarten, denn durch die Formulierung »wenn es die Sicherheitslage zulässt« hat die Politik sich eine Hintertür breit wie ein Scheunentor offen gelassen. Alle wissen, dass es »die Sicherheitslage nicht zulassen wird«.

Die Amerikaner sprechen von einem Abzugstermin ab 2014. Deutschland wird das Kampfgebiet mit absoluter Sicherheit nicht vorher verlassen, um es sich nicht mit dem »großen Bruder« zu verscherzen.

Deswegen sollte man sich an dieser Stelle noch ein letztes Mal die Frage stellen, wer eigentlich etwas von der Mandatsverlängerung hat, bevor wir zu den tatsächlichen Hintergründen für die erneute Ablenkungsdebatte auch beim Thema Abzug aus Afghanistan kommen.

Von der Mandatsverlängerung profitieren:
- die korrupte afghanische Regierung, die extrem hohe finanzielle Hilfe bekommt zusätzlich zur Unterstützung beim Aufbau ihres eigenen Sicherheitsapparats (der ihnen dann später einmal die Möglichkeit gibt, die Korruption gesichert weiter durchzuführen),
- die Waffenindustrie, da die Bundesregierung auch den Afghanistaneinsatz als Vorwand nimmt, an der Finanzierung von neuen und alten Projekten weiter festzuhalten, mit der Begründung, dass man diese Rüstungsgüter für Folgeeinsätze der Bundeswehr benötige,
- die deutschen Parlamentarier, die sich ohne eigenes Risiko profilieren können. Auf dieser Bühne mit ihrem großen und nie gleichgültigen Publikum kann jeder die Schlachten schlagen, die er für wichtig hält, kann jeder den Gröfaz geben, denn es gibt kaum Anlass, dass man einer Fehleinschätzung überführt wird. Kommt es anders, als behauptet wurde, war die weltpolitische Großwetterlage ausschlaggebend – sollte zufällig eingetroffen sein, was man vorhergesagt hat, war es der unvermeidliche Beleg für die eigene Analysefähigkeit und Weitsicht.

Natürlich geht auch die Bevölkerung Afghanistans nicht leer aus, sie hat unbestreitbar eine Verbesserung ihrer Lage zu verzeichnen, da sich die Sicherheitslage für sie deutlich zum Positiven gewendet hat. Zu welchem Preis das allerdings tagtäglich passiert, ist angesichts von Hunderten toter Zivilisten in jedem Monat keine Frage, über die man die Afghanen selbst bestimmen lassen dürfte. Das Ergebnis wäre absehbar.

Nur wenigen ist bisher aufgefallen, dass es sich beim Thema Abzugstermin lediglich um ein Scheingefecht innerhalb der politischen Klasse handelt. Fast niemandem ist bewusst, dass sich bei einer historischen Betrachtung der Truppenstärke der

Bundeswehr in Afghanistan schnell herausstellt, wie sehr hier – wieder einmal – Realität manipuliert wird.

22. Dezember 2001:
Der Bundestag stimmt der Entsendung von bis zu **1200** Soldaten im Rahmen der ISAF zu.

20. Dezember 2002:
Das deutsche Einsatzkontingent wird verdoppelt auf **2400** Soldaten.

28. September 2005:
Der Bundestag erhöht die Personalobergrenze auf **3000** Soldaten.

16. Oktober 2008:
Das deutsche Truppenkontingent wird auf **4500** Soldaten aufgestockt.

26. Februar 2010:
Die Mandatsobergrenze wird von **4500** auf **5350** Soldatinnen und Soldaten in Afghanistan angehoben. 350 Soldaten davon sind als flexible Reserve vorgesehen.

Wie man hier unschwer erkennen kann, wurden die Kontingentzahlen ständig aufgestockt. Wenn man im Jahr 2011, willkürlich gewählt, eine Größenordnung von 500 Soldaten zurück nach Deutschland holen würde, blieben immer noch fast 500 Soldaten mehr in Afghanistan, als vor der letzten Truppenerhöhung 2008 dort anwesend waren. Offiziell und rein rechnerisch würden dann zwar Truppen abgezogen, inoffiziell hat man aber eigentlich mehr als zuvor im Einsatz. Es befinden sich zu jedem Zeitpunkt mehr Soldaten im Land, als ursprünglich festgelegt war.

Auch beim Thema Abzug aus Afghanistan also das altbekannte Spiel im Umgang mit der Wahrheit. Wie ein roter Faden durchzieht ein Ablenkungsmanöver ums andere sämtliche Bereiche unserer Armee: Täuschen, tricksen, schönfärben – auf die Bundeswehr ist und bleibt das Gesetz der normativen Kraft des Faktischen nicht anwendbar.

Danksagung

Ein Werk zu verfassen, das so komplex ist wie das *Schwarzbuch Bundeswehr*, bedarf der Unterstützung vieler Personen. Alle aufzuführen würde den Rahmen dieser Danksagung sprengen. Dennoch werde ich versuchen, die meisten von ihnen zu würdigen.

Mein erster Dank gilt allen Soldatinnen und Soldaten, die tagtäglich weltweit für Deutschland einen sehr schweren Dienst versehen. Vielen Dank dafür, dass ihr mir mit so vielen Informationen, Insiderberichten und Dokumenten geholfen habt, mit diesem Buch der Öffentlichkeit die Augen zu öffnen. Meine Tür steht nach wie vor immer für euch offen.

Danke auch an die Angehörigen der Soldatinnen und Soldaten, die von zu Hause aus – oft im Ungewissen, wie es ihren Lieben im Einsatz geht – zu unseren Soldatinnen und Soldaten halten und mich ebenfalls mit einer großen Zahl von Informationen unterstützt haben.

Damit ich dieses Buch schreiben konnte, brauchte ich auch Personen, die mir, während der normale Arbeitsalltag weiterlief, die ganze Zeit über den Rücken frei hielten, mit Rat und Tat zur Seite standen und dies noch immer tun.

Mein besonderer Dank gilt meiner Mutter, Esther Wohlgethan. Für mich ist sie die beste Mutter auf der Welt und steht wie ein Fels in der Brandung auch in schweren Zeiten hinter mir.

Alle administrativen Bereiche wären, um diesem Buch und zeitgleich meiner Firma gerecht zu werden, ins Hintertreffen geraten, wenn meine Assistentin Michaela Sender nicht stets unermüdlich an meiner Seite gewesen wäre. Gerade im Hinblick auf notwendige Recherchen hat sie sich als eine unschätzbare Bereicherung für mich und für das Buch erwiesen.

Dieses Buch wäre nie auf den Weg gebracht worden, wenn mich mein Medienagent Thomas Montasser von der MONTASSER MEDIA-AGENTUR nicht so hervorragend vertreten hätte. Vielen Dank dafür!

Danke auch an den Verlag, der sich zur Veröffentlichung dieses kritischen Werks entschlossen hat.

Abschließend geht mein ganz spezieller Dank an Peter von Kempten. Er hat mich bei diesem Projekt redaktionell begleitet, stand mit Rat und Tat jederzeit zur Verfügung, und ich durfte von ihm sehr viel lernen. Vielen Dank dafür!

Den Soldatinnen und Soldaten im Einsatz wünsche ich ein kräftiges »Glück ab«, kommt unverletzt an Körper und Geist zu euren Lieben zurück.

Achim Wohlgethan, im März 2011

Glossar

A 400 M Airbus = Transportflugzeug
Ist ein militärisches Transportflugzeug von Airbus Military, einer Division des europäischen Luft- und Raumfahrtkonzerns EADS. Es soll in verschiedenen europäischen Luftwaffen den veralteten Bestand an Transportflugzeugen ersetzen, unter anderen die deutsch-französische Transall. Die A 400 M ist mit vier Turboprop-Triebwerken ausgestattet und zeichnet sich gegenüber ihren Vorläufern durch höhere Nutzlast und Reichweite aus. Der Erstflug fand am 11. Dezember 2009 statt. Der Airbus A 400 M soll den gestiegenen Anforderungen an militärische Lufttransportleistungen gerecht werden. Als »strategischer Transporter« soll er durch hohe Reichweite, Geschwindigkeit und Ladekapazität, einen geräumigen Laderaum und flexible Einsatzmöglichkeiten den europäischen Streitkräften die Möglichkeit geben, bei außereuropäischen Krisen schnell zu reagieren und große Mengen von Material und Personal zu verlegen. Gegenüber den Typen, die die A 400 M ersetzt, werden sich Nutzlast und Reichweite etwa verdoppeln.
Abbildung im Internet einsehbar unter
www.auto-trol.de/de/news/press/a400m.html

ABC – Kampfmittel/Massenvernichtungswaffe
Bezeichnet eine Kategorie bestimmter Waffen, die als besonders zerstörerisch angesehen werden und gravierende Auswirkungen auf Leben, Sachen und Umwelt haben. Dazu zählen heute chemische, biologische, radiologische und nukleare Waffen (ABS-Waffen, CBRN-Waffen), mit denen der Gegner militärisch behindert oder ausgeschaltet werden soll.

AH – 64 Apache Hughes = Kampfhubschrauber

Ist ein schwer bewaffneter Kampfhubschrauber, der vor allem von der US-Armee eingesetzt wird und vom US-amerikanischen Unternehmen Hughes, heute Boeing, entwickelt und produziert wurde. Der Apache-Kampfhubschrauber hatte seinen ersten Kampfeinsatz im Jahre 1989 bei der US-Invasion Panamas. Später spielte der AH-64 eine wesentliche Rolle im zweiten Golfkrieg, bei der Operation Enduring Freedom in Afghanistan und im Irakkrieg. Der Apache ist ein zweisitziger Hubschrauber, in dem die Besatzung hintereinander angeordnet ist. Der Bordschütze sitzt dabei vorne und der Pilot 48 cm höher direkt dahinter. Abbildung im Internet einsehbar unter www.minihelicopter.net/AH64Apache/index.htm

Artilleriesplitter

Splitter, die freigesetzt werden und unkontrolliert durch die Umgebung fliegen, wenn ein Artilleriegeschoss explodiert.

BAT = Beweglicher Arzttrupp

Militärische Teileinheit der Bundeswehr zur notfallmedizinischen Erstversorgung. Sie besteht aus einem Notarzt, einem Rettungsassistenten und einem Kraftfahrer und ist das militärische Gegenstück zum zivilen Notarztwagen. Unterwegs ist der BAT meistens in einem geländegängigen Rettungswagen.

Bataillon

Ist die Bezeichnung für einen Verband in Streitkräften. In ihm sind mehrere Kompanien oder Batterien einer Truppengattung, aber zum Teil unterschiedlicher, sich ergänzender Ausrüstung zu einer organisch zusammengesetzten Truppe zusammengefasst. Je nach Truppengattung umfasst es 300 bis 1200 Soldaten. Geführt wird ein Bataillon von einem Bataillonskommandeur, meist im Rang eines Oberstleutnants. Die einzelnen Bataillone der Kampftruppen, unterstützt durch weitere Kräfte der übergeordneten Brigade oder gemischt mit anderen Kompanien anderer Kampftruppen, führen das Gefecht als Gefechtsverband.

Behelfsmäßiger Sprengkörper oder auch IED »Improvised Explosive Device«
Ein aus verschiedensten Materialien gebauter Sprengkörper, der durch einfache Mittel zur Explosion gebracht wird. Dieser Sprengkörper wird oft aus Elementen gebaut, die überall verfügbar sind.

Bell UH – 1D = Mehrzweckhubschrauber
Ist ein leichter Mehrzweckhubschrauber, der von Bell Helicopters für die United States Army entwickelt wurde. Von diesem Modell wurden 358 Stück in Lizenz für die deutsche Bundeswehr gebaut, von denen die Bundespolizei 6 Stück für »Führung und Einsatz« erhielt. Sie werden im Heer und in der Luftwaffe verwendet und dien(t)en dort auch in der Luftrettung als Such- und Rettungshubschrauber und im Katastrophenschutz.
Abbildung im Internet einsehbar unter
www.bredow-web.de/.../Bell_UH-1D/bell_uh-1d.html

BO – 105 MBB = Beobachtungs- und/oder Panzerabwehrhubschrauber
Die leichte MBB BO 105 wird als Verbindungs- und Beobachtungshubschrauber (VBH) und teilweise auch Ausbildungshubschrauber eingesetzt. Als Panzerabwehrhubschrauber (PAH), der Anfang der achtziger Jahre eingeführt wurde, wird sie nach und nach durch den Unterstützungshubschraubers Tiger (UHT) ersetzt.
Abbildung im Internet einsehbar unter www.heliport.de/.../

Bordingteam der Deutschen Marine
Ist eine maritime, spezialisierte Einheit in Kompaniestärke. Sie ist ein Enterkommando und hat den Auftrag, fremde Schiffe zu entern, zu sichern und nach Gütern zu durchsuchen, die durch die Mission des Flottenverbandes bestimmt sind. Gegenwärtig operieren Teile der Boardingkompanie im Rahmen der Operation Enduring Freedom am Horn von Afrika und kontrollieren fremde Schiffe nach Waffen und Sprengmitteln, um so die Logistik der al-Qaida und anderer internationaler Terrorgruppen zu stören. Die Einheit ist Teil der Spezialisierten Einsatzkräfte Marine (SEK M), und ihre »Boardingsicherungssoldaten« genannten Mitglieder gehören dem Verwendungsbereich Marinesicherungsdienst an.

Boxer GTK Panzer = Gepanzertes Transport-Kraftfahrzeug
Wird kurz GTK Boxer genannt, ist ein von der ARTEC GmbH mit Sitz in München entwickelter Transportpanzer. Die Version mit Gruppentransportmodul bietet Platz für acht Soldaten und verfügt über eine Heckrampe. Auf dem Vorderteil des Moduldaches befindet sich eine mittige Öffnung für eine Kuppel mit Winkelspiegel und HK GMW (Heckler & Koch, Granatmaschinenwerfer) oder mit einem schweren Maschinengewehr. Laut einem Bericht vom 25. August 2006 rechnet das deutsche Verteidigungsministerium mit Kosten von 891 Millionen Euro für die 272 Boxer, mit denen die Bundeswehr ausgerüstet werden soll.
Abbildung im Internet einsehbar unter
www.rheinmetall.de/index.php?fid=1994&lang=2

Brigade
Ist nach derzeitigem deutschsprachigem Verständnis ein militärischer Großverband der Landstreitkräfte, der aufgrund seiner Organisation und Ausrüstung in der Lage ist, operative Aufgaben selbstständig zu lösen. Eine Brigade (bestehend aus 1500 bis 5000 Soldaten) ist der kleinste, aus mehreren Truppengattungen organisatorisch zusammengesetzte Großverband. Kommandeur einer selbstständigen Brigade ist ein Brigadegeneral.

C 160 Transall = Transportflugzeug
Ist ein propellerturbinengetriebenes militärisches Transportflugzeug deutsch-französischer Produktion. Am 30. April 1968 erhielt die deutsche Luftwaffe ihre erste Transall C-160. Die Transall ist für folgende Aufgaben vorgesehen: Transport von Material und Personal, Absetzen von Fallschirmjägern, Absetzen von Schwerlasten in mittleren und niedrigen Höhen, Sanitätstransporte (Medevac). Ab April 1968 wurden 110 Maschinen an die deutsche Bundeswehr ausgeliefert (20 gingen später an die Türkei). Acht Maschinen der Lufttransportgeschwader sind ständig im Geschwader Mazar-e Sharif in Mazar-e Sharif (Afghanistan) im Rahmen von ISAF im Einsatz. 86 der derzeit bei der Deutschen Bundeswehr eingesetzten Maschinen werden noch bis zur Einführung des Airbus A 400 M im Dienst bleiben.
Abbildung im Internet einsehbar unter spotterblog.de/.../

CH-47 Chinnok Boeing-Vertol = Transporthubschrauber
Ist ein zweimotoriger Transporthubschrauber mit Tandem-Rotoranordnung. Die gegenläufigen Rotoren machen einen vertikalen Rotor am Heck unnötig, sodass die gesamte Triebwerksleistung zum Auftrieb verwendet werden kann. Zu den hauptsächlich geflogenen Einsätzen gehören der Transport von Truppen, Fahrzeugen, Geschützen und Material. Der Chinnok wurde an 16 Länder weltweit verkauft, die größten Arsenale haben das US-Heer und die britische Luftwaffe.
Abbildung im Internet einsehbar unter
www.martinandreashuber.de/Index1/helikopter.htm

Dingo = Allschutz-Transport-Fahrzeug (ATF)
Ist ein gepanzertes, luftverladbares, leicht bewaffnetes Radfahrzeug, das unter anderen von der Bundeswehr und vom österreichischen Bundesheer eingesetzt wird. Die Hauptaufgabe des ATF Dingo sind Konvoi- und Patrouillenfahrten auf halbwegs befestigtem Untergrund. Der Dingo ist hauptsächlich für Einsätze zu »friedenserhaltenden Maßnahmen« (Peace Support Operation) insbesondere in minengefährdeten Gebieten konzipiert.
Abbildung im Internet einsehbar unter
www.offroad-forum.de/viewtopic.php?p=623864...

Division spezielle Operationen (DSO)
Ist eine zukünftig etwa 10 600 Mann starke Division des deutschen Heeres mit Stabszentrale in Regensburg. Die Division bündelt fast alle luftlandefähigen Kräfte und Spezialkräfte des Heeres. Damit ist die Division besonders für Spezialmissionen befähigt. Die in der Öffentlichkeit bekannteste unterstellte Einheit ist das Kommando Spezialkräfte (KSK).
Der DSO sind vier Aufgaben zugewiesen:
a) Die Division ist zur bewaffneten Rückführung befähigt, also der Evakuierung deutscher Staatsbürger und Schutzbefohlener, gegebenenfalls von Bürgern anderer Nationen sowie der Rettung deutscher Soldaten unter akuter Bedrohung.
b) Die Division führt außerdem den Kampf gegen irreguläre Kräfte und schützt Truppen und Einrichtungen der Streitkräfte vor irregulären Kräften.

c) Die Division ist besonders zur Durchführung schneller Anfangs- und Abschlussoperationen in der Lage, was das schnelle Nehmen und Überwachen einsatzwichtiger Infrastruktur sowie die Deckung eigener Kräfte im Rahmen einer geordneten Rückführung nach Abschluss eines Einsatzes umfasst.
d) Teile der Division sind außerdem zur Durchführung von Operationen in der Tiefe befähigt. Bei Operationen in der Tiefe leistet die DSO Aufklärung und Feuerleitung in der Tiefe des gegnerischen Raumes sowie das Ausschalten von Zielen operativer Bedeutung.

Doorgunner
Maschinengewehrschütze an den Türen eines Luftfahrzeuges.

Douglas C-17 McDonnell = Transportflugzeug
Die C-17 Globemaster III ist ein von McDonnell Douglas entwickeltes und seit dessen Übernahme von Boeing produziertes militärisches multifunktionales Transportflugzeug für große Fracht oder Truppen. Die C-17 wird seit 1993 von der United States Air Force, seit 2001 von der Royal Air Force Großbritanniens, seit 2006 von der Royal Australian Air Force sowie seit 2007 vom Air Command der kanadischen Streitkräfte eingesetzt. Folgende Anforderungen werden erfüllt: Zum einen sind eine interkontinentale Reichweite (einschließlich Luftbetankung), kurze Starts und Landungen (STOL) auf provisorischen Flugfeldern und das Absetzen von Fracht und Fallschirmtruppen im Flug möglich, außerdem gilt das Flugzeug als sehr zuverlässig und wartungsfreundlich.
Abbildung im Internet einsehbar unter
www.flugzeuginfo.net/acdata_php/acdata_c17_dt.php

EADS = European Aeronautic Defence and Space Company
Ist Europas größter Luft-, Raumfahrt- und Rüstungskonzern. Mit einem Umsatz von 42,8 Milliarden Euro (Stand 2009) ist EADS nach Boeing das zweitgrößte Luft- und Raumfahrtunternehmen der Welt. EADS beschäftigt an mehr als 70 Entwicklungs- und Produktionsstandorten in Europa und in 35 Außenbüros weltweit etwa 119 000 Mitarbeiter (Stand 2009). Der Konzern ging aus einer Fusion der deutschen DASA (Daimler Chrysler Aerospace AG), der französischen Aerospatiale-Matra und der spanischen Construcciones Aeronauticas S.A. (CASA) hervor. Der

Sitz der Deutschlandzentrale des Konzerns, die EADS Deutschland GmbH, befindet sich in Ottobrunn bei München.

EC 725 Eurocopter = Transporthubschrauber
Der Eurocopter EC 725 Cougar ist ein taktischer Transporthubschrauber der 11-Tonnen-Klasse mit großer Reichweite der deutsch-französischen Unternehmensgruppe Eurocopter. Die Auslieferung für die französische Luftwaffe begann im Januar 2005. Eine Version, speziell für bewaffnete Such- und Rettungsflüge (CSAR) entwickelt, erhielt die französische Bezeichnung Caracal.
Abbildung im Internet einsehbar unter
www.flug-revue.rotor.com/frtypen/frec725.htm

F4 – F Phantom II McDonnell = Jagdflugzeug
Ist ein zweisitziges und überschallfähiges Jagdflugzeug mit hoher Reichweite und Allwetter- sowie Jagdbomber-Fähigkeiten. Die F-4 war eines der weltweit verbreitetsten Kampfflugzeuge und wurde von US-Streitkräften bis 1995 geflogen. Sie befindet sich in einigen Ländern, so auch in der Luftwaffe der Bundeswehr bis voraussichtlich 2012, noch immer im Dienst.
Abbildung im Internet einsehbar unter
www.wingweb.co.uk/Images/332/German_Phantom_F-4F

Feldjäger
Wird die Militärpolizei der Deutschen Bundeswehr genannt. Sie gehört entsprechend der aktuellen Bundeswehrstruktur der Streitkräftebasis an. Die Deutsche Bundeswehr verfügt über 30 Feldjägerdienstkommandos. Am 30. Januar 1956 wurde der Begriff »Militärpolizei« durch »Feldjäger« ersetzt, mit der Absicht die Zahl der Sicherheitsorgane mit Polizeigewalt bewusst klein zu halten und die Truppe von den zivilen Polizeikräften abzugrenzen.

Feldwebel
Bezeichnet in Deutschland einen Soldaten im niedrigsten Feldwebeldienstgrad bei der Deutschen Bundeswehr. Soldaten in diesem Dienstgrad können innerhalb der durch die Vorgesetztenverordnung (VVO) geregelten Grenzen Mannschaften und Unteroffizieren ohne Portepee

Befehle erteilen. Die Einstellung zum Feldwebel ist mit einem Hauptschulabschluss und einem für die Verwendung verwertbaren Berufsabschluss auf Meisterebene direkt möglich. Daneben besteht die Möglichkeit, aus den Reihen der Stabsunteroffiziere bei fachlicher Eignung und einer »Standzeit« von mindestens zwölf Jahren zum Feldwebel befördert zu werden.

Führercorps
Als Führercorps bezeichnet man das Führungspersonal einer Einheit. Hier finden sich ausschließlich Vorgesetzte wieder.

G 36 A = Sturmgewehr Heckler & Koch
Das Sturmgewehr G 36 im Kaliber 5,56 x 45 mm ist die Standardinfanteriewaffe der Deutschen Bundeswehr. Beim G 36 kommen durchweg modernste Materialien zum Einsatz. So bestehen wesentliche Bauteile der Waffe aus glasfaserverstärktem Kunststoff mit Einlagen aus rostfreiem Stahl. Dadurch konnte das Gewicht der Waffe sehr niedrig gehalten werden.

G 36 K = Sturmgewehr Heckler & Koch (kurze Version)
Ist die gleiche Version wie das G 36 A. Es unterscheidet sich nur dadurch, dass es kürzer ist und ein geringeres Gewicht hat. Zusätzlich hat es eine bessere optische Einrichtung. Es wird hauptsächlich von spezialisierten Einheiten genutzt.
Abbildung im Internet einsehbar unter www.Heckler-koch.de

Granatmaschinenwaffe Heckler & Koch (HK GMW)
Die Granat-Maschinen-Waffe GMW 40 mm ist ein von der Heckler & Koch GmbH produzierter vollautomatischer Granatwerfer im Kaliber 40 mm x 53. Eingesetzt werden kann die GMW 40 mm aufgrund ihres Gewichts sowohl als Infanteriewaffe auf einem Dreibein als auch als »Doorgun« bei Hubschraubern, auf Patrouillenbooten sowie auf einer Lafette bei Fahrzeugen. Mit der Waffe kann sowohl im Stehen als auch im Sitzen geschossen werden. Bei der Deutschen Bundeswehr wird die GMW bei der Infanterie sowie bei den Objektschutzstaffeln der Luftwaffe eingesetzt; auch bei Auslandseinsätzen wird sie zur Lagersicherung

genutzt. Zudem kann sie optional als Hauptbewaffnung auf den Fahrzeugen Wolf, Dingo, Fennek und Boxer mitgeführt werden.
Abbildung im Internet einsehbar unter www.Heckler-koch.de

Guerilla = Guerillakrieg
Steht für »Kleinkrieg«. Gemeint ist eine besondere Art der Kriegführung, die auch als Guerillakrieg bezeichnet wird. Der Begriff Guerilla steht dabei auch für militärische beziehungsweise paramilitärische Einheiten, die einen Guerillakrieg führen. Guerillakämpfer steht für Untergrundkämpfer. Bedeutung erlangten die Begriffe Guerilla und Guerillakrieg insbesondere im 20. Jahrhundert als Bezeichnung sozialer und nationaler Befreiungs- und Unabhängigkeitskriege in unterentwickelten Ländern.

Heckenschützen-Detektion
Ist ein technisches Hilfsmittel, um einen Heckenschützen aufzuklären. Ein Heckenschütze (engl. »Sniper«) ist eine Person, die aus dem Hinterhalt auf Menschen schießt. Korrekt übersetzt bedeutet das englische Sniper militärischer Scharfschütze. Ein Heckenschütze kann einen besser ausgerüsteten und/oder zahlenmäßig überlegenen Gegner massiv bei seinem Vormarsch behindern und demoralisieren, um dadurch z. B. Nachschubverbindungen zu stören oder den Rückzug eigener Truppen zu decken.

Helios II Satellitenaufklärungssystem
Ist ein satellitengestütztes optisches Aufklärungssystem aus Frankreich. Deutschland hat von Frankreich die Möglichkeit der Mitnutzung erhalten. Im Gegenzug hat Frankreich bei Deutschlands erstem Satellitenaufklärungssystem auch ein Mitbenutzungsrecht. Hierbei handelt es sich um das SAR-Lupe-System. Es ist das satellitengestütze Aufklärungssystem von Deutschland. Weltweit ist es erst das dritte System mit Synthetic-Aperture-Radartechnik, welches unabhängig von Wetter und Tageszeit hochauflösende Bilder von jedem Punkt der Erde liefern kann. USA und Russland sind die beiden anderen Staaten, die über dieses System verfügen. Es besteht aus fünf baugleichen Kleinsatelliten und einer Bodenanlage zur Satellitenkontrolle zum Empfang und zur Verarbeitung der Bilddaten.

HH – 60 Pave Hawk = Rettungshubschrauber

Der Pave Hawk dient als Rettungshubschrauber für SAR-Einsätze (Such- und Rettungsdienst). Bei der US Air Force wird er zusätzlich für CSAR-Missionen und für den Transport von Spezialtruppen verwendet. Für diese Aufgaben ist der HH-60 G leistungs- und reichweitengesteigert und mit einer abhörsicheren Satellitenkommunikationsanlage ausgerüstet. Er ist voll nachteinsatz- und allwettertauglich und kann mit verschiedensten leichten und schweren Waffen bestückt werden. Im vorderen Bereich ist er an der für Luftbetankungen erforderlichen Betankungssonde und an der Unterseite am angebrachten Bergungshaken erkennbar.
Abbildung im Internet einsehbar unter
www.ask.com/wiki/HH-60_Pave_Hawk

Infanterie

Als Infanterie oder Fußtruppe bezeichnet man zu Fuß kämpfende, mit Handwaffen ausgerüstete Soldaten der Bodenstreitkräfte. Sie bildet heute bei den meisten Armeen die Basis der Streitkräfte. Die Infanterie der Deutschen Bundeswehr besteht heute aus den Truppengattungen Jäger, Fallschirmjäger und Gebirgsjäger und stellt den Verbund der leichten Infanterie dar. Eine Infanteriegruppe besteht aus 6 bis 10 Soldaten.

Infanterist der Zukunft (IdZ)

Mit dem System »Infanterist der Zukunft (IdZ)« werden die Infanteristen der Deutschen Bundeswehr fast von Grund auf mit neuer Ausrüstung ausgestattet. Ziel war es, folgende Kernfähigkeiten zu verbessern:
– Überlebensfähigkeit
– Durchsetzungsfähigkeit
– Beweglichkeit
– Durchhaltefähigkeit
– Führungsfähigkeit

Das System IdZ wurde speziell für die taktischen Besonderheiten der Infanteristen des Heeres entwickelt. Aber neben den Jägern, Gebirgsjägern und Fallschirmjägern sowie Panzergrenadieren werden auch die Luftwaffensicherungskräfte und Spezialeinheiten der Marine diese Ausrüstung erhalten. Im Mittelpunkt der Entwicklung steht die Gruppe, bestehend aus 10 Soldaten. Deswegen besteht ein Ausrüstungspaket »Infanterist der Zukunft« immer aus den Einzelsystemen für 10 Soldaten.

Die Ausrüstung besteht aus über 20 Komponenten in den Bereichen Bekleidung, Bewaffnung und Elektronik. Die Bekleidung soll leichter und einfacher zu verstauen und angenehmer zu tragen sein, durch den modularen Aufbau an unterschiedliche Klimaregionen angepasst werden, aus schwer entflammbarem Material gefertigt sein, robuster als die alten Kleidungsstücke sein und weniger Einzelkomponenten umfassen.

Zur Aufnahme der persönlichen Ausrüstung wurde ein neues Tragesystem entworfen. Statt der Koppel trägt der Soldat eine Weste, bestehend aus einem Rücken- und zwei Vorderteilen. In die Weste wurden das Gruppenfunkgerät, der GPS-Empfänger und die Stromversorgung für das gesamte System integriert. Im Rückenteil befindet sich der sogenannte Camelback für bis zu 1,7 l Wasser mit einem Trinkschlauch, der direkt zum Mund führt. Die Gitterstruktur der Westenoberfläche erlaubt das flexible Anbringen von Taschen verschiedener Größe in waagerechter, senkrechter oder diagonaler Anordnung. Damit sind beispielsweise Magazine oder Handgranaten schnell griffbereit. In den Vorderteilen befinden sich zudem Taschen für Kartenmaterial und Ähnliches. Bei der neuen Schutzweste ruhen 70 Prozent des Gewichts auf den Hüften und nicht das ganze Gewicht auf den Schultern wie beim Vorgänger. Zudem wurden die Schulterteile gepolstert. Die Weste kann je nach Bedarf mit zusätzlichen Schutzelementen ausgestattet werden, wobei sich das Gewicht von 9 kg in der Schutzklasse 1 auf 13 kg in der Schutzklasse 4 erhöht. Sowohl zusätzliche Teile, etwa Kragenteil und Leistenschutz, als auch einzuschiebende Kevlarplatten können angebracht werden. Dann ist der Soldat auch gegen Stichwaffen und sogar 7,62-mm-Projektile geschützt.

Die Schutzbrille ESP 21 schützt die Augen des Soldaten nicht nur vor Wind und Wetter sowie UV-Strahlen, sondern auch vor kleineren Splittern und Laserstrahlen. Für das erweiterte System ist zukünftig auch ein leichterer, mit zusätzlichen Schutzmodulen aufrüstbarer Helm in Planung. Er wird einen Teil der Elektronik in sich aufnehmen. In ihm werden Mikrofon und Kopfhörer sowie ein Helmet Mounted Display (HMD) integriert sein. Das HMD ist ein kleiner, durchsichtiger Bildschirm, der vor einem Auge heruntergeklappt werden kann und auf den wichtige taktische Daten oder Aufklärungsergebnisse von Drohnen etc. projiziert werden.

Die neue ABC-Schutzmaske muss auch noch erwähnt werden. Sie bietet ein größeres Sichtfeld und hat eine integrierte Öffnung für einen

Strohhalm, der auch an die neuen Wasserflaschen angeschlossen werden kann. Der größte Vorteil gegenüber dem Vorgängermodell liegt in der Sprechmembran. Dadurch ist erstmals eine klare Kommunikation – auch über Funkgeräte – möglich. Herzstück der neuen Ausrüstung ist eine Art PDA (Personal Data Assistant) von EADS. Auch als NaviPad bezeichnet, verfügt dieser kleine Computer über ein Display und einen eingebauten Kompass. So kann der Soldat mithilfe der eingespeicherten Karten und der GPS-Informationen jederzeit seine Position genau ermitteln. Der Gruppenführer weiß mit einem Blick auf sein PDA exakt, wo seine Leute stehen, und kann dementsprechende taktische Überlegungen anstellen. Zusätzlich ist die Gefahr von »friendly fire« gemindert.

Mit Tasten und einem elektronischen Stift kann der Soldat beispielsweise taktische Zeichen auf dem Bildschirm hinzufügen und so sein Lagebild grafisch vervollständigen. Über das angeschlossene Funkgerät können diese Lagekarten schnell und abhörsicher an Gruppenmitglieder oder Führungsstellen übermittelt werden. Zudem können schriftliche Meldungen, teilweise auch anhand standardisierter Vorgaben, weitergegeben werden. Aber nicht nur die Kommunikation und das Handeln innerhalb der Gruppe, sondern auch mit anderen Gruppen und mit dem Gefechtsstand lassen sich somit vereinfachen.

Auf Gruppenebene bringt das UHF-Funkgerät entscheidende Vorteile. Dank dem Headset können die Soldaten ständig miteinander kommunizieren, ohne dass sie ihre Waffe aus der Hand legen müssen. Damit die Infanteriegruppe zukünftig vollkommen nachtkampftauglich ist, wird jeder Soldat mit Wärmebild- oder Nachtsichtgeräten sowie Nachtzielhilfen ausgerüstet sein. Mit dem Leica Vector IV kann man Ziele auf große Entfernungen aufklären und die Entfernung und Position sofort mithilfe des integrierten Laserentfernungsmessers und des digitalen Kompasses bestimmen. Die Vector besitzt die gleiche Bluetooth-Schnittstelle wie das NaviPad, sodass Aufklärungsdaten schnell anderen Soldaten zur Verfügung stehen. Für den Kampf bei Nacht erhält jeder Infanterist die Restlichtverstärkerbrille Lucie, die eine gute Sehschärfe von 15 cm bis 250 m Entfernung bietet. Sie kann ohne und mit Helm angenehm und rutschfest getragen werden. Um die Schlagkraft der Gruppe bei Nacht zu erhöhen, wird der Nachtsichtaufsatz NSA 80 für das G 36 8-mal pro Gruppe ausgeteilt. Mit diesen Nachtseh- und Zielhilfen ist die Infanteriegruppe erstmalig vollkommen nachtkampftauglich.

Am Sturmgewehr G 36 kann leicht ein Laserlichtmodul angebaut werden. Ein weiteres Anbauteil ist der Granatwerfer AG 36 im Kaliber 40 mm. Pro Gruppe erhalten 3 Schützen diesen Granatwerfer. Das AG 36 wiegt 1,5 kg und kann mit wenigen Handgriffen und ohne Werkzeug vorne unter dem Lauf anstatt des Handschutzes angebracht werden.

Auf eine maximale Entfernung von 350 m können unter anderem Splittersspreng- oder Hohlladungsgranaten verschossen werden. In der Infanteriegruppe wird das MG 3 im Kaliber 7,62 mm x 51 durch das moderne, ebenfalls von Heckler & Koch entwickelte, leichte Maschinengewehr MG 4 ersetzt.

Des Weiteren stehen der Infanteriegruppe das Scharfschützengewehr G 22 und das schwere Scharfschützengewehr G 82 zur Verfügung. Um die Bewaffnung zu komplettieren, bekommt die Infanteriegruppe die neue MP-7-Maschinenpistole, aber auch eine Weiterentwicklung der Panzerfaust 3. Diese ist kampfwertgesteigert, hat einen integrierten Laserentfernungsmesser und einen Feuerleitcomputer, dieser misst die Entfernung zum Ziel sowie die Fahrtrichtung und Geschwindigkeit und berechnet somit den Vorhaltepunkt für den Schützen.

Abbildungen im Internet einsehbar unter
alt.texplorer.de/index.php/deutsch/produkte/39/41 sowie
amaterasu-javahara.pagewebhost.eu/.../ und www.danmil.de/10184.html

INTELL
Ist die Kurzbezeichnung für Nachrichtendienst. Bekannt ist es auch durch INTELL-Service, wird beim Militär oft in Berichten in Verbindung gebracht mit INTELL-Info/Nachrichtendienstliche Informationen.

ISAF = International Security and Assistance Force
Auf Deutsch: »Internationale Sicherheits- und Unterstützungskräfte«; die Sicherheits- und Aufbaumission unter NATO-Führung in Afghanistan. Im Deutschen wird die ISAF oft als »Schutztruppe« bezeichnet.

Kadavergehorsam
Bezeichnet einen Gehorsam, bei dem der Gehorchende sich einem fremden Willen uneingeschränkt, wie ein willenloser Kadaver, unterwirft.

Verwandt ist der Begriff »blinder Gehorsam«, demzufolge der Gehorchende sich von einem fremden Willen wie ein Blinder von einem Sehenden führen lässt.

Kalaschnikow AK-47 = Sturmgewehr
Ist die Abkürzung für Awtomat Kalaschnikowa, obrasza 47. Ein sowjetisch-russisches Sturmgewehr mit dem Kaliber 7,62 x 39 mm. Es ist die am meisten produzierte Waffe weltweit. Schätzungen gehen von 80 bis 100 Millionen produzierten Exemplaren aus. Etwa 60 Staaten rüsten ihre Armee mit der AK-47 aus. Die AK-47 wurde 1947 von Michail Timofejewitsch Kalaschnikow entwickelt und ist meist unter dem Namen »Kalaschnikow« bekannt.
Abbildung im Internet einsehbar unter
www.versandhaus-schneider.de/.../14192

Kampfschwimmer
Die Kampfschwimmer der Deutschen Bundesmarine bilden die maritime Komponente der Spezialkräfte der Deutschen Bundeswehr. Ihr Aufgabengebiet ist weit gefächert und umfasst vor allem Kommandoeinsätze im Zuge küstennaher Kriegführung. Das bedeutet, dass sie in allen Elementen eingesetzt werden: zur See, an Land und in der Luft (luftlandefähig).

Kompanie (Militär)
Bezeichnet eine militärische Einheit. Die Kompanie besteht aus ca. 60 bis 250 Soldaten. Sie wird in zwei oder mehr Teileinheiten, genannt Züge, mit ggf. spezifischen militärischen Aufgaben eingeteilt. Geführt wird die Kompanie von einem Offizier (dt.: »Kompaniechef«), der in der Regel im Rang eines Hauptmanns (Heer, Luftwaffe) bzw. Kapitänleutnants (Marine) steht. Selbstständige Kompanien oder solche mit Spezialfunktionen werden durch einen Major geführt. Der Kompaniechef ist Disziplinarvorgesetzter für alle Angehörigen seiner Einheit. In der Regel ist eine Kompanie einem Bataillon als nächsthöherer Organisationseinheit zugeordnet.

KSK = Kommando Spezialkräfte
Eine Spezialeinheit und ein Großverband auf Brigadeebene der Bundeswehr mit den Einsatzschwerpunkten Aufklärung, Terrorismusbekämpfung, Rettung, Evakuierung und Bergung, Kommandokriegführung und Militärberatung. Das KSK mit Sitz im baden-württembergischen Calw untersteht truppendienstlich der Division Spezielle Operationen (DSO).

Landminen
Ist eine Explosionswaffe, die meistens verdeckt unter der Erdoberfläche verlegt wird und die in der Regel vom Opfer selbst ausgelöst wird. Man kann sie deshalb auch im weitesten Sinn als Sprengfalle bezeichnen. Manche Minen werden auch vom Bediener ferngezündet, der den Wirkungsbereich der Mine beobachtet.

Laserlichtmodul (LLM 01)
Ist eine adaptive Zielerfassungszusatzausstattung. Es wird mittels einer Metallklemme an der linken Seite des Hauptvisierträgers am G 36 befestigt. Das LLM01 bietet folgende »Beleuchtungsoptionen«:
a) Weißlichtscheinwerfer, sehr lichtstark, 6 V
b) Nicht augensicherer roter Laserpunkt, dessen Sichtbarkeit von den Umgebungslichtverhältnissen abhängt; gut geeignet für den Schnellschuss. In Dämmerung leicht über 150 m weit sichtbar.
c) IR-Laser; nur sichtbar, wenn Lucie oder ein anderes IR-Nachtsichtgerät verwendet wird; zweckmäßig, da der Feind die eigene Position schwieriger (als bei sichtbarem Laser, Option b) aufklären kann, es sei denn, er verfügt ebenfalls über IR-Nachtsichtausrüstung
d) Kombination aus a&b, zweckmäßig zum Ausleuchten und gleichzeitiger Haltepunktbestimmung durch roten Laserpunkt
Abbildungen im Internet einsehbar unter
www.360doc.com/.../0220/17/42071_1057284.shtml
sowie www.vdrbw.de/akru_muenster/NW16295.php
und www.bmvl.gv.at/.../a2002/ioep/artikel.php?id=244

Leopard 2 = Panzer
Ist ein deutscher Kampfpanzer und wurde als erstes Serienfahrzeug 1979 ausgeliefert. Es gibt eine Vielzahl von Varianten des Leopard 2. Der Le-

opard 2 wird auch von Streitkräften anderer Staaten eingesetzt und ist für den Hersteller mit rund 3000 gebauten Exemplaren ein kommerzieller Erfolg. Bis zum Jahr 2008 hat die Deutsche Bundeswehr ihren Bestand an aktiven Leopard 2 von ehemals 2125 Stück im Jahr 1990 auf 400 Stück reduziert. Der Leopard 2 Panzer war ursprünglich als Rückgrat gepanzerter Streitkräfte und zur Abwehr gegnerischer Panzerverbände vorgesehen. In der Folge des Kosovokrieges kam er erstmals bei KFOR zum Einsatz. Die NATO-Partner Dänemark und Kanada setzen den Leopard 2 seit Jahren im ISAF-Einsatz in Afghanistan ein.
Abbildung im Internet einsehbar unter
http://afghanistanblog.files.wordpress.com/

Lucie = Nachtsichtgerät/ Nachtsichtbrille
Ermöglicht oder verbessert die visuelle Wahrnehmung in Dunkelheit oder Dämmerlicht. Nachtsichtgeräte werden von Naturforschern, Jägern, dem Militär, der Polizei, von Sicherheitsfirmen und auch von Privatpersonen verwendet. Nachtsichtgeräte eignen sich auch zur Beobachtung der Strahlung von im Infrarotbereich arbeitenden Lasern. Im militärischen und polizeilichen Bereich gibt es die verschiedensten (je nach Einsatzvariante gefertigten) Modelle; das reicht von kleinen Einaugespähern über mit Gurten am Kopf oder Helm befestigte Geräte bis hin zu größeren Nachtsichtferngläsern.
Abbildung im Internet einsehbar unter www.bhi.at/nsg.htm

MAD = Militärischer Abschirmdienst
Deutscher Geheimdienst der Bundeswehr zur Aufklärung gegen die militärische Sicherheit gerichteter Straftaten. Er untersteht dem Inspekteur der Streitkräftebasis und ist Teil der Streitkräfte.

MG 3 HK = Maschinengewehr Heckler & Koch
Ist seit 1969 das eingeführte Standardmaschinengewehr (MG) der deutschen Bundeswehr. Die Waffe mit dem Kaliber 7,62×51 mm kann eingesetzt werden als Fahrzeugbewaffnung, Handwaffe der Infanterie auf Zweibein oder geschultert, zur Fliegerabwehr auf Dreibein und Drehringlafette sowie auf Feldlafette mit Winkelspiegel und optischem Vergrößerungsvisier. Die Einheiten der Deutschen Bundeswehr setzen

das MG 3 bei Auslandseinsätzen auch als Bordmaschinengewehr in Hubschraubern des Typs Bell UH-1D ein (siehe auch Doorgunner). Früher wurde es auch in der CH-53G verwendet, dort ist jedoch mittlerweile das M3M im Einsatz.
Abbildung im Internet einsehbar unter www.Heckler-koch.de

MG 4 HK = Maschinengewehr Heckler & Koch
Ist ein leichtes Maschinengewehr mit dem Kaliber 5,56 x 45 mm und ergänzt das MG 3 auf der Ebene der Infanteriegruppe der Deutschen Bundeswehr. Wegen des im Vergleich zum MG 3 geringeren Gewichts der Waffe können Infanteriegruppen in Zukunft statt eines MG-Schützen und eines Ladeschützen zwei voll bewaffnete MG-Schützen einsetzen. Die Waffe wird bei der Deutschen Bundeswehr noch nicht vollständig innerhalb des gewöhnlichen Ausbildungs- und Einsatzbetriebs verwendet.
Abbildung im Internet einsehbar unter www.Heckler-koch.de

Militärpolizei (MP)
Ist die Polizei einer militärischen Organisation. Ihre Aufgaben sind mit denen der zivilen Polizei vergleichbar. Allerdings hat sie in den meisten Staaten in Friedenszeiten nur gegenüber Soldaten Befugnisse. Die Aufgaben umfassen unter anderem die Strafverfolgung (inklusive der Ermittlungsarbeit) auf Militärgelände und Soldaten betreffend (oftmals im Auftrag der Organe der Militärjustiz), Sicherung militärischer Anlagen, Personenschutz bei hochrangigen Offizieren, Überwachung der Kriegsgefangenen, Betreiben militärischer Gefängnisse, Verkehrsregelung und Suche nach Fahnenflüchtigen. Die Militärpolizei der Deutschen Bundeswehr wird als Feldjäger-Truppe bezeichnet.

Mowag Eagle IV = gepanzertes Geländefahrzeug
Ist eines der neusteten Kampffahrzeuge der Deutschen Bundeswehr – und speziell auf Kriseneinsätze wie den in Afghanistan zugeschnitten. Der von der Schweizer Firma Mowag produzierte, rund 8,5 Tonnen schwere und 245 PS starke Geländewagen bietet fünf Soldaten Platz, seine Panzerung schützt vor Minen und Gewehrbeschuss. Es gibt das Fahrzeug in unterschiedlichen Ausstattungen, etwa als Kommandofahrzeug oder als militärischen Notarztwagen. Die Auslieferung an die

Truppe begann erst 2009, derzeit sind laut der Deutschen Bundeswehr 33 Eagle in Afghanistan. Auf dem Dach können sie ein Maschinengewehr oder einen Maschinengranatwerfer tragen.
Abbildung im Internet einsehbar unter
www.multi-board.com/board/index.php?page=Thre...

MP 7 HK = Maschinenpistole 7 Heckler & Koch
Sie erfüllt die Anforderungen an eine »Persönliche Verteidigungswaffe« (PDW, Personal Defence Weapon). Mit der MP 7 mit dem Kaliber 4,6 x 30 mm sollen Truppenteile ausgestattet werden, die im Regelfall in keine infanteristischen Kampfhandlungen verwickelt werden. Dies sind beispielsweise Truppenteile wie die Versorger, Sanitäter, (Luft-)Fahrzeugbesatzungen oder Artilleristen. Entscheidend für die Entwicklung dieser Waffe war die Erkenntnis, dass insbesondere bei einem asymmetrischen Konflikt auch rückwärtige Truppen in Hinterhalte geraten und damit in Nahbereichsgefechte verwickelt werden können. Diese Truppenteile benötigen dann aufgrund der weit verbreiteten Nutzung militärischer Schutzwesten zwar die Durchschlagkraft eines Sturmgewehrs, nicht aber dessen vergleichsweise große Reichweite. Für diesen Einsatzfall wurde für die Deutsche Bundeswehr eine Waffe gefordert, die die Durchschlagkraft eines Sturmgewehres mit der Kompaktheit und geringen Masse einer Maschinenpistole vereint. Auf diese Anforderung hin wurde die MP 7 entwickelt.
Abbildung im Internet einsehbar unter www.Heckler-koch.de

MRAP-Vehicle (Mine Resistant Ambush Protected Vehicle) = minen- und hinterhaltgeschütztes Fahrzeug
Die Kategorie I beinhaltet minengeschütze Unterstützungsfahrzeuge (Mine Resistant Utility Vehicle – MRUV), die in erster Linie eine hohe Mobilität im Orts- und Häuserkampf gewährleisten sollen. Funktionsfahrzeuge, die Aufgaben wie Konvoi-Schutz, Ambulanz, EOD, Truppentransport oder Pionierunterstützung erfüllen sollen, sind in der Kategorie II (Joint EOD Rapid Response Vehicle – JERRV) eingestuft worden. Die Kategorie III beinhaltet lediglich einen Fahrzeugtyp, der zum Räumen von IEDs und Minen eingesetzt werden soll. IEDs stellen seit Beginn des Irakkrieges die Haupturache für Todesfälle in den US-amerikanischen Streitkräften dar. Alle MRAP-Fahrzeuge bieten Schutz vor

Handfeuerwaffen und Artilleriesplittern sowie Minenexplosionen mit bis zu 15 kg Sprengstoff.
Abbildung im Internet einsehbar unter
dmna.state.ny.us/arng/27bct/27bct.php?id=photos

MTH CH-53/Sikorsky S-65 = Transporthubschrauber
Der Sikorsky S-65 (militärische Bezeichnung CH-53) ist ein militärischer Transporthubschrauber, der zur Beförderung von Personen oder Material dient und von der Sikorsky Aircraft Corporation hergestellt wird. Die Bundeswehrvariante führt die Typenbezeichnung CH-53 G und wird in der Deutschen Bundeswehr »Mittlerer Transporthubschrauber« (MTH) genannt. Neben einer Beteiligung an den Auslandseinsätzen der Deutschen Bundeswehr (IFOR, SFOR, KFOR und ISAF) sowie dem UN-Einsatz in Bagdad (Irak) sind die CH-53 G beispielsweise auch im Rahmen von Naturkatastrophen im Inland eingesetzt worden. Am 21. Dezember 2002 kamen sieben deutsche Soldaten in Afghanistan ums Leben, als ihr CH-53 nach einem Erkundungsflug nahe dem Flughafen Kabul abstürzte. Es handelte sich um das bis dahin schwerste Unglück bei Auslandseinsätzen der Deutschen Bundeswehr. Als Ursache wurden Störungen am Getriebe genannt.
Abbildung im Internet einsehbar unter www.gute-foto.de/CH53.htm

Mungo ESK = Mehrzweckfahrzeug
Der ESK Mungo – Einsatzfahrzeug Spezialisierte Kräfte Mungo – ist ein luftverlade- und luftverlastbares Mehrzweckfahrzeug der Deutschen Bundeswehr (Teilstreitkräfte Heer). Aufgrund des einsatzbedingten Sofortbedarfs wurden die Erprobungen direkt im Einsatzland Afghanistan durchgeführt. Er soll laut dem Hersteller Krauss-Maffei Wegmann eine voll ausgerüstete Fallschirmjägergruppe transportieren können. Die Besatzung besteht aus 10 Mann, davon sitzen 2 Mann im klimatisierten gepanzerten Führerhaus, die restlichen 8 Mann sitzen auf der bis zur Brusthöhe gepanzerten Ladefläche. Aufgrund der Verlademaße des Transporthubschraubers CH-53 G/GS ist die zweckmäßige Unterbringung von Schutzwesten und/oder Zusatzausrüstung für die Soldaten ein Platzproblem; diese muss deshalb außerhalb an den Bordwänden verstaut werden.
Abbildung im Internet einsehbar unter
www.50-jahre-bundeswehr-im-landkreis-starnber...

National Directorate of Security (NDS) = afghanischer Inlandsgeheimdienst
Auf Deutsch: »Nationales Sicherheitsdirektorat«. Seine derzeitige Hauptaufgabe ist die nachrichtendienstliche Unterstützung der afghanischen Regierung, der Truppen der Operation Enduring Freedom (OEF) und der internationalen Afghanistan-Schutztruppe (ISAF) beim Krieg gegen die radikalislamischen Taliban und al-Qaida-Gruppierungen. Finanziert wird das NDS von Deutschland, Großbritannien und den USA. Der Hauptsitz befindet sich in Kabul. Das NDS hat 30 Abteilungen und über ganz Afghanistan verteilte Zweigstellen. Es beschäftigt geschätzte 15 000 bis 30 000 Mitarbeiter.

NATO = North Atlantic Treaty Organization
Oder OTAN (französisch: Organisation du Traitè de L'Atlantique Nord) (deutsch: Nordatlantische Vertragsorganisation oder Nordatlantikpakt-Organisation) ist eine internationale Organisation, die den Nordatlantikvertrag, ein militärisches Bündnis europäischer und nordamerikanischer Staaten, umsetzt. Das NATO-Hauptquartier beherbergt mit dem Nordatlantikrat das Hauptorgan der NATO; diese Institution hat seit 1967 ihren Sitz in Brüssel. Während der Zeit des Kalten Krieges bestand die Hauptaufgabe der NATO darin, die Freiheit und Sicherheit der Mitglieder durch Abschreckung, Aufrüstung und ständige Abwehrbereitschaft zu garantieren. Die Wiedervereinigung Deutschlands, der Zerfall des Warschauer Paktes und der UdSSR sowie die Demokratisierung der ehemaligen Ostblock-Länder waren Auslöser einer grundlegenden Änderung des sicherheitspolitischen Umfelds in Europa.

Die Aufgaben der NATO wurden an die neue Lage angepasst, und gemäß dem Nordatlantikvertrag blieben Abschreckung und Verteidigung zwar Hauptaufgaben, traten jedoch etwas in den Hintergrund. Vermehrt wurde auf Dialog und Zusammenarbeit mit den »alten Gegnern« gesetzt, und verschiedene Partnerschaftsprogramme (u. a. Partnerschaft für den Frieden) mündeten schließlich in der NATO-Osterweiterung. Unmittelbar nach den Terroranschlägen am 11. September 2001 in den USA setzte die NATO erstmals in ihrer Geschichte den Bündnisfall vorläufig in Kraft, am 01. Oktober 2001 vollständig. Artikel 5 sieht in Absprache mit den Regierungen der NATO-Mitgliedsstaaten die Wiederherstellung und Wahrung der Sicherheit des nordatlantischen Gebietes vor, und ein bewaffneter Angriff auf einen Bündnispartner, in diesem Fall die USA, wird als Angriff gegen jeden der Bündnispartner gesehen.

Die Internationale Sicherheitsunterstützungstruppe, kurz ISAF (aus dem engl. International Security Assistance Force), ist seit 2001 eine Sicherheits- und Aufbaumission unter Führung der NATO in Afghanistan. Die Aufstellung erfolgte auf Ersuchen der neuen afghanischen Regierung an die internationale Gemeinschaft und mit Genehmigung durch den Sicherheitsrat der Vereinten Nationen. Der Einsatz ist keine Blauhelm-Mission, sondern ein sogenannter friedenserzwingender Einsatz unter Verantwortung beteiligter Staaten.

NH 90 = Transporthubschrauber
Ist ein neuer mittlerer Transporthubschrauber von NH Industries. Er soll als europäischer NATO-Hubschrauber in vielen Ländern das Rückgrat der Hubschrauberflotte bilden. Mit seinen 23 Varianten und bislang 529 fest bestellten Maschinen für 14 Kundennationen weltweit stellt der NH 90 das größte jemals in Europa aufgelegte Militär-Hubschrauberprogramm dar. Der NH 90 wurde so konzipiert, dass er aus einem Basishubschrauber besteht, der modular erweitert werden kann. Es existiert in zwei im Wesentlichen identischen Grundversionen. Derzeit verfügt die Deutsche Bundeswehr über zehn Maschinen bei der Heeresfliegerwaffenschule in Bückeburg. Die Übergabe der ersten Exemplare war für den 01. Juli 2009 geplant. Aktuell verschiebt sich die Einführung des NH 90 aber mindestens um ein weiteres Jahr. Bei der Luftwaffe rechnete man mit der Stationierung erster Einheiten im Jahr 2010. Der Zulauf bei der Marine wird ab dem Jahr 2015 bzw. 2016 erwartet. Der Hubschrauber ist nachtsichtfähig, wobei die Piloten mit Nachtsichtgeräten oder im Helm eingebauten Sichtsystemen fliegen. Durch Integration spezieller Missionssysteme, mit entsprechender Missionsausrüstung und den speziellen Rüstsätzen muss der NH 90 einsetzbar sein z. B. für: taktische Transportaufgaben, hubschrauberspezifische Luftoperationen, SAR-Einsätze, Absetzen von Fallschirmtruppen, Kranken- und Verletztentransporte, U-Boot-Bekämpfung (ASW), Schiffsbekämpfung (ASUW), Luftunterstützungsaufgaben (VERTREP).
Abbildung im Internet einsehbar unter
www.bredow-web.de/.../nh-industries_nh90.html

OPZ = Operationszentrale
Das Lagezentrum, in dem alle Informationen des Einsatzverbands zusammenlaufen und verarbeitet werden. Die OPZ führt und leitet die verschiedenen Operationen des Einsatzverbands.

Panzerabwehrrakete
Ist ein gelenkter oder ungelenkter Flugkörper, der von einem Raketenmotor angetrieben wird. Wird hauptsächlich gegen gepanzerte Objekte eingesetzt.

PTBS = Posttraumatische Belastungsstörung
Psychische bzw. psychosomatische Symptome, die direkt oder auch zeitverzögert nach einem existenziellen, lebensbedrohenden Ereignis auftreten. Das traumatisierende Ereignis ruft oft Todesangst, Entsetzen oder Gefühle von Hilflosigkeit hervor und kann auch Menschen treffen, die vorher psychisch gesund und gefestigt waren.

PUMA = Schützenpanzer
Der Puma sollte ab 2010 beim Heer der Deutschen Bundeswehr, das insgesamt 410 Stück erhalten wird, den Schützenpanzer Marder ersetzen. Er basiert auf dem Projekt Neue Gepanzerte Plattform (NGP), das eine Universalplattform für verschiedene Waffensysteme vorsah. Auf Grund seiner Entwicklung aus NGP und des Innenraumvolumens von 10 m^3 bietet der Puma eine variable Einheitsplattform. So ist nach dem neuen Beschaffungsplan der Deutschen Bundeswehr eine weitere Nutzung als Berge-, Transport- oder Flugabwehrpanzer möglich. Der Puma ist ein in der Grundausstattung luftverladbarer Schützenpanzer mit fernbedienbarem und besatzungslosem Turm sowie einem aus sechs Soldaten bestehenden Schützentrupp und einer aus Gruppenführer (GrpFhr), Truppführer-Waffensystem (TrpFhrWaSys) und Fahrer (MKF) bestehenden festen Fahrzeugbesatzung. Der Schützentrupp besteht aus dem Truppführer und fünf Schützen. Die Bewaffnung des Schützenpanzers besteht aus einer Primär- und Sekundärbewaffnung, darunter eine Nebelmittel- und eine Sprengkörperwurfanlage. Bordmaschinenkanone und Maschinengewehr sind dabei im vollständig automatisierten Turm untergebracht. Abbildung im Internet einsehbar unter
www.rheinmetall-defence.com/index.php?fid=362...

QRF = Quick Reaction Force
Auf Deutsch »Schnelle Eingreiftruppe«; ein Verband, der je nach Gefährdungslage zusammengestellt wird und eine sehr kurze Bereitschaftszeit hat, um im Ernstfall schnell und gezielt bei Gefahr zu unterstützen.

SEA LYNX/Westland Lynx = Mehrzweckhubschrauber
Ist ein britischer Mehrzweckhubschrauber, der vor allem für militärische Zwecke eingesetzt wird. Der Lynx wurde von Westland Aircraft, heute Agusta Westland, konstruiert. Der Erstflug fand am 21. März 1971 statt. Aufgrund der Einsatzvielfalt des Lynx sowie seiner hohen Zuverlässigkeit und Leistungsfähigkeit ist er inzwischen bei den Streitkräften von 14 Staaten im Einsatz, darunter sind auch 22 Exemplare bei der Deutschen Marine.
Abbildung im Internet einsehbar unter www.heliport.de/.../

Sikorsky H-3 Sea King = Mehrzweckhubschrauber
Ist ein zweimotoriger Mehrzweckhubschrauber des US-amerikanischen Hubschrauberherstellers Sikorsky Aircraft Corporation. Er wird von der US-Marine und bei anderen Truppen und Ländern rund um die Welt eingesetzt. Der Sea King der deutschen Marine erhielt 2005 bis 2006 eine Leistungssteigerung. In den Jahren 1972 bis 1975 in den Dienst gestellt, sind die Hubschrauber bereits mehrmals modernisiert worden. Eine der Hauptaufgaben ist die Seenotrettung. Des Weiteren wird er als Bordhubschrauber der Einsatzgruppenversorger der Klasse 702 (Versorgungsschiff der Deutschen Marine) eingesetzt. In dieser Rolle waren auch Hubschrauber in Afrika (Djibouti, Horn von Afrika, Elfenbeinküste), in Asien (Tsunamikatastrophe) sowie im Rahmen von UNIFIL vor dem Libanon im Einsatz.
Abbildung im Internet einsehbar unter
www.globalsecurity.org/.../aircraft/h-3-pics.htm

Soldat im Einsatz (SiE)
Dieses Konzept beinhaltet eine »abgeschwächte Version« des Infanteristen der Zukunft (IdZ). Hierbei geht es vorrangig um den Schutz und die Durchhaltefähigkeit von Soldaten der Unterstützungstruppen. Somit erhalten diese nur Teile des Systems Infanterist der Zukunft (IdZ), je nach Einsatzszenario.

Spezialverband Fallschirmjäger/Fallschirmspezialzüge (FschSpZg)
Auch Fallschirmjäger für spezielle Operationen genannt, sind besonders geschulte Fallschirmjäger der Deutschen Bundeswehr zur Erkundung von Landebahnen und Absetzorten für nachfolgende Springer. Sie verstehen sich als Bindeglied zwischen den normalen Fallschirmjägern und den Spezialkräften des KSK.

Anmerkung: Der Autor war Angehöriger eines solchen Spezialzuges.

Stinger FIM-92 = infrarotgelenkte Luftabwehrrakete
Wird gegen Luftziele eingesetzt. Sie kann entweder von der Schulter aus oder von Land-, Luft- oder Wasserfahrzeugen abgefeuert werden. Die Deutsche Bundeswehr verfügt seit dem Ende der 1990er-Jahre über etwa 4400 Stück dieser Luftabwehrwaffen.
Abbildung im Internet einsehbar unter
www.moddb.com/.../fim-92-stinger-fliegerfaust-2

Störsender
Ein Störsender macht den einwandfreien Empfang einer Funknachricht (etwa von Radio, Fernsehen, Mobilfunk oder GPS) schwierig oder unmöglich. Störsender können gezielt genutzt werden, um anderen das Benutzen der Frequenz zu erschweren. So werden sie im militärischen Umfeld schon lange eingesetzt.

Task Force
Ist eine Bezeichnung für einen temporären Zusammenschluss von verschiedenen Einheiten. Eine Task Force wird zur Durchführung eines bestimmten Auftrages zusammengestellt. Im deutschen Sprachraum sind die Ausdrücke Kampfgruppe, Kampfverband oder Einsatzverband mit dem der Task Force vergleichbar. Besteht eine Task Force aus einer Mischung von Teileinheiten verschiedener Teilstreitkräfte (Land-, Luft-, Seestreitkräfte), so wird sie als Joint Task Force bezeichnet. Eine Task Force kann im Rahmen von internationalen Einsätzen auch aus Teileinheiten verschiedener Nationen bestehen.

Tiger Eurocopter = Kampfhubschrauber
Ist ein deutsch-französischer Kampfhubschrauber von Eurocopter, die Herstellerbezeichnung lautet EC 665. Ursprünglich war er in Deutsch-

land als Panzerabwehrhubschrauber 2 (PAH-2) bezeichnet worden, die Deutsche Bundeswehr führt ihn aber als Unterstützungshubschrauber Tiger (UHT). Die Vorteile des Tigers liegen vor allem in der besseren und flexibleren Bewaffnung, der hohen Wendigkeit und Schnelligkeit, der modernen Technik und der Verwendung moderner Verbundwerkstoffe, die höhere Crashsicherheit und Beschussfestigkeit bei geringerem Gewicht gewährleisten. Eurocopter platzierte den EC 665 als Konkurrenz zu Boeings AH-64 Apache.

Die Aufgaben des Piloten sind: Flugführung des Hubschraubers, kooperative Flugführung für vorbereitenden Waffeneinsatz durch den Waffensystemoffizier, Einsatz der Selbstschutzbewaffnung, Flugverkehrs-Sprechfunk. Der Waffensystemoffizier (WSO) hat ein zweigeteiltes Aufgabenspektrum. Ihm unterliegen zum einen Missionsmanagement, taktischer Funkverkehr, taktische Führung/Einsatzführung des Helikopters, zeitlich nicht dringlicher Waffeneinsatz, Waffensystemmanagement, Schutz- und Gegenmaßnahmen, Einsatzvorbereitung für die Waffensysteme. Zum anderen unterliegen ihm Einsatz der Bewaffnung für den Selbstschutz, luftspezifische Aufgaben.

Abbildung im Internet einsehbar unter asiadefence.wordpress.com/.../

Tornado Panavia = Mehrzweckkampfflugzeug

Ist ein zweisitziges Mehrzweckkampfflugzeug, das von Deutschland als Jagdbomber, Abfangjäger und Aufklärungsflugzeug eingesetzt wird. Die Besatzung setzt sich in der Regel aus dem Piloten im vorderen und dem Waffensystemoffizier (WSO) im hinteren Cockpit zusammen. Bei der Deutschen Bundeswehr ist bzw. war der Tornado bei der Luftwaffe und der Marine eingesetzt. Der Tornado wurde von der deutschen Luftwaffe sowohl im Bosnien-Konflikt als auch im Kosovo-Krieg zu Aufklärungszwecken sowie für die Bekämpfung feindlicher Radarstellungen eingesetzt. Auf Anfrage der NATO ist ein zeitlich befristeter Aufklärungseinsatz zur Unterstützung der NATO-Partner in Afghanistan von der Bundesregierung im Rahmen von ISAF beschlossen worden. Dieser wird seit dem 20. April 2007 mit sechs beim Einsatzgeschwader Mazar-e Sharif in Mazar-e Sharif stationierten Maschinen durchgeführt.

Abbildung im Internet einsehbar unter
http://www.foerderverein-jagel-airport.de

Torpedo = Unterwasserwaffe
Der moderne Torpedo ist eine Unterwasserwaffe mit eigenem Antrieb und einer Sprengladung. Er zündet bei Kontakt oder bei Annäherung an ein Ziel. Der Torpedo ist vor allem als Hauptwaffe von U-Booten bekannt, kann jedoch auch von Überwasserschiffen, Flugzeugen und Hubschraubern aus eingesetzt werden.
Abbildung im Internet einsehbar unter
www.fas.org/man/dod-101/sys/ship/weaps/mk-44.htm

UNIMOG = Universal-Motor-Gerät
Es handelt sich dabei um einen universellen, allradgetriebenen Kleinlastkraftwagen und Geräteträger vor allem für Land- und Forstwirtschaft, Militär und für kommunale Aufgaben, aber auch für andere Aufgaben im unwegsamen Gelände.
Abbildung im Internet einsehbar unter
www.militaerstation.de/.../koeln/militaer.htm

UNO = Vereinte Nationen
Gegründet am 26. Juni 1945; Inkrafttreten der UN-Charta am 24. Oktober 1945 mit Sitz in New York. Sie besteht aus insgesamt 192 Mitgliedsstaaten. Sie wurde mit dem Ziel gegründet, den Frieden auf der Welt dauerhaft zu sichern. Die Charta ist die »Verfassung« und Rechtsgrundlage für die Vereinten Nationen und wurde am 26. Juni 1945 im Theatersaal des Veterans War Memorial Building in San Francisco unterzeichnet. Die Charta ist ein zeitlich nicht begrenzter völkerrechtlicher Vertrag. Die Kapitel beschäftigen sich unter anderem mit der friedlichen Beilegung von Streitigkeiten, den Maßnahmen bei Bedrohung oder Bruch des Friedens und bei Angriffshandlungen sowie ihren Zielen und Grundsätzen. Die Vereinten Nationen haben ihren Hauptsitz in New York und drei weitere Sitze in Genf, Nairobi und Wien. In Den Haag befindet sich der Internationale Gerichtshof. 70 Prozent der Aktivitäten der UN erstrecken sich auf die Bereiche Entwicklungshilfe und humanitäre Hilfe.

Die Tätigkeitsfelder liegen damit hauptsächlich bei der Friedenssicherung, Menschenrechtspolitik und Entwicklungszusammenarbeit. Die Blauhelme sind die Friedenssoldaten der UN. Sie tragen zur leichteren Erkennbarkeit in Ergänzung der Uniform ihres Landes entweder einen blauen Helm oder ein blaues Barett mit dem UN-Abzeichen.

Warschauer Pakt
War ein von 1955 bis 1991 bestehender militärischer Beistandspakt des Ostblocks unter der Führung der Sowjetunion. Das Bündnis, dessen Mitglieder in dem jeweilig mit der Sowjetunion bilateral abgeschlossenen Vertrag über Freundschaft, Zusammenarbeit und gegenseitigen Beistand (VFZ) auf eine eigenständige Außenpolitik verzichteten, war im Kalten Krieg das Pendant zum westlichen Militärbündnis, der NATO unter Führung der USA.

Wehrtechnische Dienststelle (WTD) 91
Sind Dienststellen der deutschen Bundeswehr, die Wehrmaterial, das neu in die Deutsche Bundeswehr eingeführt werden soll, erproben und testen. Die ursprüngliche Bezeichnung war bis in die achtziger Jahre des 20. Jahrhunderts »Erprobungsstelle« mit Kürzel »E-Stelle«. Die WTD unterstehen dem Bundesamt für Wehrtechnik und Beschaffung (BWB). WTD 91 ist die wehrtechnische Dienststelle für Waffen und Munition 91 in Meppen. Sie bietet Dienstleistungen auf dem Gebiet der Messtechnik für militärische Zwecke. Sie ist zuständig für das Erproben jeglicher Waffen und Munition, aber auch von Panzerungen. In den Bereichen Ballistik, Akustik, Optronik und Meteorologie verfügt die WTD 91 über die alleinige Fachkompetenz im Rüstungsbereich der Deutschen Bundeswehr. Sie verfügt über den größten, mit Messinstrumenten ausgestatteten Schießplatz Europas. Das Gebiet in Niedersachsen hat eine Fläche von 200 km^2 und verteilt sich über ein Gelände von ca. 30 km in der Länge und 5–7 km in der Breite.
Quellen: Wikipedia, eigene Dokumente des Autors, www.danmil.de

Dokumente

Bundesministerium der Verteidigung

OrgElement:	BMVg EFS 4	Telefon:		Datum: 04.09.2009
Absender:	Oberst i.G.	Telefax:		Uhrzeit: 10:21:20

An:
Kopie:
Blindkopie:
Thema: Fragen zu Bombenabwurf Kunduz

Eins FüKdoBw wird um kurzfristige Beantwortung der folgenden Fragen zum Bombenabwurf bei Kunduz gebeten:

1. Wann, wie, in welcher Form und mit welchem Inhalt wurde PRT Kunduz durch das OCC-P über die Entführung der Tanklastwagen informiert? Wie erfolgte die Entführung?
2. Welche Maßnahmen wurden daraufhin durch PRT Kunduz eingeleitet?
3. Welche eigenen Kräfte haben zu welchem Zeitpunkt und an welchem Ort die Tanklastwagen und die INS erstmals aufgeklärt? Welche Kräfte standen dem PRT Kunduz aufgrund der Bindung von Kräften in Archi noch zur Verfügung?
4. Es wird davon ausgegangen, dass es sich um zivile Tanklastwagen handelte. Ist der Eigentümer bekannt? Standen die Tanklastwagen in einem Zusammenhang mit der Folgeversorgung des PRT Kunduz? oder anderen internationalen Kräften im Raum Kunduz?
5. Nachdem die Tanklastwagen in der Furt liegengeblieben sind, Wo überall hielten sich INS auf? Alle unmittelbar an den Tanklastwagen im Fluss? Wie belastbar ist die Zahl 70?
6. Welche Aspekte, Hinweise oder Meldungen haben zu der Beurteilung geführt, dass es sich bei allen am oder im Umfeld der Tanklastwagen befindlichen Personen um INS handelte? Trugen alle Personen Waffen? (Lagebeurteilung vor Ort)
7. Wie sind die vor Ort verfügbaren Beobachtungsmöglichkeiten zum Zeitpunkt der Aufklärung- und der Bekämpfung zu bewerten?
8. Lagebeurteilung Kdr PRT Kunduz nach Rücksprache mit J AC? Welche Beurteilung führte zu dem Entschluss der Bekämpfung mit CAS? Rechtliche Bewertung (Gefahrenabwehr? oder)?
9. Was wurde bezüglich der Vermeidung der Gefährdung von Unbeteiligten geprüft?
10. Wieviele Bomben wurden abgeworfen?
11. Bewertung AFG Seite? (Gouverneur spricht ggü. Presse von Landbevölkerung, die sich Treibstoff abzapfen wollte)

Mit freundlichen Grüßen

Im Auftrag

Oberstleutnant i.G.

Bundesministerium der Verteidigung
Einsatzführungsstab - Einsatzteam Afghanistan
Stauffenbergstraße 18
10785 Berlin

AllgFspWNBw:
Tel:
Fax:
Email:
Org-Email:

VS – Vertraulich

20. DEU EinsKtgt ISAF
- Kommandeur -

Mazar-e Sharif, 04.09.2009
Camp Marmal
DEUMilNet :

Herrn
Befehlshaber Einsatzfuehrungskommando Bw o.V.i.A.

Betr.: CAS KDZ am 04.09.2009
hier: Beantwortung von Fragen BMVg EinsFueStab

Nachstehend werden die Antworten PRT KDZ auf die Fragen des Einsatzfuehrungsstabs vom heutigen Tag, 13.45 Uhr, zur Kenntnisnahme uebersandt. Aus hiesiger Sicht haben diese sich mit dem korrigierten INTSUM (hier beziehe ich mich auf unser diesbezuegliches Telefonat) jedoch weitgehend erledigt. Nach jetzigem Stand wird eine Weitergabe an den Einsatzfuehrungsstab nicht empfohlen.

Zu 1.: TOC PRT KDZ wurde duch POL II informiert. Kdr PRT wurde dann erneut durch HUMINT-Kr der TF 47 gegen ca. 21 Uhr informiert. Zum Ablauf der Entführung liegen derzeit keine Informationen vor.

Zu 2.: JTAC ueberwachte KDZ river.

Zu 3.: Ausschliesslich JTAC PRT KDZ. Ein HUMINT-Kontakt der TF (ein AFG) war ständig am Ort des Geschehens. Der Kontakt war in der Naehe des Geschehens ohne Blickverbindung, stand jedoch telefonisch in Verbindung mit den INS. Seine telefonischen Meldungen an TF 47 konnten zu 100% durch die LFz bestaetigt werden. In der Operation ARAGON im ARCHI-Distrikt war die dem PRT unterstellte QRF-Kp gebunden. Im PRT waren die SchutzKp und eine InfKp (-) verfügbar.

Zu 4.: Zivile Fzg, Halter unbekannt, Bestimmungsort und Empfänger unbekannt.

Zu 5.: Die Hauptkraefte der INS bewegten sich regelmässig um die beiden Tanker auf der Sandbank, an beiden Ufern rege Transporttätigkeit mit Sicherungskräften. Transport von Materialien im knietiefen Wasser ebenfalls aufgeklärt.

Zu 6.: Nicht alle Personen trugen offensichtlich Waffen, vermutlich auch deswegen, weil diese bei den Taetigkeiten gestört hätten. Es waren keine Frauen und Kinder vor Ort. Der Ort an sich, die Uhrzeit und eine vorangegangene HUMINT-Meldung (Kommunikation der TF 47 mit ihrem HUMINT-Kontakt), die genau dieses besagt hatte, führten zu dieser Beurteilung.

VS – Vertraulich

Die beobachtete Sicherung im Osten und Westen des Flusses liessen eindeutig geplante Absicht erkennen, dass die INS an der Sandbank das Beweglichmachen der Tanklastzuege gegen Angriffe sicherten und durch Umladen Betriebstoff fuer folgende INS Operationen verfuegbar machen wollten. .

Zu 7.: Gute Übertragungsqualität über ROVER 4 in OpZ der TF zum Gewinnen eines eindeutigen Lagebildes.

Zu 8.: Zwei nachweislich durch INS gestohlene Lkw um 01.52 Uhr auf einer Sandbank mitten im KUNDUZ river, mehrere Pick Up vor Ort fuer Umladeaktionen, Waffen auf einem der Pick Up, durch HUMINT genau so gemeldet, fuehrten zur Bewertung, dass es sich um das versuchte Verbringen der Tankladungen zugunsten folgender INS-Op handelte. In dieser Situation ging der Kdr PRT zusaetzlich von einer unmittelbaren Bedrohung durch ggf. gegen das PRT eingesetzte Pick Up aus, die an Ort und Stelle mit dem Betriebstoff als fahrende Bombe praepariert und gegen PRT KDZ und ANSF eingesetzt werden konnten. Vor Waffeneinsatz wurde durch LFz bestätigt, dass die vom HUMINT-Kontakt gemeldeten Waffen sich auf einem Pick Up befanden. Durch HUMINT-Kontakt wurde nach Waffeneinsatz am heutigen Morgen eine grössere Anzahl von Handwaffen am Ort des Geschehens aufgenommen. Eindeutige Gefahrenabwehr wegen des Verbringens des Betriebstoffs auf die Pick Up und weil die Pick Up als fahrende Bomben eingeschaetzt wurden.

Zu 9.: Bestätigung duch HUMINT, dass keine Ziv oder Unbeteiligten vor Ort sind. Pilot hat vor Waffeneinsatz mit seinem SNIPER POD den Abstand zu allen im Umkreis befindlichen Gehöften gemessen, um CivCas auszuschliessen.

Zu 10.: 2 x GBU 38 V 1 (500 lbs).

Zu 11.: Die ANSF sowie der Gouverneur sprechen von „einem grossem Erfolg" und dass es keine unschuldigen Zivilisten getroffen hätte. Er sei falsch zitiert worden, versicherte der Gouverneur dem Kdr PRT auf Nachfrage. Der Polizeichef spricht von ca. 60 getöteten INS. Eine ähnliche Zahl nennt der stv Ltr NDS.

Im Original gez.

Brigadegeneral

VS - Nur für den Dienstgebrauch

Gesprächsprotokoll FJgFhr:

Auswertegespräch Kdr PRt KDZ mit allen Mitgliedern BDA-Team PRT KDZ, 041445D* - ca. 041520D*sep09

Vorbemerkungen:

- Im Zeitraum 041213D* bis 041423D*sep09 war durch PRT KDZ ein BDA-Team an den Ort des Vorfalls entsandt worden.
- Mitglieder (alle von PRT KDZ) waren: Immediate Rreaction Forces (IRF) aus der SchutzKp, TPT, Vertreter J9 und Vertreter FJgEinsKp.
- Eine Teilnahme / Verstärkung durch die Kräfte aus MES war nicht möglich, da das BDA-Team vor Eintreffen der Kr aus MES bereits an den Ort des Vorfalls gefahren war.
- Nach Rückkehr dieses BDA-Teams in das PRT, führte Kdr PRT KDZ im Zeitraum 041445D* bis ca. 041520D*sep09 mit allen vor Ort gewesenen Führern ein Auswertegespräch im Beisein der Kräfte aus MES durch.
- Zu Beginn wurde durch Kdr PRT KDZ ausgeführt, dass der stv Chef NDS KDZ nach dem Bombenabwurf geäussert haben soll, dass vor dem Bombenanruf durch gegenseitige Anrufe unter den INS Arbeitsteams zu den festgefahrenen Tanklastzügen befohlen worden seien, um den Bstf bestmöglich zu entleeren. Dabei hätte es sich um eine rein INS-interne Massnahme gehandelt, Zivilbevölkerung sei dabei nicht beteiligt gewesen. Es habe in dieser Nacht 60 Tote gegeben, dies seien alles INS-Angehörige gewesen, kein CivCas. Es blieb offen, wann, wie und mit wem im PRT diese Information ausgetauscht wurde. Es wurde in diesem Gesamtzusammenhang auch berichtet, dass der stv Chef NDS KDZ gegen 13:30h (ggü wem und wie?) geäussert haben soll, dass einer der regionalen Talibanführer (DAUTH) mit Brandwunden im Hospital KDZ liege.
- Weiterhin wurde durch Kdr PRT KDZ ausgeführt, dass es nach dem Bombenabwurf 11x verletzte Männer und 1x verletzten Heranwachsenden gegeben habe. Dabei bezog er sich auf die Information aus einer Quelle, die nicht genannt wurde.

Hptm ███████ KpChef SchutzKp KDZ:

- Entlang der LOC PLUTO und dem Flusslauf seien zahlreiche ANA und ANP gewesen, viele mit Kameras. Alle jubelten den ISAF-Soldaten zu, zum Teil wollte man sogar (Geld-) Geschenke überreichen.
- Die getroffenen Tankfahrzeuge, ein Pkw und ein Traktor stehen stark verbrannt auf der Halbinsel im Flusslauf.
- Es wurden einige Tier- und Kleidungsreste, sowie sehr wenige menschliche Überreste gefunden. Insgesamt sei alles Vorgefundene stark verbrannt / zerstört gewesen. Zusätzlich wurden mehrere gelbe Kunststoffkanister aufgefunden, die wohl zum Abtransport des Bstf geplant waren.
- In einer der umliegenden Ortschaften (Haji Sakhi DedBy oder Rahmat Bay oder Omar Khel) hätte man ca. 20 Personen in der Moschee angetroffen, mit denen eine ruhige und aggressionslose Gesprächsaufklärung möglich war. Der örtliche Mullah habe ausdrücklich zum engen (Gesprächs-) Kontakt mit ISAF aufgerufen. In derselben Ortschaft seien vereinzelte Blutspuren in einem Gebäude entdeckt worden, allerdings wurden dort keinerlei Personen angetroffen. Durch die Bevölkerung seien verkohlte Kalaschnikow-Reste vorgezeigt worden, die vermutlich vom Ort des Vorfalls stammten.
- Neben den möglichen CivCas habe es nirgends Kollateralschäden gegeben.

VS - Nur für den Dienstgebrauch

First Sgt ▇▇▇▇▇ (BEL), Tactical PsyOps Team (TPT) KDZ:

- Nach den durch ihn mit der Bevölkerung in den umliegenden Dörfern geführten Gesprächen seien 14 Zivilpersonen getötet und 4 Zivilpersonen verletzt worden. Es hätte sich dabei um Personen gehandelt, die zuvor von ca. 60 in das Dorf gekommenen INS zur Arbeitsleistung gezwungen worden seien.
- Er werde eine Namensliste angefertigen, die er nach Fertigstellung dem PRT-Kdr zur Prüfung von Entschädigungszahlungen vorlegen werde.
- Die Beerdigung dieser Getöteten sei für den folgenden Morgen, 05.09.09, zwischen 05:00 und 09:00h geplant.
- Trotz der eigenen Verluste sei insgesamt eine grosse Freude über den Tod der INS gezeigt worden.

Maj ▇▇▇▇▇ KpChef FJgEinsKp KDZ:

- Die FJgKr (vstk durch BEL MP) seien mit Erheber-/Ermittler-Expertise mit im BDA-Konvoi integriert gewesen. Die MP führten soweit möglich vor Ort eine Fotodokumentation durch, dabei fand ein Beschuss (vermutlich INS) auf die eigenen Kräfte statt.
- Als Fazit stellte er fest, dass zu dieser Zeit der Ereignisort sichtbar und deutlich verändert gewesen sein muss. Augenscheinlich seien keine Leichen / Verletzte mehr vor Ort gewesen, die „Bombing-Area" sei in Anbetracht des vermeintlichen Personen- und wohl auch Materialschadens nahezu „klinisch" gereinigt gewesen.
- Man habe durch den vor Ort befindlichen PolDistrict-Chef PD III KDZ die Info erhalten, dass eine verbrannte Leiche sich in der PolStation PD III KDZ befinden würde (s.u.).
- Maj T. erhielt vom PRT-Kdr vor dem Auftrag, noch am Nachmittag mit dem E/E-Personal (inkl. Ustg aus MeS) und mit SanPers PRT KDZ zum Hospital zu fahren, um die Identität der Verletzten zu überprüfen und deren Wunden auf einen möglichen Zusammenhang zum Bombenabwurf zu untersuchen (hier SP: SanPers).

Ergänzung um weitere MP- und San-Erkenntnisse:

- Im Zeitraum 041700D* bis 041815D*sep09 führte die FJgEinsKp mit dem o.a. Personal den Auftrag zunächst im Hospital und anschl. in der oben erwähnten Polizeistation durch.
- Bei Ankunft der ISAF-Kräfte vor dem Hospital sei ein AFG Kfz sehr schnell davon gefahren. Dabei habe es sich um ein bekanntes Suicider-Kfz gehandelt. Es könne daher nicht ausgeschlossen werden, dass hier einer der in der vorherigen Nacht verletzten INS (möglicherweise einer der Führer) abgeholt worden sei (siehe ganz oben, 5. Strichaufzählung). Der Direktor des Hospitals hätte keine Auskünfte hierüber geben können.
- Aufgrund der Sichtung der 6x verletzten und 2x toten Personen im Hospital kann man aufgrund der Brandverletzungen von einem ursächlichem Zusammenhang mit dem Bombenabwurf ausgehen. Die Personen wurden abgelichtet, ihre Namen wurde soweit möglich erfasst und in die Bilddokumentation (siehe Anlage 40) eingearbeitet. Der Versuch, das BAT@HIIDE-System durch die mitgeführten US Kr einzusetzen, schlug fehl (siehe Fussnote 1 im Hauptdokument).
- Kurze Zeit später wurde die PolStation PD III KDZ besucht, es befand sich dort keine verbrannte Leiche mehr. Angeblich habe es sich um einen der beiden Fahrer aus dem Führerhaus eines Tanklastwagens gehandelt. Nach Aussage Station-Cdr wurden die verbrannte Leichenteile gegen Mittag freigegeben, er könne keine Angaben zum Verbleib dieser Überreste machen.
- Im Rahmen seines späteren Berichts (Anlage 36) führt Maj T. aus, dass durch KpChef SchutzKp vor Abfahrt des BDA-Konvois kontrolliert worden sei, dass sich keine Kr aus MeS im Konvoi befinden, da diese gem. Befehl PRT-Kdr vor Ort nicht erwünscht sind.

VS - Nur für den Dienstgebrauch

Gesprächsprotokoll FJgFhr:

Auswertegespräch IAT mit District Managern CHAHAR DARREH und ALIABAD, 051045D* - ca. 051145D*sep09

▮▮▮▮▮, District Manager von CHAHAR DARREH:

- Taliban stoppen jegliche Entwicklung im Distrikt, daher wird jegliche Unterstützung der ISAF sehr begrüßt und jeglicher Kampf gegen Insurgents (INS) unterstützt.
- Bereits früher wurde mehrfach massives Eingreifen gegen INS erbeten. Schutz der Bevölkerung durch ISAF war nicht ausreichend.
- Eindeutige Lage beim gestrigen Vorfall *(gemeint: Airstrike)*: Normalerweise ist kein unbeteiligter Afghane zu dieser Uhrzeit an einem derartigen Ort unterwegs („Welcher unbeteiligte Zivilist bewegt sich nachts in dieser Gegend?"). 2x Tanklastzüge wurden entführt von OMAR KEHL in Richtung RAHMET BAY und fuhren sich am Fluß fest. Aus einem nahe gelegenen Dorf wurde ein Traktor zum Befreien der festgefahrenen Fahrzeuge herangeschafft, dies war nicht erfolgreich. Danach haben die INS das Entleeren der Fahrzeuge / Umfüllen in Kanister usw. befohlen.
- Die Aussage der Verletzten im Krankenhaus, dass die Bevölkerung sich selbst in der Nacht an den Tanklastzügen hätte Benzin abfüllen dürfen, ist nicht zuverlässig („not reliable").
- Zivile Tote werden nie akzeptiert, aber in dieser Situation darf der Presse nicht vertraut werden, ganz sicher waren die weit überwiegende Anzahl von Betroffenen = INS.
- Jede Operation gegen INS (auch wenn eigene Angehörige betroffen sind, die als INS vom guten Glauben abgekommen sind) wird zutiefst begrüßt.

▮▮▮▮▮ District Manager von ALIABAD:

- Einzig verantwortlicher für diesen Vorfall: INS-Leader aus der Ortschaft OMAR KHEL.
- In Vergangenheit ist in der Bevölkerung oftmals der Eindruck entstanden, dass ISAF / PRT KDZ und ANSF zu zögerlich / nicht akzeptabel auf INS reagiert hat (Nichthandeln = Unterstützen / Fördern der INS).
- INS-Verhalten = Geisel Gottes, mit nicht akzeptablem bösen Einfluß auf Bevölkerung.
- MULLA ABDURA und ??? (aus OMAR KHEL-Stamm) = verantwortliche INS Leader.
- Gestern gab es recht sicher folgende Toten:
  15 Tote aus der Ortschaft ISA KHEL (sehr sicher INS)
  3 Tote aus QARA KHANI
  8 Tote aus HAJI RUSTAH
  16 Tote aus HAJI RUSTAM (davon ein Bruder von NAJIBULLAH)
  25 Tote aus JAKUBAI (davon vielleicht 10 Zivilisten?)
  20 Tote aus ??? (dabei: Tschetschenen)
  Insgesamt: 87 Tote (davon vielleicht 10 Zivilisten?)
- Diese Zahlen/ Angaben haben wir aus den Informationen der Bevölkerung (District Manager wissen, was in ihrem Distrikt los ist).
- Es waren auch mehrere 100 (?) Zivilisten in der Nähe, die Betriebsstoff „ergattern" wollten, diese wurden aber durch bewaffnete INS auf Distanz gehalten.
- Wir haben Erkenntnisse, dass die INS sich in KDZ inzwischen deutlich stärker fühlen als ISAF + ANS zusammen. Dies ist eine große Gefahr für die Bevölkerung.

- Der Gegenschlag von ISAF war eine große und gute Reaktion auf diese Geisel Gottes. Dies wird auch zukünftig begrüßt zur Unterstützung der positiven AFG Kräfte. Eine enge Zusammenarbeit für die Zukunft wird erbeten (auch zur persönlichen Sicherheit der District Manager!).

- Gesprächsangebot PRT-Kdr mit betroffenen Dorfältesten in den nächsten Tagen wird sehr begrüßt.

VS - Nur für den Dienstgebrauch

Gesprächsprotokoll FJgFhr:

Auswertegespräch IAT mit Vertretern Provinzrat KDZ und mit Vertretern AFG Ermittlungsteam aus KBL, 051410D* - ca. 051510D*sep09

(Name unbekannt), Vorsitzender Provinzrat KDZ:

- Die Sicherheitslage in KDZ / Nord-AFG hat sich in den letzten Jahren verschlechtert, weil das Eingreifen von ISAF und ANSF gegen INS schwach war. Daher werden ernsthafte Aktionen erwartet.
- Nur verstärktes Eingreifen schwächt die INS und grenzt sie aus, nur dies stärkt den Schutz der Bevölkerung.
- Mehrfach wurden in der Vergangenheit Operationen von ISAF + ANSF vorgeschlagen, um die derzeitige Situation zu vermeiden.
- Rechte der INS dürfen nicht über diejenigen der Bevölkerung/ ANSF/ ISAF gestellt werden. Islamische Religion verbietet zum Beispiel Diebstahl, dennoch geschieht dies durch die INS täglich und bedroht die Bevölkerung.
- Diese Aktion war genau zur richtigen Zeit am richtigen Ort. Noch 2-3 solche Operationen und KDZ hat Frieden.

(Name unbekannt), Provinzrat KDZ (für Distrikt CHAHAR DARREH), zugleich: MULLAH:

- „A very, very good operation, the first time a successful achievement".
- "No civilians could be there", kein Unbeteiligter ist zu dieser Zeit an diesem gefährlichen Ort.
- INS verstießen gegen die Religion, da im Ramadan keine derartigen bösen Aktionen erlaubt sind. INS verstoßen gegen göttliches Recht, um eigene Vorteile aus dem Unrechtshandeln zu ziehen.
- Nur möglichst komplettes Bekämpfen bewirkt, dass INS-Struktur nachhaltig zerschlagen werden.
- Bevölkerung fragt sich, ob ISAF mit dem bisherigen zögerlichen Verhalten nicht den INS mehr nützt als schadet.

(Name unbekannt), Provinzrat KDZ (für Distrikt ALIABAD):

- Die Ausführungen des Provinzrat-Vertreters aus CHAHAR DARREH werden voll gestützt.
- Er habe auch eigene Verwandte unter den gestrigen Toten zu beklagen, aber als INS waren sie auf dem falschen Weg.
- Gestern gab es folgende Toten, alles offensichtlich INS, da Bevölkerung um diese Uhrzeit nicht so handelt *(Anm.: Er zählt die einzelnen Ortschaften auf, dies war aber nicht zu verstehen)*:
  11 Tote aus ???
  3 Tote aus ???
  5 Tote aus ???
  25 Tote aus ???
  7 Tote aus ???
  17 Tote aus ???
  2 Tote aus ???

VS - Nur für den Dienstgebrauch
- 2 -

- 3 Tote aus ???
  Insgesamt: 73 Tote
- Auch die Kinder / Heranwachsende unter den Verletzten waren keine Unbeteiligten.
- Ca. 80% der getöteten INS stammen aus dem Volksstamm / der Sippe OMAR KHEL *(Anm.: Ob dies richtig verstanden wurde, ist ungewiss)*.

(Name unbekannt), Provinzrat KDZ (für Distrikt KDZ):

- Die Ausführungen der anderen Redner sind richtig.
- Er richtet Vorschläge an ANA + ANP, dass sie künftig schwerere Waffen einsetzen und ihre Operationen viel besser koordinieren.

BG ███ (Chief CID, MoI), Leiter des AFG Ermittlungsteams aus KBL:

- Um ca. 051450D* trifft das von Präsident KARZAI eingesetzte AFG Ermittlungsteam ein (= Vertreter von MoI, MoD und NDS) und nimmt - zunächst als Zuhörer bei o.a. Ausführungen - am Gespräch teil.
- Der Leitende (=Chief CID aus dem MoI) erklärt, dass sie gegen 1000D* in KDZ eingetroffen sind und seither mit der Bevölkerung im Umkreis des Vorfalls und mit Repräsentanten aus dem öffentlichen Leben gesprochen haben.
- Die eigenen Ermittlungen seien noch nicht abgeschlossen, aber ein Zwischenfazit sei bereits möglich: Einer der beiden Fahrer der Tanklastzüge sei von den INS vor Ort ermordet worden. Da der Ort des Geschehens gefährlich und weit von bewohnten Gebieten weg sei und aufgrund der Uhrzeit des Vorfalls gehe man davon aus, dass alle Getöteten INS gewesen seien.
- „Province council members have assessed the situation very, very well."

Register

A 400 M (Flugzeug) 87, 88, 89, 109, 269
ABC-Kampfmittel 269
Afghanistan 25, 30, 38, 40, 62, 63, 67, 70, 76, 133, 215, 260-264
– Abzug 39
– Feldpost 32, 33, 247
– Kosten 256, 257
– Mandat 37-40
– Mandatsverlängerung 264-266
– Tanklasterbombardement 37, 133-160, 245, 246
Afrika, Horn von 53, 76
AH-64 Apache (Hubschrauber) 93, 94, 270
Airbus A 380 (Flugzeug) 87
al-Qaida 83
Angriffskrieg 74
Anti-Piraterie-Einsätze 53
Arnold, Rainer 220
Aufklärung 81, 82
Aufnahmeritual 224
Ausbildungsversäumnisse 169-179
Auslandsverwendungszuschlag (AVZ) 179, 180
Ausrüstungskürzung 45

Balkan 76
BAT (Beweglicher Arzttrupp) 270
Bell UH-1D (Hubschrauber) 271
Berufsarmee 79, 237, 250-254, 257
BO 1105 PAH (Hubschrauber) 92, 271
Boeing-Vertol CH-47 Chinnock (Hubschrauber) 92
Boxer GTK Panzer (Fahrzeug) 272
Bundeswehr passim
– »Ausrüstungswunde« 165-169
– als internationale Eingreiftruppe 57

- als Interventionsarmee 44, 50
- Ausbildung 235-241
- Ausbildungsdefizite 171-174
- Auslandseinsätze 53
- Defizite 161-191
- Dresdner Erlass und 12
- Eingreifkräfte 51, 52
- Innere Führung 162
- Kasernen 12, 13
- Kosten-Nutzen-Analyse 253-259
- Medien und 34-36
- medizinische Versorgung 184, 185
- Nachwuchsgewinn 11, 110, 235
- neue Militärdoktrin 55
- Öffentlichkeitsbild 13, 14
- Personalabbau 12
- Perspektiven 249-266
- Presseinformationsstelle 29, 30, 34
- Rechtssysteme und 60, 62, 64, 66, 70
- Reform 467, 48
- Rückhalt in der Politik 14, 79
- Ruf 28
- Skandale 243-248
- Soldaten und 213-248
- Sprachförderung 174-179
- Stabilisierungskräfte 51
- Tote der 241-243
- Tradition 226, 228
- Transportfähigkeit 126-128
- Truppe 13
- Truppenstärke 50-54
- Unterstützungskräfte 52
- Waffenausbildung 170, 171
- Wirtschaftsinteressen und 56

Bundeswehrplan 2009 106, 112-114, 124, 128
- Eingreifkräfte 129
- Sparpotenzial Ausbildung 109
- Sparpotenzial Material und Ausrüstung 107-109
- Sparpotenzial Planung 112
- Sparpotenzial Wehrpflicht 110
- Sparpotenzial Versorgung 111
- Stabilisierungskräfte 129
- Unterstützungskräfte 129

Bundeswehrpsychologen 220
Bundeswehrreform 259
Bundeswehrverband 193-198, 207
Bürgerkrieg 75
Bürokratismus 201

C 160 Transall (Flugzeug) 87, 272

C-17 Globemaster III (Hubschrauber) 89
CH-47 Chinnok Boeing-Vertol (Hubschrauber) 273
CSAR (Combat Search and Rescue) 118
– Fähigkeiten 118-120, 123

Dingo (Fahrzeug) 96, 117, 273
Doorgunner 90, 274
Douglas C-17-McDonnell (Flugzeug) 274
Driftmann, Hans-Heinrich 48
Drohnen 82, 84, 85, 86

EADS 85, 87, 88, 274
EC 725 Eurocopter (Hubschrauber) 275
Einsatzführungskommando 47
Einsatzvorausbildung, realitätsnahe 170
Einsparungen 46
Einzelkämpferlehrgänge 240
Ekelrituale 223
Elitedenken, Machtausübung und 227
Erkrankungen 214
Eurofighter (Flugzeug) 85, 88, 109

F4-F Phantom (Flugzeug) 109, 275

Führungsverantwortung 165
Führungsverhalten 209, 210
Fürsorgemängel 179-181, 185

Gaza-Streifen 76
Geheimoperationen 242
Geheimtruppen 241
Generalinspekteur 105, 106
Generalstab 202
Gertz, Bernhard 196-198, 202
Gorch Fock 30, 31, 243-246
Grundgesetz, Scharia und 59, 66-69
Gruppe 85 203-205
Guerillakrieg 74, 75, 277
Guttenberg, Karl-Theodor zu 9, 11, 18, 19, 32, 39, 44, 79, 80, 134, 205, 255, 256

Heer, Personalstärke des 47
Heeresführungskommando 47
HELIOS II (Aufklärungssystem) 126, 127, 277
Heron (Drohne) 83, 84, 86
Hillier, Richard J. 104
Hoffman, Bruce 83

IDS siehe C-17 Globemaster III
IdZ (Infanterist der Zukunft) 90, 97-102, 113, 116, 117, 124, 278

IED (Improvised Explosive
  Device) 271
Interventionskrieg 74, 75

Jedermanns-Paragraf 62
Jung, Franz Josef 193, 197,
  198, 202, 203, 221

Karrierenachteile, Kritik und
  196
Klein, Georg 133, 134, 193
Köhler, Horst 52-54
Kommando Land-Operationen 47
Kommunikationsfähigkeit
  (Soldat) 124-126
Königshaus, Hellmut 162
Konservative Revolution 230
Kontingentvorausbildung
  236
Kosovo-Einsatz 23
Krieg, asymmetrischer 74, 76,
  77
Krieg, Begriff des 69, 72-78
Krieg, Kosten des 257
Kriegsklausel (Versicherung)
  189, 190
Kriegsvölkerrecht, Völkerstrafrecht und 72, 73
Kritik, Karrierenachteile und
  196
Kröger, Norbert 216-218
Kundus-Affäre 203, 204

Leitkultur 67
Leopard 2 (Panzer) 102-105,
  283, 284
LLM (Laserlichtmodul) 116,
  283
Lobbyinteressen 17
LTH UH-1D (Hubschrauber) 109
Lucie (Nachtsichtbrille) 116,
  167, 284

Machtausübung, Elitedenken
  und 227
Maizière, Thomas de 9-12, 14,
  19, 256
Massenvernichtungswaffe 269
Merkel, Angela 10, 38, 39, 46,
  54, 105
Militärseelsorge 183, 184
Modell 4 46, 48
Mowag Eagle IV (Fahrzeug)
  96, 97, 285
MRAP (Mine Resistant Ambush Protected Vehicle) 97,
  286, 287
MTH CH-53 (Hubschrauber)
  109, 287
Mungo (Fahrzeug) 95, 96, 287

NATO 58, 59, 288
– Nationale Konsolidierung
  und 58, 80
Neue Kriege 74

Neue Rechte 230-232
NH 90 (Hubschrauber) 88, 90-92, 109, 289
Nothilfe 61, 63
Notwehr 61, 63
Notwehrüberschreitung 62
Nouripour, Omid 32

Obama, Barack 82
Otremba, Walther 259

Pakistan 82
Partisanenkrieg 75
Personalpolitik, verfehlte 241
Petraeus, David 39
Predator (Drohne) 84
PTBS (posttraumatische Belastungsstörung) 164, 181-183, 215-222, 290
Putativ-Notwehr 62

Radarstrahlenproblematik 186
REAPER (Drohne) 84
Rechtsextremismus 230
Rheinmetall 84, 85
Robbe, Reinhold 69, 133, 162, 207, 209, 241
Rüstungsbeschaffung 47
Rüstungsexporte, Richtlinien für 48
Rüstungsgüter 94
– benötigte 107

Rüstungsindustrie 45, 58, 84, 85

Sanitätsdienst 183, 184
Scharia, Grundgesetz und 59, 66-69
Schatz, Norbert 245
Schneiderhan, Wolfgang 106
Selbstverteidigung 73, 74
SiE (Kampfausstattung Soldat im Einsatz) 113, 128, 291
Siegfriedphänomen 218
Standortschließungen 45, 255
Starfighter 23
Strauß, Franz Josef 80, 190
Streitkräftebasis 47
Struck, Peter 77
Strukturkommission 46

Taliban 83
Tiger (Hubschrauber) 93, 94, 109, 292
Timmermann-Levanas, Andreas 221
Tornado Panavia (Flugzeug) 109, 293
Transall (Flugzeug) 109, 272

UAV (Unmanned Aerial Vehicle) 83
Überlebensfähigkeit (Truppe) 128

UN-Charta 71, 73, 74
UNO 294
– Sicherheitsrat 73, 74

van-Heyst-Bericht 199, 201, 202, 207-209, 238
Verhaltensweisen, landestypische 64
Versicherungsproblematik (Soldat) 187
Verteidigungsausschuss 41-44
Verteidigungskrieg 74
Veteranentag 14, 15
Völkerrecht 70, 71
Völkerstrafrecht, Kriegsvölkerrecht und 72, 73

Wehrbeauftragter 163, 164
– Bericht des 161
Wehrdienst 79
Wehrdienstleistende, freiwillige 46
Wehrmacht 202
Wehrpflicht 45, 46, 178, 254
Weise, Frank Jürgen 46
Weise-Kommission 259, 260
Weißbuch 2006 50-53, 55-58, 74, 80
Weltfrieden 74
Westerwelle, Guido 39, 260
Wichert, Peter 203, 205
Wirtschaftskriege 55
WOLF (Fahrzeug) 117
Wolf, Rüdiger 85

Andreas Rinke und Christian Schwägerl

11 DROHENDE KRIEGE
Künftige Konflikte um Technologien, Rohstoffe, Territorien und Nahrung

429 Seiten mit Register – ISBN 978-3-570-10120-9

Welche Gefahren lauern im 21. Jahrhundert? Zwei erfahrene Journalisten zeigen einige der brisantesten Konfliktherde der nächsten Jahrzehnte auf – und kommen zu überraschenden Schlüssen.

Nach dem 11. September 2001 hat sich die Weltpolitik viel zu lange auf den Islamismus als Hauptgefahrenquelle konzentriert. Nun verhindert die Finanzkrise langfristiges Denken und Handeln. Dabei bauen sich längst neue, noch gefährlichere Risiken auf, denen rechtzeitig begegnet werden müsste, soll es nicht zu Konflikten und Katastrophen kommen, die unsere Zivilisation überfordern könnten.

In elf Szenarien erzählen Schwägerl und Rinke, was den sich zuspitzenden globalen Wettstreit um Technologien, Rohstoffe und Nahrung so gefährlich macht und warum demographische Veränderungen so bedeutsam sind. Ihre Berichte aus der Zukunft führen zu Schauplätzen wie etwa zu den Fischgründen der Weltmeere, den Datenzentren der IT-Konzerne, den Weizenfeldern Afrikas, zu begehrten Bergwerken, umstrittenen Grenzen und in den Weltraum. Eine besondere Rolle spielen Spannungen zwischen der alten Supermacht Amerika und der neuen Supermacht China.

»**Rinke und Schwägerl sagen: Schaut durch die Linse drohender Kriege! Und alles erscheint in einem anderen, härteren Licht. Und tatsächlich. Lesen Sie das Buch! Das Experiment funktioniert. Erstaunliche Perspektiven tun sich auf.**«
Frank-Walter Steinmeier

C. Bertelsmann Verlag

Die wahre Geschichte hinter der großen Finanzkrise

"Wer das Debakel wirklich begreifen will, kommt am Werk von Lewis nicht vorbei."
Neue Zürcher Zeitung

352 Seiten
ISBN 978-3-442-15705-1

www.goldmann-verlag.de
www.facebook.com/goldmannverlag

Vom Hass zum Dialog

„Jean Ziegler hat ein Gespür für aktuelle Themen und kann fesselnd schreiben."
Süddeutsche Zeitung

**Jean Ziegler
Der Hass auf den Westen**

Wie sich die armen Völker gegen den wirtschaftlichen Weltkrieg wehren

GOLDMANN

288 Seiten
ISBN 978-3-442-15649-8

www.goldmann-verlag.de
www.facebook.com/goldmannverlag

GOLDMANN
Lesen erleben

Um die ganze Welt des
GOLDMANN-*Sachbuch*-Programms
kennenzulernen, besuchen Sie uns doch
im **Internet** unter:

www.goldmann-verlag.de

Dort können Sie
nach weiteren interessanten Büchern *stöbern*,
Näheres über unsere *Autoren* erfahren,
in *Leseproben* blättern, alle *Termine* zu Lesungen und
Events finden und den *Newsletter* mit interessanten
Neuigkeiten, Gewinnspielen etc. abonnieren.

Ein *Gesamtverzeichnis* aller Goldmann Bücher finden
Sie dort ebenfalls.

Sehen Sie sich auch unsere *Videos* auf YouTube an und
werden Sie ein *Facebook*-Fan des Goldmann Verlags!

www.goldmann-verlag.de
www.facebook.com/goldmannverlag